U0824161

《第二世土观阿旺曲吉嘉措传》研究

徐长菊◎著

前　言

《大成就者阿旺曲吉嘉措传·如意宝树》通称为《二世土观传》，是青海佑宁寺著名转世活佛体系之一的“土观”系统中第二世土观·阿旺曲吉嘉措的传记。其作者是藏传佛教界著名的僧人第三世土观·洛桑曲吉尼玛，六岁时被认定为土观的转世迎请到佑宁寺坐床，先后在佑宁寺、哲蚌寺等著名寺院师从多位高僧学习。他通晓藏、汉、蒙文字，一生著述颇丰，《大成就者阿旺曲吉嘉措传记·如意宝树》是其颇有价值和影响的作品之一。该传记有清代木刻版本之塔尔寺版和北京版留存于世，共57叶114面。这两个版本版式相同，但从印刷的纸张和清晰度看，北京版优于塔尔寺版。目前，在佑宁寺、塔尔寺、西北民族大学图书馆等寺庙与图书馆均有该传记的塔尔寺版和北京版的藏本。

该传记按照藏文高僧传的传统写作模式，以传主的生平经历为主要叙事线索，记述了传主的降生、出家学法、闻思的成就、弘法和利益众生的行为和圆寂等过程。尽管全文篇幅不长只有57叶114面，但作者出于对其“前世”的尊敬和对历史的尊重，重大的史实都没有遗漏，对与传主重大事迹相关的资料如雍正帝敕封传主为“静修禅师”的圣旨进行了全文的收录，从而极大地增强了传记的历史性和可信度。通过对传主生平的记载，传记塑造了一位学通五明、修持圆满、戒行严密的高僧大德形象，以达到垂范后世、教化众人的作用，这就是传记的主题。

《二世土观传》的语言简练，行文流畅，散韵文合体的书写形式和诸多修辞手法的运用突显出作者较高的文学造诣。传文开篇的赞词、文中的诗歌和传末的颂赞都蕴含了高深的立意和优美的意境,又使传记别具文学价值。

那些与朝廷关系密切,担任政府官职的高僧人物往往是一个时代中政治、宗教生活的主角,他们的言行汇于时代的洪流,成为那个时代的缩影,折射出鲜明的时代特征。《二世土观传》记录了阿旺曲吉嘉措一生的业绩,传中记载他曾以政府代表的身份护送七世达赖喇嘛进藏,积极协助达赖坐床的各项事宜,并向班禅颁布了圣旨。在藏期间,他朝拜、讲经于西藏各大寺院,为拉萨三大寺僧众熬茶布施,还向当地许多著名的僧人学习各种密法。在他返回京城以后,据实陈奏,向皇帝提出"数条有利于西藏局势的建议",均被雍正采纳,土观本人也受到皇帝崇信受封为"禅师",并赐给印信。崇高的政治地位也促进了阿旺曲吉嘉措宗教事业的发展,他充分利用自己在京的地位,积极维护格鲁派的利益并为之谋求更广阔的发展空间,毁于青海罗布藏丹津叛乱的佑宁寺、广惠寺等安多地区的寺院,都是在他不断向皇帝进言请求之下,才得以恢复和重建的。也是在他的建议下,嘉木样一世活佛和却藏活佛都得到了清政府"诺门汗"的册封等等。阿旺曲吉嘉措这些事迹,在当时的政教生活中也是非常重大的史实,对传记中所记史实的解读,再结合其他史书中对相关事件的记载进行分析、对比的研究,有助于我们更全面、清晰地把握一些重大历史事件并了解当日的社会局势和时代背景。为相关研究提供历史文献资料,这正是《第二世土观传》作为历史人物传记的最重要的价值所在。同时,高僧的传记中充满了"梦境"、"神迹"等神秘现象的记载,深刻反映了藏传佛教文化的内涵。作为高僧人物的传记,其作者又是藏传佛教僧人,作品中体现的必然是佛教的世界观,其中蕴含了"缘起性空"、"因果报应"等佛教思想。因此,传记兼具了历史性、文学性和宗教性,对传记深入和多方位的研究,有助于我们对藏传佛教历史和文化更深层次的认识。

《二世土观传》迄今还未有汉译本出版,学界也还没有对之进行的专题研究,目前研究现状有如下特点:

1. 侧重于历史研究,主要集中在对二世土观的生平事迹的介绍。而对《传》的文本研究、文献学研究还未开始。

2. 资料缺乏导致研究广度和深度不够。

汉文文献中，官修史书《清史稿》、《清实录》、《大清会典》中，都没有对二世土观的记载。藏文典籍里记载也不多，大致是这样几种情况：在记载佑宁寺的史料中，有关于历任堪布的资料。二世土观曾任该寺第24任堪布，因此他的生平事迹也被收录，如《佑宁寺志》、《安多政教史》等，但所占篇幅都不多；在记述格鲁派的传播发展史中，二世土观作为弘法高僧被记载和歌颂，如《蒙古佛教史》，记载了二世土观的出生、求学经历等内容，并对他任佑宁寺法台的业绩、护送达赖喇嘛进藏、在京供职时期的事迹等进行了介绍和赞颂；在一些高僧传，如《七世达赖喇嘛传》、《章嘉国师传》、《嘉木样一世传》等，有些与二世土观有关的内容。但这些记载主要是二世土观与传记主人公在某些事件中的联系，而并非对土观的专门记载。

可见，除了历史事件的记述，对二世土观的作品研究、思想研究等领域都几乎是空白。造成这种特点的原因笔者认为有以下方面：即汉文文献缺乏，而藏文文献翻译不足；片段介绍不少，而系统评述不多；二手文献引述较多，原始资料整理较少；宏观评价较多，而微观研究不多。基于此，本书以清代的藏文《大成就者阿旺·曲吉嘉措传——如意宝树》（通称《二世土观传》）为研究对象，通过这部关于二世土观的最早、最直接、最权威的传纪进行翻译、校注等文献学的研究，丰富二世土观研究的资料，深化对土观世系的研究。

本书主要采用语言学、文献学、历史学、宗教学和文学相结合的方法。首先对传记进行语言学的翻译和译文的注释；从文献学和历史学角度对《第二世土观阿旺曲吉嘉措传》进行文本研究：主要探讨该传记的结构、版本流传情况，考察传记的叙事风格和资料来源，并分析其文献价值。同时参考相关史籍、档案资料对二世土观的生平事迹进行历史学研究：系统的整理二世土观的成长经历和他一生中的重大事迹，分析他对于青海、西藏地区藏传佛教发展的历史贡献，探讨他对清朝统治者治理蒙藏地区的政策的影响。从宗教学角度分析传记中大量梦境、神通等“神秘”现象，解读传记的宗教文化内涵。从文学的角度分析传记的叙事手法、结构，人物形象的塑造以及语言特色等等，并考察其文学价值。

目　录

第一章　作者与写作背景

第三世土观·洛桑却吉尼玛，意为“法日”。是清朝乾隆年间藏传佛教界著名的史学家、文学家和佛学家。关于他的生平，拉卜楞寺第二十一任法台并兼佑宁寺第四十七任法台的著名活佛贡唐·丹贝卓美作了《土观·洛桑确吉尼玛传》，详细记录了三世土观一生的事迹。本文即是在此传记的基础上对三世土观的生平略作整理。

第一节　土观洛桑却吉尼玛生平述略

一、生平事迹

土观·洛桑确吉尼玛于藏历第十二绕迥之火蛇年（1737 年，清乾隆二年）十一月初七日出生在安多北部离颇若特凉州地区不远的一个牧区，此地元朝时称为恰更沃（Cha gvn wol），意为“白色的谷”，清代时叫做彭措沟（今甘肃武威地区天祝藏族自治县松林乡）。族属扎德，这一家族是于 11 世纪左右阿里藏王后代赤德来安多时，跟随其到了安多地区，父扎德华加杰，母哇日萨曲措吉。三世土观出生后受到了当地扎德寺中一位夏仲僧人的重视，他的父母随即在寺院边搭建帐篷居住，以便接受夏仲的教导。三岁时，土观有一次手指佑宁寺方向对其父说自己是那边寺院的一位大活佛，父亲问他具体是哪位活佛，他说“谭噶”（tham ga 意思是“印章”）。更有一次，土观还背着一件袈裟意欲出走，父亲看时他正往佑宁寺方向走去。夏仲将这些情况详细记录后致函佑宁寺，佑宁寺当即派人前来考察，并将具体情况上报给朝廷和在京的章嘉国师。

六岁时(1743 年，乾隆八年)，被认定为佑宁寺第二世土观阿旺曲吉嘉措的转世，并迎请到佑宁寺坐床，寺中 2000 多僧人举行了盛大的仪式。以后开始学习藏文字母，他天资聪慧，尊师好学，很少被老师责骂，只有一次因为玩耍时打死了一只蝴蝶而被老师斥责。语言文字是闻思的基础，因此三世土观很尊敬他的文字老师——玛藏小论师洛桑却曾，视之为最恩重的上师。以后，二世嘉木样活佛到佑宁寺拜访时，向土观赠送了《现观庄严论》、《入中论》等书籍，三世土观遂开始背诵中观派理论著作。

十一岁时(1747 年，乾隆十二年)在佑宁寺三世松巴活佛座前出家正式入寺学习，他学习刻苦，聪颖好学，辩经时思路流畅罕逢对手。

十三岁时(1749 年，乾隆十四年)，第三世章嘉活佛自北京来佑宁寺，为三世土观传授了沙弥戒。

十四岁时，因佑宁寺赤巴有事外出，三世土观临时担任赤巴职务，每日为僧众讲授《三十四本生传》，众人皆为其讲解的精彩而叹服。十五岁时开始在松巴活佛安排指导下系统学习五部大论。十六岁时，修习大威德金刚法一个多月，其间身体多有不适，自觉死期不远了，实际上这是修炼过程中的正常的阶段和境界。此间还致函给北京的章嘉活佛，表达自己欲往拉萨求学的愿望。十七岁时，章嘉活佛回信赞同他去卫藏，信中还嘱咐他不必为拉萨的寺院做太多的斋茶供养，学经者当以学识立足，而不必以施财争名。之后土观通过西宁安班(am ban)向皇帝提出卫藏求学的申请，此间他的父母去世，他内心十分痛苦，对人生的苦恼有所认识。十八岁时，他去藏的事宜都准备妥当了，佑宁寺以及所属部落赠给他很多财物。

十九岁时(1756 年，乾隆二十一年)，土观启程入藏，沿途朝拜了很多寺院，到拉萨后拜见了七世达赖、六世班禅等人，并进入哲蚌寺郭莽扎仓学习。二十岁时参加了拉萨 2 万多人的祈愿大法会，他深感各个教派的教法都很精深重要，因此专心学习各派理论观点，将吉尊巴(rji btsun ba)所著的《教派教程》背诵如流，钻研《师地五论》等大乘教典，在此基础上写出了《大乘道路明光》一书，开始了他著书立说的生涯。二十一岁时，又参加祈愿大法会，朝拜各大寺院和参加辩经，得到了很多学者的赞扬。这年还从强巴活佛处学习了《密集》等密宗理论著作，并受了比丘戒，修习了大势至、大威德金刚等十几个密法传承。二十二岁那年，三世章嘉活佛亲临甘丹寺，土观担任了章嘉大师的助手，并向章嘉活佛学习显密理论，在此间，由于他梦中经常见到空行母，所以向章嘉活佛求授纳若空行母教授，这一法门本是第二世土观传授给三世章嘉的，这一次章嘉活佛便又将此法系数传授给了三世土观，章嘉活佛还告知众人，如有人欲学此法，从土观处听授会更具神力。以后三世土观的密宗著作大多与此有关。二十三岁时，班禅大师为了寻找七世达赖喇嘛的转世而来到拉萨，土观从之听受了《时轮经》讲解。章嘉国师在回京之前教导土观：拜正规的密宗老师、以《菩提道次第》为行为规范、视密法为生命，严守戒行。二十四岁时学习了宗喀巴及其弟子们的文集和中观学著作以及章嘉大师的密宗著作等。总之在西藏的六年中，他从师达一百多位，几乎求教于西藏所有的名僧，如此终于学成一代高僧。在此期间，他为众格西讲授《菩提道次第疏释》等，西藏地方政府甘丹颇章授给他“额尔德尼诺门罕”僧职，并赐给大小印章、袈裟、法螺、旗牌等。

二十五岁时（1761 年，乾隆二十六年），土观返回了佑宁寺，本欲往却藏山修行，但在寺僧的强烈请求下担任了该寺第三十六任法台。他继承先规，倾心尽力，经营寺刹，讲学风气日盛，功果颇大。

二十七岁时（1763 年，乾隆二十八年），接到乾隆帝诏谕赴京。行前，欲立新法台，派密宗上师洛桑格勒、洛噶尔昂索、土观之管家等人，前往拉卜楞寺，迎请二世嘉木样大师出任法台，大师道：“不管是否任法台，还是要去见活佛一面，因为他将要远行。”遂抵佑宁寺，因众人再三恳求，推托不过，便择吉日良辰，由二世嘉木样继任法台。在觐见了乾隆帝和章嘉·若必多杰大师后，同章嘉大师一起学习佛法，并为前来拜见的前世土观活佛的施主们讲经。二十八岁春节时拜见了皇帝，受到皇帝宴请。时年天气炎热乾隆帝准他到蒙古喀喇沁部避暑，在那里为当地 4 万信众讲授《长寿经》，一次乾隆狩猎时土观又到西湖（zhe hor）与 60 位僧人一起念诵了《时轮经》。三十岁时，在京为章嘉大师庆贺了 50 岁生日，也为在京僧人讲授时轮、胜乐等经，此间内蒙 49 部的王公、贝勒、贝子等几百人来拜见了土观。当时第五皇子去世，土观与章嘉大师一起在皇宫中举行了超度的法事。在这段时期还帮助章嘉大师管理在京喇嘛事务，任掌印喇嘛，御前常侍禅师等职，颇受清帝的赏识，受赐“静悟禅师”之号。10月份时，乾隆出资为他举办了受封的典礼。在京期间，曾参与了章嘉大师主持的《四体清文鉴》、《甘珠尔》满文版大藏经的编纂和翻译工作，成绩卓著，因而深受清廷及僧侣界的敬重。

三十二岁（1768年，乾隆三十三年），因水土不服而乞请皇帝恩准，返回故里。消息传出后，蒙古各部施主都来拜见并供奉了许多银两和佛像。三十四岁返回安多，途中朝拜了塔尔寺、炳林寺等安多地区四十多所著名的寺院。回到佑宁寺后，为乾隆帝60大寿诵经祈福，皇帝赐给他玉、珊瑚、玛瑙和内地以及来自印度、尼泊尔、蒙古等地的各种宝物和佛像。他自忖“自己未能长期弘扬佛法，发展讲闻，若不能进行财施，那么无法满足僧众之愿望。于是重漆大经堂，铸造一尊高达一人身量的释迦摩尼铜像，并置法座及帐幔等；以佛祖生平为内容，绘制卷轴画十五幅；铸造僧众用来饮水的精致银壶两个，缝制长约六尺的锦缎柱饰八条；制作银镶罗刹额马鞍一副，人皮垫子一只，鞍瞥一副，从德格迎请一套《丹珠尔》，献斋僧茶一百零八块；在拉萨祈愿法会为僧众施银一千余两；又耗资五万两新建藏经殿等”[①]，此间长期在却藏山修习。

三十五岁（1771年，乾隆三十六年）正月初八，完成了其前世土观阿旺曲吉嘉措的传记。五月时受皇命再次晋京，到达后受到乾隆接见，详细汇报了自己在安多的学习和生活情况。当年在京同章嘉大师一起举办诵经法会，皇帝携皇妃、皇子们亲临现场。在京期间，他六次面见皇帝，以水土不服为由祈请还乡，最终得到乾隆许可。

三十七岁（1773年，乾隆三十八年）返回佑宁寺。与拉卜楞寺嘉木样活佛一起重建了佑宁寺的居巴扎仓。同年以2000余两白银供斋饭与各寺院，以后受邀到拉卜楞寺讲经，讲解使僧众折服，纷纷以帽子

---

① 土观·洛桑却吉尼玛著，尕藏加译：《佑宁寺志》第77页，青海民族出版社，西宁，1990年。

铺地请土观踏行而过。土观被该寺寺僧的求学精神深深感动,之后的几年,基本都在佑宁寺住修。四十岁时,准备撰写松巴堪布的传记,但是因为资料不足而未能完成。此后几年致力于讲经和搜集古籍文献的事业。四十四岁时,受邀到裕固地方讲经,还帮助当地信众向地方政府申请,减免了各种杂税。班禅大师这一年圆寂。之后的几年,土观基本都在佑宁寺,直到四十八岁那年又收到皇帝诏令而再次进京,又在京城度过了三年。

五十一岁(1787年,乾隆五十二年)回到佑宁寺与王佛等人一起寻找三世章嘉的转世灵童。五十二岁时出任了化隆夏琼寺的第四十二任法台。任职期间,整顿寺规,重视学经,收到了很好的效果。因为夏琼寺是宗喀巴大师早年学经之地,系格鲁派之法源,洛桑却吉尼玛还奏请乾隆皇帝为该寺颁赐汉、满、蒙、藏四体合璧的"法净寺"匾额。褒奖该寺在弘扬大乘佛法上的功德,此后,夏琼寺的声誉远扬,成为安多地区格鲁派著名的寺院。五十二岁继任了佑宁寺法台。

五十三岁(1788年,乾隆五十三年)再任塔尔寺法台,在塔尔寺建了土观府邸(嘎尔哇)。"一身兼任三寺法台,足见其威望之高、经济实力之雄厚。"[①]在任期间,该寺的学习、纪律都有了很大进步。此间又多次去裕固地区讲经。五十五岁那年参与第二世嘉木样活佛转世灵童的寻找事宜。这段时期他虽人在塔尔寺,但也关注社会局势,他关心尼泊尔和西藏的战局、关心皇宫的情况、蒙古地区的叛乱等等,时常诵经祈福。当时,尼藏战局吃紧,乾隆皇帝下令佑宁寺和塔尔寺各出40匹马、却藏寺和色科寺各出马8匹以支持前线,土观当即通过西宁安班向皇帝进言拒绝,他认为寺院不是部落,不能这样征收物资,如果一定要出也只能是借给朝廷,日后必须偿还。五十七岁年在塔尔寺将很多佛经、宗喀巴文集等传授给寺中僧人。五十八岁时在佑宁寺主持正月祈愿大法会,向政府申请免征该寺地区的军赋杂税等。这年还将自己和章嘉大师的文集交付给拉家夏仲和各管家去刻印。此后一直忙于讲经、说法、著的传记刻印完成。

六十三岁(1798,乾隆六十三年),土观为驾崩的乾隆帝在佑宁寺

---

① 蒲文成:《青海佛教史》,第251页,青海人民出版社,西宁,2001年。

诵经超度。是年有施主请求他作一自传,土观谢绝。在佑宁寺开设天文、历算和刻印的学习课程。以后几年大多在佑宁寺居住。

六十六岁(1802 年,嘉庆七年),土观认定了松巴堪布的转世灵童,安排代表去北京朝见皇帝。是年六月八日,完成了《土观宗派源流》一书的写作。十月份圆寂。

二、主要著作

三世土观通晓藏、汉、蒙几种文字,一生著述颇丰,计 15 函,500 余篇,木刻版 5746 页。“其中乾隆四十年(1775 年)所著《佑宁寺志》(全称《郭隆寺志诱引智者使》),教详细地记述了佑宁寺从初建起 171 年的历史和该寺主要建筑、佛教文物以及经济来源等,是有关佑宁寺的最早文献;公元 1802 年所著《宗教流派镜史》,更传颂士林,名扬中外,该书全面述评印度外道、佛教和藏传佛教各宗派、藏地苯教以及汉地道教的形成发展情况及其基本教义。印度人达斯早于 19 世纪末译为英文,国内由刘立千等人译为汉文”[①]。此外,他所写《三世章嘉·若必多杰传》、《喇钦贡巴饶赛传略》、《阿旺曲吉嘉措传》、历算《智者珍藏篇》、《教法史·入佛教之海巨舟》等,对于研究藏族历史和宗教,均具有重要的学术价值和影响。[②]

第二节　写作背景与资料来源

一、时代背景

清朝前期,中国社会的局势总体上比较稳定,社会生产力持续快速地发展,康熙、雍正、乾隆三位皇帝在位时期更被称为“康乾盛世”。长期的社会稳定使得藏传佛教在此时也获得了长足的发展。在清朝“兴黄教,即所以安众蒙古”、“建一庙,胜养十万兵”、“用僧徒导化”等

---

① 蒲文成:《青海佛教史》,第 252 页,青海人民出版社,西宁,2001 年。

② 以上生平按照贡唐·丹贝卓美著:《土观·洛桑却吉尼玛传》(藏文),甘肃民族出版社,1992 年,整理。

施政方略的引导和影响下，各个藏区都出现了很多新的格鲁派寺院。青海地区亦是如此，青海各地方势力特别是和硕特部各王公贵族更是表现出了极大的宗教热忱，他们纷纷做施主出资兴建寺院、佛殿，铸造佛像、佛塔等圣物，资助僧人学经、修持及各种宗教活动。清朝康熙年间，青海地区藏传佛教的发展达到了历史上的鼎盛时期。

但是与此同时，西藏的局势并非完全的稳定，而西藏的时局又与蒙古人的势力密切相关。蒙古的骑兵曾纵横于整个欧亚大陆所向披靡，即便在元朝灭亡后又几经春秋，时至清代时，他们仍然是中国北方草原上一支不可小觑的武装力量。康熙时，蒙古准噶尔部势力的膨胀与其首领噶尔丹和西藏达赖喇嘛以及第巴·桑杰嘉措之间关系密切，始终是康熙心头的大患。康熙皇帝几十年殚精竭虑、运筹帷幄，最终在“昭木多战役”中使用新式火炮才重创噶尔丹，从而平定了噶尔丹的叛乱，也结束了冷兵器时代蒙古骑兵的辉煌生涯。平定噶尔丹的叛乱与“平三藩”、“统一台湾”被视作康熙一生中最重要的三大功业。到了雍正年间，准噶尔部再造事端：“雍正六年(1728 年)，以噶尔丹策楞觊觎西招，遂迁第七辈达赖喇嘛贤劫海于噶达城惠远庙，以杜衅端。十三年，准噶尔遣使求成，定界息兵，乃于四月派兵护送回藏”。① 此后青海地区又发生了罗卜藏丹津叛乱，安多地区诸多藏传佛教寺院受到牵连，战乱中寺庙被毁，僧人被杀、还俗者众多，使得青海藏传佛教的发展一度陷入低谷。但是清朝镇压罗卜藏丹津叛乱旨在消弱青海蒙古势力，与之有关的寺院虽被株连，朝廷尊崇扶植藏传佛教的政策并没有改变。事件一发，雍正帝便命令当时负责镇压的将军年羹尧和岳钟奇将年仅八岁的章嘉活佛安全的护送到北京。以后，在达赖、班禅、土观、章嘉等诸位活佛的多次奏请之下，清朝很快取消了限制寺院规模的规定，在战乱中被毁的寺院也先后得到重建与恢复。到乾隆皇帝在位时，继续延请藏传佛教上层僧人入京供职，进一步巩固和加强了设置驻京呼图克图的制度。青海佑宁寺的章嘉与土观两大活佛世系驻京呼图克图的地位到此时已经牢固的确立了。

---

① 韩儒林：《穹庐集青海佑宁寺及其名僧》，第 398 页，上海人民出版社，上海，1982 年。

总之,康熙、雍正两朝,清政府与准噶尔都意欲利用藏传佛教格鲁派来达到对西藏的控制。康、雍两位统治者雄心勃勃更是凭借清朝强大的军事力量和政治、宗教手段将西藏与蒙古彻底收入囊中,实现大清王朝下多民族的统一。第三世土观·洛桑却吉尼玛正是这一时期的驻京喇嘛之一,他前后三次进京,往来于京城和蒙藏地区之间,深得清政府崇信和器重。

二、作者的写作缘起

《大成就者阿旺曲吉嘉措传·如意宝树》是土观·洛桑却吉尼玛在35岁时的作品,成书于公元1771年,乾隆三十六年。著书之时,是作者首次驻京供职结束返回佑宁寺的第三年。在京期间,他长期与三世章嘉活佛相处,并从章嘉大师处听受了很多显密教法。而我们知道二世土观曾是三世章嘉在京城时最主要的老师,三世章嘉的很多教法都得自于二世土观的传授。因此,三世土观在此间获得的诸如"纳若空行母"等密法,实际上就是对其前世密法体系的继承。作者在京期间,蒙古诸部的王公、贝勒、贝子纷纷前往京城拜见,这些人基本都是二世土观的施主,他们对上师的转世即作者给予了同等的尊崇与供奉,三世土观从而也完全继承了其前世的人脉和威望。在这几年里,作者通过与在京僧职人员和蒙古部施主们的接触,对前世土观的历史和事迹有了较深的了解。

回到佑宁寺的三年中,作者大多数时间都在却藏山修行。而却藏山静修地恰恰就是其前世土观创建并在那里长期修行的地方。作者在《传》中详细讲述了二世土观先于梦中见到这样一个修行圣地,之后多次寻找后终于在一位老僧的指点下找到了梦中所见之地的过程。二世土观收服了当地守护神,创建了却藏修行处并在那里度过了一段美好的修行时光,之后他到北京后,对那段时光还念念不忘,盼望着能再有机会回却藏修行一段时间。作者在却藏山修行时,自然会缅怀其前世的历史与功德。

格鲁派学者强调"讲、辩、著"的功德,著作是学问僧一生中必须的实践内容,为上师立传更是弟子徒众对上师最好的供奉。因此,写作第二世土观的传记，可以说是作者三世土观的职责所在。同时，根据藏传佛教所继承的印度传统，著述必须具备三个条件：

1. 亲见本尊，并得到本尊的许可；

2. 得到自己的上师从佛以来继承未断的说法和修法的教谕，能指示他人并自己修炼；

3. 通达五明的学者。① 作者写作之时，已经完成了在西藏的学业，期间拜师百余位，掌握了许多显密教法，精通了五明。通过在京城和却藏山的生活、修行，又得到了前世土观很多的教法传承，因此，它具备了所有写作的条件。于是，在众多学者的催促，尤其是达汗官员博学者东珠旺杰以哈达等礼物的请求之下，作者怀着对其前世深深的信奉之情而著作。因信众祈请而作，就意味着写出的作品必然有人去阅读，这就是写作的意义之所在，没有读者的著作是没有价值的。土观·洛桑却吉尼玛以其虔诚的信仰、高深的宗教修养与学识进行著述，将第二世土观·阿旺曲吉嘉措的生平完整的再现，成功的塑造了一位闻思修全面、道德高尚的藏传佛教上师形象，以激励信众，感召后人。

三、资料来源

写作传记所使用的资料，传文中做了这样的介绍，“对尊者传奇经历的记述中，尊者真实或心境中所见本尊神或者得到的一些特殊不共成就，是在本尊允许下用格律诗以授记形式写出后对唯一心传弟子章嘉金刚持讲述的。而平常的历史记录已经一件不存，我向尊者的随从、熟悉者们调查后作可信、无增减的记述。文中所涉及《秘传》内容，经章嘉仁波且注释后，如实地引用，因此是真实可信的。”可见，作者主

---

① 段克兴译：《阿底峡尊者传》，西北民族学院研究所，第一页，1981年内刊。

要使用了口传资料。另外，传主阿旺曲吉嘉措本人所作的《秘传》[①]，也是资料来源之一，传文中前后有十一处引用了《秘传》的内容。传文中还引用了《五世达赖传》中的少量材料。

① 原文笔者未能见到，在西北民族大学图书馆保存的二世土观阿旺曲吉嘉措文集中，该《秘传》见于文集目录，但具体的文献却没有保存。据工作人员解释，可能是搜集文献时，文献提供者认为秘密内容不宜公开，而故意将这一部分抽去了。佑宁寺的文献保存情况，根据笔者的调查，该寺在文革时期受到了很大的破坏，寺中所藏文献绝大多数被烧毁，也有一部分被很多被迫还俗的僧人冒死收藏。到以后寺院恢复、重建时，陆续回收了一些经典和著作，但数量有限。历辈土观的传记所幸还能齐全，但《秘传》已经不知所踪。

第二章 《传》的主要内容、结构和主题

藏传佛教高僧传是西藏历史上曾经大量著述的历史文献。这类文献在吐蕃政权时期就已经初见雏形，主要是敦煌吐蕃历史文书中一些写本中包含的历史人物的传记成分。吐蕃分裂以后，形成一系列称为"噶唐"的莲花生大师传记则奠定了藏传佛教高僧传创作的基础，这种系列传记在伏藏师们以后长期的写作实践过程中，逐步形成了特有的写作规范与特点。简言之就是大多以莲花生大师的生平事迹作为宗教思想阐述的线索，在文本的开头和结尾加上相关的授记、预言。在开篇赞词和跋语之后，即按照传主的生平线索写作，基本的叙事顺序是：传主的降生（往往是不平凡的）、出家学法从而精通五明、勤奋修炼、利益和教化众生、主要功德、圆寂情况等。写作的目的则是塑造高大的宗教大师形象，彰显其伟大人格乃至神格，从而达到宣扬宗教、劝勉世人精进和向善的作用。为了突出大师的神圣地位，在行文中除记述人物的学习、生活经历之外，还加入了大量"梦境"、"现观"、"神通"等神秘的内容。这样的写作方式渐成传统后，对以后藏族史学的发展和宗教人物传记的写作都产生了深刻的影响。

在西藏的传统观念中，宗教史是历史发展的主题，而高僧人物则是历史的主角，记录他们行谊的传记理所当然是历史文献中最重要的典籍。因此，高僧传的写作在藏传佛教各派中传承不息。萨迦、格鲁派的僧人们也纷纷为其宗教领袖、高僧大德作传，进一步丰富和发展了藏族高僧传的创作历程。到了清代时传记类著作进入了一个兴盛

的时期，呈现出数量多、种类全、分布广的特点。[1] 清代格鲁派寺院众多且每个寺院几乎都有活佛以及名气不等的高僧，这些活佛和高僧生前或去世后都有弟子为他们作传，因而在这一时期形成了数量庞大的高僧传记。

本章是在参照藏文高僧传记写作“传统规范”的基础上，对《传》的结构和内容分析与梳理。

第一节 《传》的主要内容

《传》的主要内容就是对传主生平事迹和生命历程的记录。同时，藏传佛教各个教派都十分重视其教派、教法传承的连续性和正统性，具体到实际的宗教实践中，就是以“活佛转世”的形式来保证其法统传承的不中断。而宗教领袖和具有转世资格的高僧人物就是这个传承体系中的一个个枢纽，他们在纵向的时空中长期甚至是永久性的存在。因此，高僧传记在记述传主的生平之前，还必须交代其历代“前世”的历史，并以相关预言、授记来说明其记录的合理性和可信性。本文的研究对象《传》中，在记录传主第二世土观阿旺曲吉嘉措的生平之前，对传主的前世第一世土观洛桑饶丹的历史也做了言简意赅的叙述。以下就是对《传》中所记第一世、第二世土观活佛生命历程的整理：

一、第一世土观洛桑饶丹的生平历史：

（一）家庭出身：

“出生于宗喀巴大师之诞生地——多麦宗喀阳面地区一个圆满齐全的优越家庭，是代表长胜天统治广大地区的一位蒙古王子的后代，姓名‘土官’。”

宗喀阳面指湟水北岸地区，确切的出生地是现今青海互助县红崖子沟桑士哥村，该地有李土司家族土官衙门，故俗称“土官”村，洛桑饶

① 孙林：《藏族史学发展纲要》，中国藏学出版社，北京，2006年，第35页

丹被称为土官喇嘛，康熙帝因为其名不雅，改书“土观”。所谓蒙古王子后代，韩儒林认为即是“李姓诸侯，即湟中著名之李土司。”①

（二）幼年时表现，《传》载：

“该尊者为家中独子，父母希望他将来能继承家业娶妻生子，但却由于前世的习气视家庭为毒蛇的窝。”

这段描述实际上是佛教“厌离心”或者叫“出离心”的体现，暗示传主以后必将走上修行之道，为主人公以后出家学法埋下伏笔。

（三）学习期，《传》载：

“尊者先到郭隆寺出家，坚持诵经，闻思和修习。不久后去扎什伦布寺学习，师从无所不知的洛桑却吉坚赞学习显密经论，掌握了深奥知识的心灵像如意宝瓶一样充满智慧。当时在扎什伦布寺，他在因明学的学习中出类拔萃，尤其精通《释量论》。”

良好的教育和全面的学习是佛教修行者自度、度他的基础，也是其以后成为大师的必要条件。对主人公求学经历的交代，是为将其塑造成为“高僧”形象所做的铺垫。

（四）担任僧职的情况在《传》中云：

“尊者回到多麦后，他在底同大寺担任法台，以后出任郭隆寺法台。”

（五）传法宏法的情况《传》中记载：

“他（洛桑饶丹）讲授了很多显密经典，受青海湖周围官员们的供养，春季时到那里去讲经、做法事，逐渐在那一带产生影响。”

担任僧职和讲经传法，是佛教僧人主要的宗教实践活动，也是其弘扬佛法利益众生的行为。高僧人物的伟大之处，也正在于此，即忘我的利他助人，这是在传记中要着重记述并热烈歌颂的内容。

（六）圆寂，《传》云：

“以后在称为“沃热曲噶”的一条河边圆寂。尊者的遗体完整地保存在佛塔里，其塔上常常出现诸如彩虹等奇妙景象。”

以上是洛桑饶丹的生平述略，作者以不多的笔墨和篇幅记叙了该

---

① 韩儒林：《穹庐集· 青海佑宁寺及其名僧》，上海人民出版社，上海，1982年，407页

尊者完整的生命历程，除了出生征兆之外，基本具备了藏文传记模式中的情节结构。由于还没有第一世土观专门的传记被发现，此处的记载是关于洛桑拉丹最完整的历史记录，又是有关早期土观世系建立的重要资料。记叙之后作者还以一首九音节共三颂的格言诗赞颂了尊者上师。

二、第二世土观阿旺曲吉嘉措的生平

（一）《传》中关于传主阿旺曲吉嘉措出生的记载：

"铁阳猴年（1680年，康熙十九年）出生在离前世出生地很近的一个叫"岔尔沟"的村庄。"

岔尔沟在现在青海省互助县东山乡。

（二）《传》中关于传主认定和出家情况的记载：

"3、4岁时回忆起了前一世的情形，说出了上世活佛的一些事迹。以前的弟子听说后，认定他为洛桑饶丹的转世，郭隆寺随即邀请他到寺内坐床，并在章嘉活佛（二世）阿旺洛桑却丹身前受戒出家，受章嘉活佛的护持。"

这样的记述突出了传主具有的前世善根，彰显其与众不同之处，以后出家求法自然是必然的发展方向。

（三）《传》记载传主的学习情况：

1."先于郭隆寺经院学习，听受尊胜佛母九禅灌顶，六臂护法经等；"

2."在安多期间，曾师从德格琼哇更尕尖赞学习《菩萨地》，在金刚持阿旺洛桑却丹处受大威德金刚十三尊灌顶；"

3."留学卫藏：入祥瑞哲蚌大寺郭莽扎仓，奉嘉木样（一世）为师，学习甚深教法并专注密续修持；"

4."后藏受戒：以后去了藏地，在班禅大师洛桑益西处受了比丘戒，大师教诲他要为弘扬佛法而努力！"

5."在藏地拜师很多，主要有嘉木样，班禅以及洛色林堪布罗桑金巴等，听受显密经论。还向亚卓贝上师学习藏文修辞学，向洛葛瓦学习医药医疗知识，大小五明论等。"

良好的闻、思、修是高僧人物以后宗教和社会实践活动的基础。因此，传记中以较多的笔墨交代了传主的学习生涯，包括他学习、修行的课程，拜过的老师、修持的时间等等。藏传佛教重视对知识的全面把握和理论准确的理解，进而推崇逻辑清晰的思辨，精湛的、为人认可的学识是宗教活动的首要前提。

（四）政教活动

1.《传》中关于传主回安多任郭隆寺法台的记载：

“尊者准备启程回乡时，嘉色活佛以郭隆寺寺主身份请他出任该寺堪布，他再三推辞，到安多时也准备保密。……到达多麦的郭隆大寺时，嘉色活佛举荐他为堪布的密函已经先他而至了。寺中僧侣一致恳求他出任堪布，于是他接受了这一职位（木猴年，1704 年，康熙四十三年）。”

2. 驻京供职，《传》云：

“以后，阿旺曲吉嘉措应康熙召请入京（木羊年，1715 年，康熙五十四年），觐见后皇帝十分喜悦按照对待大呼图克图的惯例，给予他薪俸和赏赐，并许他暂住东黄寺。”

3. 护送达赖喇嘛进藏情况，《传》记载：

“六世达赖的转世灵童在理塘出生后移居到青海塔尔寺，之后从塔尔寺启程入藏，皇帝派阿旺曲吉嘉措和大学者洛桑慈诚为特使，护送达赖喇嘛进藏并向班禅宣旨（金鼠年 1720 年，康熙五十九年），传主在长江边赶上了尊贵的达赖喇嘛一行，拜见后，他向达赖进呈了一串稀有的与观世音法器一样的水晶念珠，……达赖喇嘛最终顺利到达了西藏并坐床。尊者向班禅大师宣读了皇帝圣旨。”

“尊者在藏期间还向担任过甘丹赤巴并任达赖经师的阿旺曲丹和拉穆本洛南桑巴，密宗堪布喜饶嘉等著名僧人学习了各种密法。”

4. 再回内地与受封，《传》记载：

“再回到内地时（水兔年，1723 年，雍正元年），康熙帝驾崩雍正皇帝继位。雍正帝亲自接见了传主并询问了一些关于西藏的事情。他向皇帝阵奏了数条有利于西藏的政教建议后，被敕封为掌印扎萨克喇嘛。驻锡旃檀觉卧寺。……皇帝有一次下诏：“土观呼图克图你梵行精通，教证圆满。为朕效力多年，该当褒奖，特赐‘静修禅师’称号，给予敕印?”

5. 返回郭隆寺,《传》记载:

“雍正在位时,传主返乡之请获准但逢皇帝驾崩而未能成行,乾隆帝继位后他再请还乡,获准成行,传主自北京启程时(火龙年,1736年,乾隆元年),北京各级僧官送行,多康地区寺院、僧侣、蒙汉官员纷纷骑马迎接。一路阵容庞大,逐渐到达多麦的郭隆大寺。”

最大程度的弘扬佛法和广泛的利益众生,无疑是高僧人物一生中最辉煌的事业。传记中对这些事迹的记载,是凸显传主伟大人格的重要材料。

(五)获得成就,《传》记载:

“传主的显密理论都达到了离垢洁净的正见。修法注重修证,每日必习皈依发心,上师瑜伽相应法,他精通四部灌顶、红色大威德、那若空行母、金刚手甘露滴、文殊五字,无量光佛等多种本尊修证法……修持大威德三尊祈愿从不间断,誓愿按照大威德金刚圆满次第第四瑜伽要义修持,行为始终不忘菩提慈悲心,睡眠时自然修成空乐一体,睡起沐浴和食物观行都按续经的讲述而实践落实,……证果迹象多次真实的出现。”

藏传佛教讲显密双修,记述传主密宗的成就,是为强调其修行的全面。

(六)圆寂情况的记载:

“传主五十七岁的火龙年二月四日下午(1736年,乾隆元年),传主向弟子们交待遗言……当晚,身体出现异样,弟子们当即在大经堂作了茶施和拜忏法事,黎明时分,僧众齐诵长寿经,尊者的身体慢慢的伸直逐渐收成金刚座姿,他的思想集中于空境,最终气息停止,示现光明法身证得菩提。”

高僧人物的圆寂也是对其修行成果的最后一次展示,因此往往伴随着不一般的显像,传记中的记载,也是为了对传主的证果做最大程度的赞颂。

以上便是《传》中记载的传主阿旺曲吉嘉措生平的简要整理。

第二节 《传》的结构和叙事手法分析

通过第一节对传主的前世以及传主生平历史的整理，我们可以看出，二者的记述只在篇幅和字数上有差异，情节结构完全一致。

一、《传》的结构

《传》基本上遵循了藏文传记传统的模式。篇幅长则叙事节奏较慢，叙述详细程度就最高，篇幅小则叙事节奏很快，对诸多史料事迹只是蜻蜓点水般的一笔带过，记事密度相对就低，对前世的记载由于省去了主人公的修行体验和诗歌体的赞颂部分，更趋向于历史的记述。同时，在这两个叙事中，都缺少的"出生征兆"这一个环节的记载，这或许与作者掌握的资料有关，毕竟作者与传主以及传主的前世生活于不同的时期又缺乏文字资料的记载，他访谈到的材料中可能没有上述两位尊者的出生征兆的传说。相比较而言，同样是出自作者另一部传记作品《章嘉国师若必多杰传》，因为作者与三世章嘉共同生活过很长时间，期间还多次受到章嘉的教育和点拨，因而作者对三世章嘉的记叙就十分的详尽，对于"出生征兆"一环，也有完整的叙述："（章嘉）出生前一年住于母胎时，其母亲多次梦到自己的身体变化成金身，腹中怀着一座金山。他父亲的舅舅是一位热绛巴，……一夜梦见大师诞生地白崖沟南门夏季牧场一个叫做朗多的山谷上空彤云密布，雷声大作。……当地一位持禁食斋苦行的喇嘛梦见他听说祁家仓巴家里（即三世章嘉的父亲）有一只母狮给一只小狮哺乳，他想自己曾听说狮子的奶头在蹄掌心，应去看看是不是这样。他去以后，母狮逃跑，遂失其形，次日他问别人有没有一个叫祁家仓巴的人，认识的人回答说'有'。于是，那喇嘛把祁家仓巴叫到跟前，问道：'你有儿子吗？'回答说：'我有一个十岁的儿子和一个三四个月的儿子。'喇嘛说：'照我的梦兆看，你的这个幼子是个不同寻常的人，希望保持其洁净，为他多做法事。'说完，布施了茶叶等物。"①

文本的叙事结构是一个大致的模式，作者在创作过程中会根据已有的资料和叙事的重点对材料做取舍和连缀，凡是记录到的情节，都具有一定的功能和意义，为作品的主题服务，这一点将在下一节"叙事主题"中进行讨论。从传记的叙事情节结构我们可以看出，传记采用了记叙文体，一般采用"顺叙"或"直叙"的方式，来记述传主的生命历程，但无论是结构还是叙事的方式，都不是一个僵化的模式，其中也不乏作者对多样写作技巧的运用和发挥。就本文所研究的《传》而言，在对传统模式的继承之下，也有着一些不同：

《传》在开篇赞颂诗之后，并没有直接开始记叙传主的历代前世转生情况，而是对传主的生平进行了一段总体的说明：

"这位有德喇嘛原本是集聚了佛的一切智、悲、能，为了众生应缘化身而来并以普通人的形象出现的尊者上师。尊者师从过很多位大师，完整地掌握了佛教大德们的高深教法，对宗喀巴大师的显乘教义学习透彻，对闻思的理解正确圆满，修行实践也正确无误。尤其精通重人轻己的菩提心，能看清所有显现如幻的本质，对生圆次第的证悟通达无误。尊者还精通很多神的誓词，能将诸多护法神收为己用。当今世上最具权势的转轮王文殊大皇帝是此位上师至高无上的施主，在圣谕中多有褒奖。尊者不可思议的传奇经历将广大区域纳入佛法大伞护佑之下，默念他的名字都可以消除世间的烦闷，这位尊者即大成就者土观巴阿旺曲吉嘉措！"

这是对传主生命历程和伟大功德的言简意赅的总说。

记叙完传主的圆寂过程后，作者又对传主的生平作了一番总结：

"现将传记的内容概括一下：在世尊火马年诞生后的二千五百九十年，这位尊者转生于多康地方一个母系血统高贵的家庭中。少年时期就投身法门中，和那些只学了少许经论的浅薄迷茫之徒不同，尊者的显密理论都达到了离垢洁净的正见。格西敦巴说："这位喇嘛通晓一切佛法，非求一知半解的人，是精通一切经论的班智达。"章嘉仁波

---

① 土观洛桑却吉尼玛著，陈庆英译：《章嘉国师若必多杰传》，民族出版社，北京，1988 年，41 页

且也多次赞扬:“这位大师对诸多理论的理解和讲解都非同一般,尤其是精通《慈氏论》、《中观理聚论》和律行等。”尽管尊者的学识深广如海,他却从不骄傲自满,讲法时从不夸夸其谈,对听闻意义各清净处按照秘法严格正确地修持,用一般的经验修炼千百次也无法与之相比,对菩提心、中观见、生圆次第的证悟与经书中所讲完全一致,与那些所谓的聪明学者追求个别秘法窍门的作法完全不同。这样的修学体验必然使尊者的讲经说法更具有无穷魅力。尊者不同于那些依赖权贵追求荣华富贵之徒,他以大皇帝为施主是为了以善巧方法引导王臣皈依三宝,引领世人尊法信佛,矢志拯救众生脱离苦海,常为国泰民安诵经祈祷。尊者修法最注重修证,每日必习皈依发心,上师瑜伽相应法,他精通四部灌顶,红色大威德,那若空行母,金刚手甘露滴,文殊五字,无量光佛等多种本尊修证法;每日念颂十三尊大威德金刚修习法根本真言五千遍,静猛合修羯磨真言等千遍;抛洒百余食子,白色布禄金刚的水施,龙朵食子等等。特别是四方黑色威势年神的酬补仪轨,更是详尽齐全;日常生活中禅定、卧修、断行教诫一日斋,诵《普贤行愿品》、《极乐世界祈愿》,修持大威德三尊祈愿从不间断,誓愿按照大威德金刚圆满次第第四瑜伽要义修持,修持始终不忘慈悲菩提心,睡眠时自然修成空乐一体,睡起沐浴和食物观行都按续经的讲述实践和落实,每月初十必行供养和坛城仪式,多行火供仪式,证果迹象多次真实地出现。尊者乐善好施,从不贪恋财物,布施所得常用以赈济穷人或用于制造佛像、佛塔、佛经,就连食物也经常拿出与人分享,这样的施舍美德是常人很难理解的。尊者的珍贵著作,连喇嘛们腰间从不离身的钥匙也不能与之相比。在诸多弟子的请求、催促下,尊者写出了大约一函的作品。”

这样的安排,就使得传文的结构又类似于议论文体的“总—分—总”结构,先总体说明再分段议论,最后对议论部分做总结。体现于《传》中,“总”是作者对传主生平的总体概括与总结,“分”则是按情节的发展对传主生命历程的记叙。这样的结构安排也使作者作为“叙事者”的身份并不总是隐藏在行文背后进行叙述,而是于传文篇首和篇尾明显的站出来旗帜鲜明地评价传主的一生。议论与叙事的结合,使整篇传记在结构上更具层次感和丰富感。

二、叙事手法

在传文的叙事手法方面，除了前文中已有提及的“直叙”、“顺序”，即按照传主客观的生平历史情节发展顺序来记述之外，作者还运用了“插叙”手法。在叙述某一事件时，如有与此性质类似或者相关的事件，作者便不拘泥于客观的时间顺序，而人为的截断自然时间顺序，插入其它时期的事件记录，通常以“以后”、“到以后”这样的词来连结。例如，叙述传主梦见其已故母亲的情节，(原文在下章分析叙事风格的有关“梦境解读”部中引述)，传主两次入梦得知了母亲转生到了一座大寺院附近并成为一名沙弥，作者在梦境之后就插入了“以后”到北京时在黄寺见到一位叫‘巴”的比丘，正是他(传主)的母亲，这样的说明。又如，传主自卫藏留学结束返回安多的情景，当时嘉色活佛以佑宁寺寺主身份邀请传主担任该寺法台，但传主再三的推辞，此处作者并没有直接写出传主推辞的原因，而是插入了传主小时候渡河的描写，(原文在前章宗教学研究之“神通”节中已有引述，此处不重复引用)大致是说传主小时渡河总会心生恐惧，后来得到一位成就者所赐的护法神唐卡，以后渡河总会得到护法神的护持。插叙之后，作者以一首格言诗来总结此事：

“众生难渡世间海，曾立亲自救渡誓，自己渡河尚不能，求助护法太矛盾。”

在这里，作者并没有直接指明传主再三推辞担任法台一职的原因，而是巧妙地以“自己渡河尚不能，求助护法太矛盾”的心理描写，烘托出传主谦虚，谨慎的性格特征。再比如，叙述传主创建了却藏静修地之后的情形：

不久，他在那里建成了一座静修院，开始隐居修行的生活。以后又陆续来了七位静修者，师徒们便在此喜悦地享受禅定的欢乐时光。此间，他亲见了大威德金刚三十五位佛，十六罗汉等尊容显现，修行也突出猛进地增长。在这段叙述之后，作者又插叙了以后的情形，说“到以后他去了北京后还常说，‘能在却藏山上再修行一段时期多好呀！’”以此来突出作者对修行事业的热爱和对却藏山修行生活的怀念。还有叙述传主求雨的情形（原文在前章宗教学研究之“神通”一节已有引用），传主求雨成功，大雨连绵三昼夜不息，此处作者强调说传主在求雨之前就已经命弟子们每日念颂宗喀巴大师颂词十万次以备不时之需，与此类似“未雨绸缪”的事件，作者又一并列举了关于一位伯希特的事件，“诸如此类未雨绸缪的事还有很多，比如，尊主的一位施主伯希特，每次尊者从西藏回来时与他在西宁见面，但这一次，伯希特为业力所困未能来相见，尊者不悦说‘若他此次前来，我还能保全他的性命！’不久后，伯希特由于叛乱而被诛杀，等等”。

除了在直叙中插入相关、类似事件的叙述，作者还在文中插入了自己的议论，以增强对传主的刻画效果，比如：在叙述佑宁寺、色科寺等毁于罗卜藏丹津叛乱的战火，又经传主再三“善巧”的进言恳求后，终于使大皇帝下旨批准各寺院重建恢复的情形后，作者强调说：“须知这全是尊者的恩情，有善缘良心都要铭记于心，”作这样的议论，是要强调和突出传主的功德。议论之后，作者更以一首七音节六颂的诗歌赞颂了这一伟大的功绩。又如对传主所受皇帝赏赐的记叙：“此外，皇帝还先后赏赐给尊者一件雍正自己穿过的黑狐大氅，纹银七百两，汉人风俗以黄色为皇家专用，尊者还受赐九龙黄座褥，绣龙靠背，黄垫等，礼遇殊渥，”其中“汉人以黄色为皇家专用”这句就是作者有意插入的议论，以此强调传主所受赏赐具有特别的意义和价值，从而凸现出传主当日受崇信的程度和与众不同的礼遇。

总体说来《传》的篇幅并不大，全文共五十七叶一百一十四页，相比较于作者洋洋洒洒 25 章的《章嘉国师若必多杰传》而言，无疑只是一部小部头的作品。但从《传》的内容看，该书记载全面，既记载了传主在宗教方面的学习、修行和宗教实践活动，同时也涉及了当时的各种事件和政治斗争。《传》的结构也十分严整，采用藏文传记的传统模式，分为三大部分：第一部分为开篇赞辞，赞颂佛陀、佛教大师以及传主的功德还有论述写作该传记的缘由。第二部分是传记的正文，讲述了传主的前世和此生的史实，依次交待传主诞生、入教、受戒和学习、游学和获得的成就以及圆寂等情况。第三部分是回向和发清净誓愿，并说明作者撰写传记的资料来源等等。因此《传》无论从内容还是形式上说，都不失为当时有代表性的传记作品之一。作者在《传》的写作中，即采用了议论文体"总—分—总"结构安排，又按照记述文中按自然时间的先后发展顺序来直叙、顺叙传主的一生，叙事中又有具体事件的插叙和作者议论的插入，作者这样的结构安排和匠心独运，使得整篇传文结构完整清晰，层次丰富，叙事手法多样，能够更好地为烘托传主的主题服务。

第三节 《传》的主题思想与塑造的传主形象

一部著作的主题，就是作者通过他的创作所欲向读者传达的思想和观念，作为高僧人物的传记，就是通过对高僧生命历程的记述来塑造一个宗教修行者的典范，激励后人。作者在《传》开篇赞辞中写到：

上师的传记堪称如意宝王指引七觉支解脱道的众生，

将传记置于自己信仰宝幢之顶的智者能获天然成就。

作者的用意相当明显，就是通过自己的作品来激励信仰者和求解脱者。那么，作者希望在传记中塑造一个什么样的传主，或者说他期待读者能从传记中"看"到一位什么样的主人公呢？这在作者于篇首所作关于传主的总说中交待的十分明确："这位有德喇嘛原来是集聚了一切佛的智、悲、能，为了众生应缘化身而来并以普通人的形象出现的尊者上师！"显然的，对于宗教修行者而言，他们一生修持所追求的终极典范就是"佛"，追求佛一般的智慧和慈悲以实现救度众生的愿望，这样的修持精神、修持行为和具体修持的人——高僧，就是佛法驻世、佛法救世的具体表证，作者要塑造的传主形象，就是这种类型。

高僧人物的身份和作者作传的主题思想，决定了传文的叙事结构和模式，以下将结合前文中所述的叙事情节结构来讨论作者对传主人物形象的塑造。

一、出生征兆、家庭出身和幼年时的表现

《传》没有记载传主出生时的各种瑞兆，在前文中提到这可能是由于篇幅所限以及作者掌握的资料不太全面的缘故，但是作者巧妙地用一首九音节两颂的诗歌对传主的出生作了赞颂：

"文殊妙金刚化作明月，东山顶上升起泽被众生，

妙法甘露滴遍地播撒，世间的炎苦顿时间消散。

虽是幼苗但是大菩萨，自性功德已然臻于圆满，

其它特性逐渐光暗淡，遍知佛性已平等的到达。"

这一颂暗示传主就是文殊金刚的化身，进一步将传主比作是在东山顶上升起的明月，以明亮的光茫普照众生，以妙法的甘露消散世间的苦难。第二颂实际上是对传主性格特质的描写，暗示传主是大菩萨的转世，所以自性功德已经达到圆满，其它像凡人孩童的一些习性会逐渐消失，最终以"佛"的身份住世救众，这样的描写也与下文呼应，引出传主随母亲去拜见甘丹赤钦时，赤钦与他行碰头礼说"愿你长寿"的祝愿，再借众生对"这孩子非一般人"的议论，进一步引出传主三四岁时就记起了前一世的情形，说出上世活佛的一些事迹等等这些的表现。

对于传主的出生，家世，幼年表现等情节的经营，其目的是暗示传主秉具宿世善缘，出生有其愿力因缘，使得高僧具有先天和本质的圣者品质。而这种将高僧形象神圣化的写作手法，应该是受到佛经中关于佛陀降生叙事的影响，通过这些征兆或性格特质的强调，显示传主具有累世善缘和不凡的根器，并暗示他日后必定会走上修行之道。

二、学习期

学习期自受戒出家开始，直到获得格鲁派教育体系所认可的某种学位，学习是发展智慧的过程，是以后从事利众救人的宗教活动的基础，也是修行者成为高僧的必要条件。

《传》中记载，传主被认定为前世土观洛桑饶丹的转世后，即被佑宁寺迎请到寺里坐床，并在章嘉活佛阿旺洛桑却丹身前出家，作者此处作了一首七音节一颂的格律诗：

"能做轮回尽头的阻拦，以出离之心迎接黎明，

持中受戒是旭日升腾，穿起褐色的朝霞七衣。"

这首诗具有承上启下的作用，前两句讲出家修行的意义，众生皆在轮回中受苦而不自知，惟有依凭佛法修行才能解脱生死，认清世俗世界和生活苦海无边的本质，产生厌恶世俗的出离心，便是进入了修

道之门，从此告别了黑暗的道路，迎接必将到来的黎明。后两句是揭开了修行的序幕，受戒发出离心进入修行之道后要严守佛教戒律，从此穿上僧衣不再是世俗凡人，出家受戒是一个从俗世转入出世世界的分界点，标志着正式僧侣生活的开始，因此也是僧传叙事中很重要的一个环节。

求学即是自悟的过程，传主先在佑宁寺学习，以后又到卫藏扎什伦布寺留学，这也是格鲁派僧人通常的学习过程。传主先后拜师很多，除了系统的经院学习，他还不定时不定期向某些大师求授密法，在学习期间，作者也有意识地凸现传主的聪慧过人和与众不同之处，比如提到文殊菩萨于梦中或亲自现身加持，详细情况在前一章宗教学研究之梦境、现观等节已有论及，不再赘述，作者在叙述中又夹叙夹仪以增强刻画人物的效果，在叙述传主求学卫藏的经历中，作者抒发了这样的议论；“（尊者）奉遍知的嘉木样协贝多杰为师，学习甚深教法与密续验修从不考虑自己的名声，其学识犹如瓶内之光，从不外漏。”使一个勤奋好学又谦虚的人物形象跃然纸上。此外，作者还从人际关系的角度，借他人对传主的赞扬来烘托传主的形象，如记述嘉木样大师每次讲都要等传主到来才开讲，有一次传主迟到引起其他学僧的不满，嘉木样大师便厉斥有不满言论的僧人说；“你不知讲法对象为何人，不要妄自尊大！”以后传主去藏地后班禅大师勉励他要为宏扬佛法而努力，当日有位夏玛尔格西说；“这次班禅也错了，他不对我这样有能力推广教法的格西说这样的话，却对你说了，”这些记载，是作者借当时一些权威人物如嘉木样、班禅等活佛对传主的倾心培养和激励，说明传主根器不凡，也为将来的成就埋下伏笔。

圆满全面的闻、思、修学体验，是成为高僧的条件和日后能救人利世的基础，作者对传主的学识自然要极力突出其“圆满”性，传中对传主在安多和藏地曾师从过的老师进行了一一的列举，除了佛教经论，还特意指出传主同时学习过修辞、医疗等知识，《传》中有诗赞曰：

“资粮的大宝由是形成，每时每刻都洗耳恭听，

知识的江河长流不断，求知心切永不会满足。”

正是由于这样勤奋谦虚的求学，才成就了传主“完整掌握教法，闻思理解圆满，修行实践正确，精通菩提发心，洞察事物本质和证悟生圆

次第"的福德智慧资粮皆具备的高僧品质,他对显密理论达到了离垢洁净的正见,在传文最后的总结部分,作者又进一步引著名学者格西郭巴和章嘉国师对传主的评价,以进一步增强说服力,格西郭巴说;"这位喇嘛(阿旺曲吉嘉措)通晓一切佛法,非求一知半解之人,是精通一切经论的班智达。"章嘉仁波切则多次赞扬说;"这位大师对诸多理论的理解和讲解都非同一般,尤其是精通《慈氏论》、《中观理聚论》和律行等。"在闻思的基础上传主又按照密续经典严格修持,作者在文中对此也多有叙述和议论,说:"证果迹象多次清楚的出现,对菩提心、中观见和生圆次第的证悟与经书中所讲完全一致"等等,如此,作者通过传文篇首总说、正文中详细叙说,篇尾总结而首尾呼应的写作方法,着意刻画了一位求学谦虚勤奋、学识高深,修证圆满的高僧形象。

三、担任僧职和弘传佛法

求学生涯的结束意味着传主宗教实践历程的开始,作为宗教修行者而言,令人信服之处,不在于他们的苦行、神通或法术,而在于他们无我精神的实践。圆满的学识是成为高僧的条件,而以"无我"精神实行度化如母般有情众生离苦得乐的誓愿和实践,才是他们成为"圣者"的标记。智慧和慈悲是高僧修行成就的两面,这也是传记中作者要刻意刻画的品质,学习期是对智慧的发展,宗教实践传扬佛法以及利益众生则是高僧慈悲的体现。

传主的宗教活动及其重要业绩,在前几章中已多有叙述,此处只作简单例举,传主曾担任佑宁寺法台,在任期间大开该寺讲学之风,绘制大经堂壁画,创建密宗学院,使得该寺成为显密双修的寺院,寺院的发展蒸蒸日上,是该寺历史上最为兴盛的时期之一。以后入京供职,期间曾护送七世达赖喇嘛入藏,在拉萨广发布施,多次讲经传法等。再回到内地后深受皇帝崇信,在京期间培养护持章嘉小活佛,以善巧方便求得皇帝准许重建安多地区的诸多毁于罗卜藏丹津叛乱的寺院。广泛联络蒙古争取供养等等,其所作所为皆是为护持佛教,弘传佛法而尽心尽力地经营。

此外,作者也记述了传主很多具体的"利人"事迹,比如"求雨",

就是利益众生的行为。传主常为施主们排忧解难,如“阿吾王长期无子而向尊者求助,尊者依大威德和光明女神二尊为之求子,现在的洛桑道杰就是如此出生的”。还有像赞波诺门罕受第巴康济鼎赐予“大国师”称号,以后赞波拜见皇帝时,这个称号引起皇帝的误会继而龙颜大怒,又是传主从中周旋,解释了康济鼎赐的“国师”称号只是蒙语的翻译与政府所授“大国师”称号实有天壤之别,如此皇帝才消了怒气,赞波和康济鼎也免除了性命之忧,作者在传文中后诗赞颂道:

利人事业甘如蜜,贤士成就妙善名,

甘露美誉千叶笑,持法青莲无能比。

还有《传》中所述传主到各地的布施,所到之处为信众不分昼夜不遗余力的摸顶祈佛,以及临终时将余茶余粮分配给徒众等情节,无一不是传主“慈悲”思想的体现。

四、圆寂

高僧临终之时,可以说是人生修行成果的最后验证,也是他对众生的最后一次教示。因此,对于圆寂的叙事最能体现高僧的修行品质和生命境界,对于高僧临终的经过情形,在僧传中的记载大多是大同小异,一般包括:高僧预示他即将寿终、示寂的方式、色身的变化、示现的祥瑞、周围有情与无情环境的变化、遗体的处理等细节。具体到不同传记的写作,由于篇幅长短不一,其中各情节的叙述详略程度也会有差别。这些情节证相,都是高僧道行的验证,因而在同一篇传记之中,对“临终”的叙述一般比“出生”的铺陈要详细很多。

高僧临终之前一般都能预知自己的寿终之时,因而在圆寂前都会赶往预设的寿终之地等待最后时刻的到来,其坐化的过程也往往从容无疑。如《传》中所叙,传主早在留居北京之时就已知晓自己的寿元不多,在和章嘉活佛的书信往来中也透露了这样的消息。因此他两次坚决地向皇上请求回乡,在返回佑宁寺之前,他将自己在北京的所有身、语、意供物都收拾妥当,所有财产变卖或赠送,还亲口对弟子们说再没有必要回到北京了云云。回到佑宁寺后,传主加紧督造自己的寝宫,并明确告知弟子们他将在二月五日圆寂,圆寂之前,传主对弟子们作了最后的言教，余粮等也都分配给了众人。示寂之时，传主的身体收成金刚坐式，思想集中于空境，最终气急停止，示现光明法身证得菩提。

高僧的逝世，通常会引起有情与无情环境的变化，呈现种种如‘彩虹”之类的祥瑞之兆，如传中记载传主的前世洛桑饶丹的佛塔上常会出现彩虹。而传主坐化的当日，更是天空清澈如洗，各式彩虹升起，尤其是一道如五种铁链连接的彩虹从南延伸连续不断，七日不消。在此，作者以其虔诚的信念和无限的敬爱进一步解释说：“这样，仅由凡心组成的智慧光音天法身到了极乐莲花世界中无量佛跟前。”类似的情节，作者在他的另一部传记作品《章嘉国师若必多杰》中有着更淋漓更热忱的描述：“……在这光明的景象中，众人按照密续经典所说临终时的仪式，将章嘉国师的遗体放入箱中供养，章嘉国师因地上众空行勇士流出眼泪化现为虹身，受到与须弥山尘粒数目相等的空行和空行母在空中遍撒鲜花的供养，并以伞盖、幡、彩虹帐幕、宝座等奉献品迎请，由诸天神及持明众前导，无数佛陀及菩萨前来迎接，章嘉国师的虹身由诸世间救护神抬起，沿着彩虹道路进入空性净土的无量宫中，从这一天开始，蓝天如洗、清澈晶莹，各方有白云升起，状如伞盖、飞幡、经，并有各色虹光照耀各方，此乃诸天神供养章嘉国师灵骨珍宝的无数证相。①

高僧肉身处理时，也往往示现祥瑞，如传主的坐榻上出现舍利，法体火化后，骨灰中还有神像、字迹和很多的舍利等。作者还将松巴堪布的日后长寿和富有的原因归结为吃了传主坐榻上的舍利之故。

综上所述，传主作为一名佛教“高僧”的身份，决定了他一生为之宗教修持的历程，按照他出生、出家求道、教化救度众生至到圆寂的生命情节，作者结合藏文僧传的基本模式书写了其前世一生的功业，这个创作书写的过程和它形成的文字，蕴含着这样的主题：以上师的功德，使具善缘之人心愿满足，积下无边的福德，以上师美丽善行的青莲花，善妙芬芳时刻的散发，充满智慧和慈悲精神的上师永远激励着后世修行之人。

---

① 土观洛桑却吉尼玛著，陈庆英译：《章嘉国师若必多杰传》，民族出版社，北京，1988年，367页

第三章 《传》的文学特色

藏文历史著作文史合璧的倾向已是学界所共许，而人物传记又不同于一般的历史著作，它兼具记人和记事双重功能，并以记人为重。在藏文著作中，人物传记的数量是最大的，所有的高僧、活佛都有传记。这些传记的特点是主讲高僧如何修炼佛法，这是主体的价值趋向，传文往往洋洋洒洒数万，数十万甚至数百万字，语言华美、典雅、叙事详尽展示传主毕生宗教修行的生命历程，彰显高僧大德的人格品行，塑造出近乎完美的高僧典范以垂范后世。

传记所记人物的有趣之处，是传主已然故去，作传者已不可能直接与传主对话，作者如没有与传主共同的生活经历就只能依据文献、旁人的讲述、日记等材料来写作，来再现传主的生平，这本身就是一个创作的过程。既然是“再现”，其中就不乏作者的联想，推测甚至编造。有这样一个比喻：将佛法比作月亮，则佛教经典只是指月的手指，而不是月亮本身。同样的，历史著作不是历史本身，人物传记也不是人物本身，它是对人物的“再现”记录，而这样的记录，并不只是将人物的生平事迹简单地罗列，其中还包含着作者写作的宗旨，即他所欲向读者传达的创作目的和他希望读者看到并接受的传主的形象。因此，其记录中必然包含着作者的解释和价值判断。为了凸现传主的某种人格品质，作者要对已有的史实进行选择取舍并在行文中作详略不等的编排。同时，为了使作品不流于枯燥乏味的陈述，作者还必须采用一定的技巧和修饰以增强作品的可读性并达到其教化的目的。藏传佛教僧人中研究藏文传记的集大成者周家巷在《与遍主至尊导师能仁金刚持体性无别之文殊怙主宗喀巴大师传——佛教惟一美妙庄严稀有宝鬘》(简称为《至尊宗喀巴大师传》)中所言:“写作传记的对象,虽然应当是圣贤大德,然而由于写作者具有不详细考虑的作风,没有广泛地写出大德的功德如善巧、戒严、贤善等功德,而主要叙说该大德从某地到某处为徒众讲说,由某处到某地安住,允许那些人见,收到哪些供物等,仅这样的叙说是不能使徒众心中生起极大的敬信的,这种叙说虽然可充传记之数,然而未必具有传记的真实意义。若问这是为什么?应知所谓传记的真实意义,必须是依靠所说的意义和表达的言词,使见闻的徒众们获得一种能成为解脱和一切种智的因素。因此,后世的诸人士若是想为各自的上师服务,虽然在写作中难免没有虚构和夸大的成分,然而必须以上叙说的那些功德作为主要内容而进行写作,否则,仅以许多“无记”(无善恶可言的)言词来充塞,是否能为上师服务?”①这是藏族学者本身对传记写作方法的思考和总结:适当的结构,合适的文笔和良好的语言表达是传记的基础,否则仅仅将史实流水账般的罗列,使不具备传记的价值,也于读者无益。这里讨论的实际上就是传记写作形式与其内容和主题以及语言表达的关系问题,也是一般文章写作理论普遍关注的问题。在《藏族文学史》中,有学者提出了这样的比喻:“以人的躯体、生命和装饰为例证,总括为四大事的内容好比生命。韵文、散文、合体等体裁就像躯体,意义、字音、隐语等修饰则如装饰。”②这个比喻包含了辩证的思想,它体现出“内容”、“体裁”、“修辞”三者的统一,而“内容”对于“体裁”和“修辞”具有决定的作用,“体裁”和“修辞”是为“内容”服务的。

基于以上论述,本章是从文学角度对《传》的考察,由于传记的结构和主题已经在第二章中结合传记的内容进行了分析,因此本章主要讨论《传》的语言特色和修辞手法的运用。

---

① 周家巷著,郭和卿译:《至尊宗喀巴大师传》,青海人民出版社,西宁,1988 年,12 - 13 页

② 马学良等编:《藏族文学史》,四川人民出版社,成都,1994 年,473 页

第一节 《传》中的诗歌

《传》的行文是散文和诗歌体相间，文字优美，以散文记史，以诗歌来赞颂和抒情，在一件事情记述完毕后也往往用诗歌进行总结。全文中的诗歌包括开篇赞颂、篇末祝愿、文中赞颂总结以及引用传主《秘传》中诗歌等。这些诗歌语言优美，大多按照藏族诗歌传统的"年阿"体写作，讲究语言的"雅"与"美"，多用"比喻"、"拟人"、"夸张"等修辞手法，行文富有文采而斐然成章。同时，文中的诗歌形式也很多样，有七言、九言、二十一言以及不同格律相间的长诗，以下是本文其中对几首的分析：

一、开篇赞词解读

藏文作品的写作惯例，通常都以赞辞开篇，之后才是正文和后记。赞辞用诗歌体语言写作，四句为一颂，语言精练而优美，往往阐发了深奥的宗教哲理，也体现作者的写作目的。因此，本文将赞辞列为一节进行解读。赞词原文转写如下：

"向文殊师利致敬！"

这是藏传佛教论典的起首句。文殊菩萨代表的是通达无碍的智慧，是佛的智慧凝聚之身，是讲论之主。藏传佛教讲究思辨哲理，因而十分推崇文殊菩萨。藏文史书中称多位大师是文殊的化身。在格鲁派创始人宗喀巴的修学体验中，就有文殊亲现加持使得智慧殊胜增长的经历。宗喀巴也号称第二佛陀、雪域论"中观"第一的肉身文殊。此处"向文殊师利致敬"，是对智慧之神以及上师的赞颂，以求得加持，保佑自己的写作过程顺利无碍。

诸法本性刹那间生灭，出现智慧自身本质佛，

造就之祖开显语之神，愿文殊说法声门打开。

威严三密智慧齐堆集，宛如云霞上衣身上披，

至善师友化身来世间，敬礼勤作佛之伟业者。

这两颂是对佛智以及佛智凝聚之象征文殊菩萨和对上师的赞颂。

五浊恶人暴行罗刹吼，佛子其它誓言如山裂，
他的精神使睡莲盛开，宛如新月的光芒一般。
因此上述对您的赞颂，对诸佛陀耶努力发展，
您的三密智慧如大海，已越菩萨思想的庭院。
吾辈之人纵有千条舌，毫厘之许亦不能讲清，
如万丈阳光自细孔入，神秘不尽如海中水珠。

这三颂是对传主阿旺曲杰嘉措上师的殊胜智慧和殊胜功德的赞颂。

五浊恶世是成佛的外障，是一种无佛降生、无佛说法、佛法不存、修法人不存、众生不具慈悲性的生存状态。在这种状态下众生的言行凶暴无理，即便是发过救度众生誓愿的修行者，也无法实现救度的愿望，他们的誓愿在浊世中如同高山被劈裂一般。五浊恶世中不觉悟的众生如睡莲，使他们绽放的力量便是一束清凉的月光，而阿旺曲吉嘉措的精神就是照耀莲花使之盛开的新月光芒。因此，一般的修行者佛子，纵然发了救度众生的誓愿，这只是大悲心的体现，而拯救众生脱离苦海，还需要正等正觉的无上智慧和一系列的神通，即救度的能力。佛是大悲大能的统一体，因此具有这种统一的上师，便具有了佛一般理想的人格，也就具有了如佛一般救度众生的能力。此处对阿旺曲吉嘉措的赞颂，当然也是对诸多佛的事业的赞颂。上师的身、语、意三密已与佛的三密相应，智慧足可以与广阔的大海相比。他的修证境界已断除了菩萨具有的所知障，而达到了与佛智无二的遍知、正等和正觉。正是具有了这样的智慧和能力，传主阿旺曲吉嘉措在大悲心的作用下，如新月光芒一般，利乐众生，拯救困难，他殊胜的功德如佛法的阳光，无分别的普照世界，太阳的光芒无孔不入无处不在，亦如大海中的水珠数之不尽，取之不竭。如此的智慧和功德是不可思议的，当然无法用语言、文字尽数的表达。

无奈当今世上的人们，分辨是非的慧眼已瞎，
偏袒自私的邪魔附体，嫉妒疯人的戏剧上演。
因此作此圣者的传记，对上述业力所致过失，
有益之作用很难看到，我也深感希望的渺茫。

这两颂是作者对现实世界的无奈总结，轮回道中的众生处于无明的状态，由贪、嗔、痴、慢、疑、邪见等烦恼意识支配而产生善恶的言行——业。由于根本的无明，人们无法明辨是非，认识不到人世间的各种虚伪、表面、梦幻式的现象，陷入利害、亲仇爱恨的深渊中不能自拔，迷恋今生今世的短暂利益，从而产生了各种“嫉妒疯人”的行为，比如杀害生灵、偷盗、奸淫、欺骗、挑拨离间、恶语伤人、妄语、贪恋别人的财物、害人报复、不信因果等等十恶行。在“贪、嗔、痴”三毒邪魔附体的情况下，人们失去了冷静、理智和远见，意识不到自身能生为人的有幸条件，不去争取的人生价值，满足于现实生活，认识不到轮回的本质，在苦海中深陷而不自知。然而死亡终究来临，不求解脱者此生结束来生又入六道轮回之中，苦难永无止境。众人所造之业，便是人们受苦的因，因果相续循环不息，无论是佛还是如佛的上师，都不能将众人的“业”消除，佛说“我不能用圣水洗净人的罪业，也不能用手去掉人的身心之苦，我的悟心也无法直接移植给别人，只能用真理进行教化，使人们自脱。”[①]因此个人解脱的关键在于自己的修证、实践，佛只是指出道路和方法，当众生的“双眼瞎”，处于无明状态时，自然看不到解脱的道路和方法，所以作者说，作圣者的传记，对人们能起有益作用的希望是渺茫的。

然而即使是暂时消除困难的如意宝也应拼命地争取，
世间善业涅槃终能如愿众生的苦难也将永久地消除，
上师的历史堪称如愿宝王指引七觉支解脱道的众生，
将传记置于自己信仰宝幢之顶的智者能获天然成就。

这一颂是作者写圣者上师阿旺曲吉嘉措传记的誓愿，凡是能利益众生的行为，“即便是暂时消除困难”也应当积极地去争取，这是佛教一条基本的价值观。“莫以善小而不为”，佛法修持者应以平等、无条件地利乐众生为自己的最高追求。同时，必须有正确的信仰，坚信众生最终都能得到解脱。这一理想，基于佛教“基、道、果”理论的支持，“基”指充满所有未证轮回众生心中的本具佛性的潜力，就是说任何人

---

① 多识仁波切：《爱心中爆发的智慧》第241页，国际文化出版公司，北京，2010年。

都有圆满无暇的佛性根基；“道”是使潜藏的佛性开显而使用的方法；“果”是修行成就的结果，最终达到心灵与体验的高度和谐。佛法所说“本具光明心”，即是指人们本身的智慧光源，而这种光明心的本质如水晶一般清净光亮，但由于受无明虚妄颠倒意识所产生的贪、嗔、痴等影响，光明心变得浑浊不清，成为“带垢”光明心。本质清净的光明心通过正确的“洗染”修持可以去染还净，这就是众生共有的佛心——如来种。对于众生潜藏的心性，在佛经《宝性论》中例举了九种比喻：莲心有佛、蜂腹有蜜、稻皮包米、污秽藏金、地下藏宝、种子小芽、烂衣包佛、贱妇怀王、地现金色，即是比喻众生自身具有非常珍贵的宝藏，但是不自知，对于自身宝藏的开发，就是光明心的开发和真智的开发，这个开发的过程就是对佛法的“闻、思、修”的过程，也即佛所指明的道路和方法，人通过自身努力的学习、思考并结合修行实践来寻求觉悟和解脱，最终成佛。

上师的历史对求解脱的众生具有指导的作用。上师的生平，从厌世出家、修证、证果、传法、示寂等行为是为了引渡众生的一种方便现身说法行为，显示涅槃也是为了说明诸行无常的道理。已证得法身成就，但因所发拯救众生的大乘菩萨心愿转世而来，他讲经、说法、著述，以指导具良缘求解脱的众生。上师是集佛、法、僧三宝于一身的现实的佛。“将上师置于自己宝幢之顶”的智者能获天然成就是作者对尊敬上师的修持者的美好祝愿。

敬仰上师就是敬仰三宝，如果无师，怎能知道佛名佛法，因此藏传佛教主张师恩大于佛恩，佛不在世时修持者就以上师为佛，听从教导、学习做人。上师依法为众生指明道路，替佛传授佛法，所做的就是佛说法度众的事业。诸多大师的论著中都讲到了亲师的重要性，如宗喀巴《菩提道次第广论》说，“亲师是道之本，是世间和超世间一切善功德的根源，依《地藏经》云‘专信慕敬听闻法，不应于彼起诽谤。于说法师供养着，谓于师起如佛想。’应视师为佛，视自己为病人，师如医生，师的教戒如药品，以师指导的修行为治病。”①密宗中，上师更是

---

① 宗喀巴著，法尊译：《菩提道次第广论》第10－11页，青海民族出版社，西宁，2000年。

"加持之源",供养千万个佛的功德都不如供养一个自己的传法上师的功德,将上师当做真佛看待,就会受到像佛一样的加持。因此,上师便是现实的佛,是引渡自己的佛的化身,是佛法僧融合为一体的无上珍宝。观音菩萨头顶的阿弥陀佛就是观音敬师的象征。所以,修佛的人以敬佛的心情将上师的经历看作是对自己的指导,也能得到上师的加持,自然而然获得成就。

那美丽善行的青莲花,善巧芬芳时刻的散发,

精妙言辞用丝线穿起,作有缘者耳边的美饰。

莲花出污泥而不染的品质,被视为开悟烦恼的菩萨德性的象征,因此在此颂中以莲花比喻上师的善行。同时在佛教观念中,莲花还代表着空性智慧和产生于空性智慧的慈悲,由慈悲促发利益众生的誓愿,智慧则保证了能看透一切事物的空性与无限的精神状态。在印度,以颜色区分了青莲、白莲和红莲,但在高海拔的藏区,莲花的生长是困难的,因此被认为是想象中的花。上师的智慧、慈悲如青色的莲花,无分别的不间断的护持众生,是上师拯救众生的行为和功德。"精妙言辞"在这里有两层含义:一是上师"四摄"修持中的"美言摄",向弟子们以精妙的语言宣讲大乘六度的修法;二是对于有善智、善行的上师,用精妙的语言赞颂,并将上师经历看作对自己的指导并遵照执行。将指导喻为有缘者的耳饰时刻记在心上,是敬奉上师、取悦上师的最好的敬师方法,为上师作传是对上师功德的赞颂,也有着教化众生的作用。

二、赞颂第一世土观洛桑饶丹的诗歌

"善逝正法的雪山顶上,绿鬃茂密的威严雄狮,

发出智慧的巨大吼声,文殊上师您傲然挺立。

平常智慧拉不开大弓,您应成思路如箭上弦,

辩论时上师您的面前,骄傲者谁能相与争锋?

诵念光辉如宝藏大论,不死佛位是众望所归,

求解脱的蜜蜂四方飞,妙善之聚渊增胜无比。"

这是一首九音节、三颂的诗歌,是作者记述完第一世土观洛桑饶

丹的简历后为总结上师生平而作，“比喻”是这首诗中最主要的修辞手法，第一颂的前三句分别以雪山喻佛法、以雄狮喻上师、以狮吼喻上师的讲经说法活动，第四句画龙点睛般的指出，上师“您”如文殊般傲然挺立，读来给人一种宏伟、庄严的意境。第二颂赞颂的是上师洛桑饶丹的学识和成就，实际上也是对前文中“这位尊者在因明学的学习中出类拔萃，尤其精通《释量论》”这段记载进一步的强调和说明。因明学是关于“逻辑推理”的学问，《释量论》是格鲁派寺院教育体系中必修的五部大论之一，是古印度因明学家法称对因明学名作《量经》所作的注释作品之一。对于学习《释量论》的意义，第三世章嘉活佛曾说：“信仰若不以正确的教理而生起，就不会牢固，要通过正确之道生起牢固的真正信仰，就必须懂得依据《释量论》对教法的解释进行推理，并由此理解四法谛的取舍对自己所教示之意义。”①因此，作者在此处以“平常智慧拉不开大弓，您应成思路如箭上弦”来赞扬上师的智慧锐利和思维敏捷，并暗示格鲁派上师对中观“应成”派法统的继承。这一颂的最后一句，作者用了“谁能相与争锋的”反诘手法，以反问的语气突出了上师洛桑饶丹辩论时无往不胜的雄风。第三颂中使用了佛教文学中常见的比喻，即以“转法轮”来喻佛教高僧讲经传法的活动，又将蜜蜂比作众生，以蜜蜂勤劳的品质暗示众生追求“不死”之境的解脱道路，要似蜜蜂般的勤奋“精进”。而佛法不息，法轮常转，则使所有有情的福德都获妙善增长，这一颂实际上对上师一生传法活动的赞颂。

三、传文的篇尾祝愿词

这是一首长诗，其原文中 7 音节、9 音节、15 音节和 21 音节的格律相间使用，形式多样而丰富，其文转写如下：

“如此贤者的传记，是那神奇的新月，
永远亮悬在心空，增盛信仰的海潮。
如今佛法如太阳升起时朝霞弥漫成红布，
世间幸福的莲苑闭合因灾难遮蔽了月光，

---

① 土观洛桑却吉尼玛著，陈庆英译：《章嘉国师若必多杰传》，民族出版社，北京，1988 年，289 页

魔鬼化身的鬼鸟发出了邪恶巨大的声音，
众生利乐的道路阻断因黑暗笼罩了世界。
已经出家的僧人，还贪恋家的快乐，
发过誓言的众生，仍然会迷惑违教。
智者上师的旃檀，比愚人木炭值钱，
古时奉法的善俗，现已如马兰花丛。
如此一切众生的，幸福顿时被劫掠，
灾难在突然之间，罗刹一般的到来。
具有坚定盔甲的，诸位佛子和勇士，
迅速放弃这尘世，去了涅槃的净林。
那时佛界的十方佛陀集中一起作了商议，
尘世弱小的众生完全失去了依托的怙主，
勇气超群的圣者对你的赞颂如降下花雨，
心如莲花的怙主您为众生福祉乘愿再来。
那时世人妙善的，剩余存活的生命，
你用诚心精华露，利乐百味地抚养。
佛法珍宝的大车，陷入邪见的泥潭，
智慧力士的技巧，将之拉向正确道。
讲辩著作如棒甩，隆隆擂向法的鼓，
众生都对善趣界，攀上福泽上升阶。
如此善业担蜂蜜，持色名声的蜜蜂，
莲花丛中公正嘴，遍地喜讯都传出。
啊！贤者神奇的，佳记珍宝如意王，
三界苦难全消除，依靠导师威力得。
能使心胸变平静，善事善行因此生，
正法之味甘如蜜，词句修成功德浆。
智者心中天鹅女形象，翩翩起舞的曼妙身形，
畅饮妙音天女的彩知，用智慧锐利的笔描绘，
此乃继承诸佛的事业，赶往三身成就的境界，
超群佛陀在善逝路上，也只是指点迷津之人。
永远努力积累福泽使妙善供养凝成云团，

佛土各处充满彩云使得喜悦如海潮涌动，

利与乐无穷尽的犹如喜雨如愿从天而降，

祈愿世间遍降甘露人们的心愿都得满足。”

这首诗歌中，作者运用了“比喻”等修辞手法，它所表现出来一个突出的特点就是善于运用大自然景色作比喻来描写所赞颂的对象，并用浪漫、夸张的手法来抒情。比如用“神奇的新月”来喻传主的传记，用“升起的太阳”来比喻佛法，以蜜蜂喻众生等等，反映出高原生活的景观对作者创作意境的影响。同时，作者还在诗中引用了谚语、传说故事等，如“智者上师的旃檀，比愚人木炭值钱”一句，实际上就是萨迦格言中“檀香虽然贵于黄金，却被愚者烧成炭”的另一种表达。以这样的格言警句来揭示出当时的社会风气，正处于佛教所谓“坏劫”之时，因而世界上充满了灾难，到处是“鬼鸟”声音一般的外道邪说，黑暗侵袭世间致使众生利乐的道路阻断。对于社会“黑暗”现状的描写，是为了突出传主伟大的功德，在佛法哀微地如“马兰花丛”一样杂乱无章之时，这位传主却凭着对众生的无限慈悲和怜悯乘愿再来，这样的行为与那些“具有坚定盔甲的诸位佛子勇士迅速放弃尘世逃往涅槃净林”的行动，形成鲜明的对比，转世而来的传主以“如棒甩”的讲辩著作，以“智慧力士的技巧”身体力行的利乐众生。在此，作者更以夸张的想象描述出持色名声的蜜蜂，“莲花丛中公正嘴，遍地喜讯都发出”，将这一喜讯经由“蜜蜂’嘴传出，喜悦之情溢于言表。

智者心中天鹅女形象，翩翩起舞的曼妙身形，

畅饮妙音仙女的彩知，用智慧锐利的笔描绘。

此颂意境优美，引人无限遐想，仿佛一位美丽的女子，正在眼前翩然而舞。在古老的传说中，初劫时，微风吹拂南海，海中发出悦耳动听的乐音，梵天谛听多年，十分陶醉，后来这美妙的乐音化作天女，即“妙音天女”，又称之为“梵天女儿”，佛教文学中认为她“聪明而有辩才”，“能发美音而歌咏”，因而称为“妙音天”、“辩才天”，更认为她是主智慧和福德的天神，而学者们在写作时向妙音天女顶礼，可求得智慧。作者此处在诗中引入这段传说，即表现了作品的优美意境，增强了艺术感染力，也希望求得“智慧锐利之笔”赞颂上师的功德，可谓用心良苦，一举两得。

诗歌最末的祝愿和回向更将整个作品的立意提升的更为高远：

“永远努力积累福泽使妙善供奉凝成云团，

佛土各处充满彩云使得喜悦如海潮涌动，

利与乐无穷尽的犹如喜雨如愿从天而降，

祈愿世间遍降甘露人们的心愿得到满足。”

作者以自己的写作和其它修行实践作为对妙音的供奉，希望不断积累福德资粮能像云团一般越来越多，能如彩云般如海潮般地增盛涌动。但他所作的这些努力，并不是为了自己的利益，而是为了世间能普降甘露，使世人的心愿都能得到满足，这正是作者所赞颂的，也是自己立志要仿效的，无我无私的救世精神。

第二节 《传》的语言特色

如果说优美的语言和深刻的意境是《传》中诗歌的特点，那么散文体部分则以简炼为特色。叙事清楚，对于历史事件的记载清晰，同时简捷中又不乏多样性，作者对于史实的记载、总结评论中也用到谚语、格言等来增强叙事的效果，比如，在记述那位准噶尔人任命的达孜巴的命运时，传主认为达孜巴毕竟是格鲁派的忠实施主，“就如黑色的陶罐其本色始终不变”，因此想保住他的性命云云，再如记述罗卜藏丹津叛乱对安多地区寺院的影响时，作者又引用了萨迦格言说：“为非作恶个别人，遭受祸害普天下”等，间接的表达了自己对史实的评论和立场，另外，作者的一些议论也反映了他在史学和文学理论方面的研究和修养，最明显的一处是作者对传主所著一函作品的评论，他说：“其语言优美、意义深刻、论证严密，对上、中、下根器的人士都有启示意义。先辈前贤们的丰富论著如罗桑次成的《甘珠儿》、嘉木样协贝所著《辩了义不了义论》、居家咒师的般若要义经一首等等。这些大师都称得上贤正善良，无论从闻思修以及讲说教与法的知识以及论证的任何一方面考查，都是名符其实的君子贤者，他们的著作与那些看似咸淡适度，实际上是断章取义，东拼西凑的作品截然不同。而尊者阿旺曲吉嘉措的著作足以与上述大师的作品相媲美！”从中我们可以看出作者认为一部著作的价值在于其语言、意义和论证各个方面，能对不同的读者都产生一定的启示作用，而著作的风格更体现作者的品质，一部好的作品及其作者，必然是贤正善良的君子，其闻、思、修以及讲说、教法知识论证都称得上圆满。对那些东拼西凑、断章取义的文章，作者的态度显然是批判的。作者还列出了众所周知的贤正大师和他优秀的作品，然后进一步说传主的作品足以与那些上师的作品相媲美，这是以递进的手法增强表达效果和说服力。

综上所述，《传》采用记叙文体和“总－分－总”议论文体相结合的结构形式，顺序了传主一生的生命历程。文中又夹以议论、总结，对个别史实或传主的特殊功绩予以强调和突出，从而展现了传主生命中求道自度和利众救世的生命主题，塑造了一位高尚、博学、谦虚、智慧、慈悲地，近乎完美的高僧形象，更籍以这样的修行历程和典范形象来激励后人，增盛众生的福祉，行文采用散、韵文合体的写作形式，语言优美、意义深刻，传文结构清晰、主题突出、行文流畅，不失为一部颇有文学价值的传记作品。

第四章 《传》中重大史实研究

历史人物的传记，其最主要的价值就是作为历史文献所记录的史实而保存的历史资料。《传》系统和完整的记述了传主阿旺曲吉嘉措一生的行谊，是后世研究第二世土观最权威的第一手资料。同时，传主作为清代著名的八大呼图克图和佑宁寺重要的转世活佛，他的事迹也是他所处时代政教生活中非常重要的内容，我们也可以将他的活动看做当时政治、宗教生活的一个缩影。因此，对传主生平重大事件的整理和研究，也有助于了解当日的相关历史事件和时代特征。

第一节 《传》中传主重要业绩

传主阿旺曲吉嘉措在卫藏的学习结束后启程回乡，从此他结束了求学生涯而开始了政教活动，继而登上了历史大舞台。

一、《传》与佑宁寺的发展

佑宁寺，原名郭隆寺，是藏语"郭隆强巴林"（弥勒洲）的简称。其位于今青海省互助县五十乡红岩子沟，地处湟水支流北岸。该寺始建于明朝万历年间，1584年（明万历十二年），第三世达赖喇嘛索南嘉措应蒙古土默特部邀请，前往青城（呼和浩特）途中，路过佑宁寺所在地时，恰逢雨过天晴，斜阳下只见山势峥嵘、松柏苍翠、云雾缭绕，更有一条彩虹横架山谷。索南嘉措对这大好风光赞不绝口，认定此处为建立寺院的绝佳处所，当即对前来拜见他的当地头人们授记建寺。但是索南嘉措此去后在内蒙圆寂，未能完成这一夙愿。1602 年（万历三十年），第四世达赖喇嘛云丹嘉措自蒙古往西藏坐床途中，又路经该地，当地僧俗人士即以三世达赖授记为由请求云丹嘉措在此处建寺，四世达赖当即允诺在这里建造寺院。之后，当地的一些主要头人在 1602 年年底时前往拉萨祈请达赖喇嘛起驾安多前来建寺。不幸当时西藏时局不稳，第司藏巴汗与噶举派交好，正蓄谋推翻格鲁派在藏的统治，四世达赖此刻不能离开西藏。鉴于此种状况，四世达赖喇嘛和四世班禅商议后，派出了第七世嘉色活佛顿月却吉嘉措到安多负责建寺。嘉色活佛到达后在第一世松巴活佛等人的协助下，1604 年（万历三十二年）3 月 15 日就破土动工建成了嘉色寝宫、经堂及部分僧舍，并建成了显宗扎仓，寺院已经初具了规模。以后，佑宁寺在漠西蒙古和硕特部固始汗等施主的支持下不断扩建，拥有了大量土地和百姓。到清朝顺治年间时，寺产颇丰，四世班禅、五世达赖和固始汗为该寺联合签发了寺产执照。

传主阿旺曲吉嘉措返回安多后，应嘉色活佛之请担任了佑宁寺法台一职。据《佑宁寺志》记载，此时正值佑宁寺讲闻衰败之时，嘉色活佛也是听闻这种状况后，特意派贤者阿旺曲吉嘉措前去担任堪布。传主于木猴年（公元 1704 年，康熙四十三年）开始任职直至水龙年（公元 1712 年，康熙五十一年）。在此期间，他的主要事迹有：专注讲闻事业，使佛法得到发展；绘制大经堂壁画；创建佑宁寺密宗学院，制定寺规等等。

由于传主担任佑宁寺法台时，年仅 24 岁，当时寺里的几位资深格西对他颇有不敬，但在他登法座讲授《菩提道次第广论》后，钩玄提要深入浅出的讲解使众僧折服，昔日不敬的态度自然消失。任法台者，如不能使寺中僧侣尤其是资深学者心悦诚服，他日事业必受重重的阻挠，传主以出色的讲法赢得了众僧的认可，能够达到这样的效果，前提是传主勤奋、谦虚的学习态度和经历。《传》中讲到，传主先后师从过很多佛教大师，学习显密经典。在卫藏求学时专心致志，“从不考虑自己的名声，其学识犹如瓶内之光，从不外露。”在藏地时，除学显密经论，还广泛的学习了藏文修辞，医药医疗等等大小五明知识。对于他的学识，很多佛教大师都赞扬不已，比如格西敦巴说“这位喇嘛通晓一切佛法，非求一知半解之人，是精通一切经纶的班智达。”章嘉仁波且说：“这位大师对诸多理论的理解和讲解都非同一般，尤其是精通《慈氏论》，《中观理聚论》和律行等。”尽管学者的学识深广如海，但他不自满不吹嘘，他严格按照密续正确地修持，对于菩提心、中观见、生圆次第的证悟与经书所续完全一致。这样的修学体验必然使他的讲经说法充满了魅力。

在平息了寺内众僧的异议，树立了自己的威信后，传主阿旺曲吉嘉措便开始了在佑宁寺大刀阔斧的事业，首先是按照章嘉活佛的指示制定了寺规，

“寺中众僧一律平等，人人以身作则。寺中大事召集上层僧侣协商解决，小事由总管等人就涉事人员详加询问，多方求证，鼓励善事善行。”

这样的寺规体现了公正、平等的原则，鼓励人人行善。在此期间，佑宁寺寺规严明，学风蔚然，是该寺最为兴旺的时期之一。土观洛桑却吉尼玛在《传》中用一首格言诗赞颂了当日盛况：

“百扇教理金门开，佛法宝库妙法显，
每日格言如喜筵，学者宝座最庄严。
您的格言如深海，黄鸭学子自在游，
教言圣音如腰鼓，佛陀菩萨笑开颜。
尊者亲临法会场，释迦徒众齐聚集，
智慧云霞漫天空，赤色僧衣远离贪。
学子咽中皆教言，杜鹃妙音时时啼，
即使浊世浊雨洗，赞颂佛法永辉煌。”

可见在传主的提倡和领导之下，佑宁寺讲闻衰败的局面有了根本的改观，几乎每日都有教法讲座，寺中尊重学者和学子们之间自由的辩论风气十分浓厚。僧人以学习经论为要务，远离贪婪的世俗追求，以致僧侣所言都是经教，佛法的传扬发展呈现出一片灿烂辉煌之势。

传主还重视寺院的建设：任法台期间，曾依佛本生故事为主要内容绘制大经堂壁画，并用金粉涂饰所供诸佛，菩萨身像，将所收布施全用于此项开支。耗资巨大，壁画完工后邀请章嘉、嘉木样、却藏等活佛举行盛大开光仪式。三位大德还共同协商，在佑宁寺建成了密宗学院。

建造佛、菩萨的塑像，以佛、菩萨本生故事为体裁绘制壁画等，是佛教中常见的行为，在藏传佛教中，更是高僧大德们极力推崇的事业。藏传佛教拥有着庞大的神佛体系，按照佛教的观点，“佛”变化莫测，而信徒信奉的诸神都是佛的变相。“佛”有“法身”、“色身”之区别，通常“法身无相”，只有“色身”能显示相，而“色身”之所以要变成各种各样的佛神和菩萨，则是为了随机随缘的拯救众生。如《造像量度经》所言：“众生若得见其躬，或闻其音，触其光，至于心所忆念者，具德无量饶益。”正因为有着这样的利益和意义，藏传佛教供奉着成千上万尊神佛。同时遵循着“从来修佛果者，六度为先，成佛因者造像第一的”信条。[①] 大凡有名气地位的僧人，都会凭借自己的影响倡导和出资建造佛像、绘制佛画等，除了积累自身功德，也为信众提供朝拜礼敬的对象和场所。

密宗学院的创建，使得佑宁寺成为显密双修的寺院。传主还创建了却藏静修地，使得该寺修学体制进一步完善，在安多乃至整个藏区的影响也得以扩大。一般来说，寺院的规模越大，佛像、佛塔、壁画越多，教育修学体制越完善，在信众心目中的影响也就越大，就越是一个庄严的所在，寺院受到的支持和供奉也就与日俱增。因此，作者称传主阿旺曲吉嘉措担任法台时期，是佑宁寺最为兴盛时期之一。据《佑宁寺志》的记载和学界相关的研究，到清朝康熙年间，佑宁寺发展到了鼎盛的时期，大小经堂、僧舍、昂索部落多达数百个，大小的活佛有二十多位，寺中僧侣人数达到七千多人，这个数字甚至超过了西藏的扎什伦布寺和青海的格鲁派圣地塔尔寺。从而，佑宁寺成为湟水北部流域最大的格鲁派寺院，有“湟北诸寺之母”的美誉。[②] 这样的规模，与以阿旺曲吉嘉措为代表的佑宁寺高僧们的努力经营是分不开的。

传主阿旺曲吉嘉措在卸任佑宁寺法台后，受康熙皇帝之召入京供职。驻京期间爆发了青海地区的罗卜藏丹津叛乱。战乱中，佑宁寺、

---

① 尕藏加：《人类奥秘大开放——藏经佛教密宗》，中国社会科学出版社，北京，1995 年 126 页

② 星全成：《佑宁寺及其章嘉活佛系统述略》，《青海师范大学民族师范学院学报》，2006 年第 2 期，13 页

色科寺等安多一带的许多大小寺院遭到毁坏,很多僧众被迫还俗。阿旺曲吉嘉措对此深感不安,多次很策略地向皇帝谏言,竭尽全力求得皇帝恩准,重新恢复和新建了许多寺院。《传》中记载:"这样过了几年后,经过尊者多次努力的周旋,皇帝终于准许两座寺院在原址上重建。重建经堂,僧舍的费用俱由国库拨付,寺院被没收财产悉数补偿,尊者的愿望终于实现。那段寺院被毁,僧人不敢着僧衣的时光终于过去,须知这全是尊者的恩情,有善缘良心的人要铭记于心。"

罗布藏丹津叛乱是清代历史上重大事件之一,由于其间安多地区很多格鲁派寺院受到牵连被毁,使得格鲁派的发展由鼎盛之势跌入了低谷。佑宁寺在这次战乱中被彻底烧毁,这也是该寺历史上一次巨大的劫难。传主身为佑宁寺重要的转世活佛,对自己的寺院被毁、寺僧被杀被捕和被迫还俗等局面,自然忧心重重。他尽自己一切所能寻求转机,曾以闭关等方式增强自己重建寺院的勇气与信心。最终,在他与三世章嘉小活佛的反复请求、建议下,雍正敕令重建了佑宁寺等寺院,还特敕碑文,并"以旧称不雅,敕定嘉名,赐额曰'佑宁寺'",①同时规定:"限令延僧二百人,常住薰修,宣扬妙法"②。佑宁寺的重建,其意义不单单在于一座寺院的延续,同时还具深刻的历史和时代意义。因为佑宁寺所在地区历来是藏、土多民族杂处聚居之地,当地的民众宗教信仰基础深厚,寺院除了为信众提供宗教活动的场所之外,还由于当地民族的共同信仰而具有维系和加强民族联系的作用。与此同时,佑宁寺的名僧辈出,高僧人物致力于弘扬佛法,频繁往来于甘、青、蒙地区,在各地威望很高,他们也加强了蒙藏民族之间的交流和往来。佑宁寺及其高僧人物在蒙藏地区的宗教生活中起着十分重要的作用,如《传》所记,蒙古科尔沁、喀尔喀、鄂尔多斯以及青海蒙古诸部都是佑宁寺重要的施主,信众很多。因此,该寺在处理蒙藏关系和维护西北地区的稳定、社会文化交流等各方面都具有重要的作用。清朝统治者对于宗教所能达到的通过政治和军事手段难以实现的效果历来都有很清醒的认识,雍正也在充分考虑了当地的民族、宗教现状后准许了

① 杨应琚:《西宁府新志·祠祀志》卷十五,文海出版社,1967 年

② 敕赐佑宁寺碑文

寺院的重建,同时他也忌惮于佑宁寺先前的强大力量而限制了重建后寺院的僧人数量。重建后的佑宁寺,虽然规模远不如从前,但是它在信众心目中的地位以及在处理满、蒙、藏各民族关系和西北地区的社会稳定方面的作用仍然不容忽视。

二、护送七世达赖进藏与受封"禅师"

传主阿旺曲吉嘉措在卸任佑宁寺法台后,受康熙皇帝之召入京供职。驻京期间,传主奉康熙帝之命护送六世达赖喇嘛的转世灵童入藏。当时灵童在理塘出生后移居到青海塔尔寺,之后从塔尔寺启程入藏。《传》中记载:"先前皇帝派的南北两大将军,大臣阿达哈达以及一些汉族官员,库伦东珠王,公才让诺布等库伦官员,亲王罗卜藏丹津等青海十二王公,一起率领蒙汉几万军队自西宁向北路进发。"传主作为皇帝的特使与大学者洛桑慈诚一道追赶,最终在长江边上赶上了尊贵的达赖喇嘛一行人。在之后同行途中,还遭遇了噶尔军的偷袭,丢失骡马等插曲,顺利到达西藏后达赖喇嘛坐床,传主向班禅大师宣读了皇帝圣旨。

《传》记载的这段历史在其他历史文献中也有反映,《七世达赖喇嘛传》云:"……逐渐行至长江边,……大皇帝派遣的土观呼图克图和甘珠儿大喇嘛两人从宫廷赶来,与帐幕拜见喇嘛,一块谈了许多对现在未来皆有利的话,两人还向喇嘛献了大量礼品。"①此外该传记中还多次提到七世达赖喇嘛接见土观呼图克图,土观向达赖喇嘛敬献礼品,达赖给土观等大喇嘛授名号、赐财物等情形。由此可见,传主陪同达赖喇嘛进藏并安排了相关的宗教活动,同时传主还负有向五世班禅传达康熙皇帝谕旨,让其担任达赖经师的特殊使命。

在《传》中,作者这样表述了此次行程的意义:"皇帝成为了达赖、班禅师徒以及西藏的福田施主。"实际上,这样言简意赅的总结包含了复杂的社会背景和深刻的历史意义。七世达赖喇嘛的入藏,直接关系到西藏局势的稳定,对清政府在西藏的统治有着举足轻重的意义,而

---

① 章嘉若必多杰著,蒲文成译:《七世达赖喇嘛传》,中国藏学出版社,北京,2006年47页

对西藏的治理又与对蒙古的控制密切相关。当时蒙古各部的情形是，满清崛起时蒙古各部也在各自为政发展势力，并且各部之间相互倾轧战事不断。卫拉特蒙古逐渐坐大，其中绰罗斯部的噶尔丹建立了游牧民族历史上最后的一个帝国——准噶尔汗国，1768 年，五世达赖喇嘛正式册封噶尔丹为博硕克图汗。噶尔丹野心勃勃，不断对外扩张，先后攻占南疆各地，以后的三次西征一度征服了撒马尔罕和布哈拉，势力最远到达了里海东岸。噶尔丹一路扩张意欲建立大蒙古帝国，他向东的扩张直指喀尔喀蒙古。1688 年，准噶尔人侵喀尔喀打败了土谢图汗，喀尔喀部众逃入内蒙后得到清朝的安置，9 月份哲布尊丹巴率喀尔喀部首领归顺清朝。噶尔丹的扩张最终导致清朝对准噶尔的出兵讨伐。几经鏖战之后，噶尔丹在 1695 年“昭木多”之战中被御驾亲征的康熙皇帝打败继而身亡。准噶尔汗国之后继任的领导人策旺阿拉布坦继续了噶尔丹的扩张政策，他于 1715 年派兵远征西藏，从而引发康熙第一次对西藏的用兵，“五十九年正月壬申，（康熙）谕议大臣等……而策旺阿拉布坦之人，霸占藏地，毁其寺庙，散其番僧。……策零敦多卜领兵在藏，以我兵隔远，不能往救，朕思伊等兵步行一年，尚能到藏，我兵顾不能至乎？今满汉大臣，咸谓不必精进兵，朕意此时不进兵安藏，贼寇无所忌惮，或煽惑沿边番部，将作何处置耶？故特谕尔等，安藏大兵，决宜前进。”①自此开始军事打击准噶尔，双方在 1716——1726 年间多次交战。战事的结果在清朝史书中记载是清军攻取了墨竹工卡后进取西藏，抓捕了三庙中的准噶尔喇嘛一百一人，并将策零敦多卜所授的总督喇嘛五人斩首示众。清朝定西将军噶尔弼在上报军情后得旨：“噶尔弼等遵朕指授，率领官兵历从古用兵未到之绝域，各加奋励，克取藏地，将准噶尔人等信用之逆恶番僧五人正法，抚绥唐古特、土伯特人民，甚属可嘉，在事将军以下，兵丁以上，俱著从优议叙。”②第七世达赖喇嘛入藏正是在此多事之秋，“乙巳，先是

---

① 张其勤原稿，吴丰培增辑：《清代藏事辑要》一，西藏人民出版社，拉萨，1983 年，78 页

② 张其勤原稿，吴丰培增辑：《清代藏事辑要》一，西藏人民出版社，拉萨，1983 年，80 页

抚远大将军允禵覆奏:‘臣遵旨传集青海王台吉等,会议进兵安藏及送新胡毕尔汗往藏之事。其青海王台吉等皆齐心协力,情愿派兵随征,并请封新胡毕尔汗掌持黄教。’至是命封新胡毕尔汗为‘宏发觉众第六世达赖喇嘛,’派满汉官兵及青海之兵送往西藏。其四十九期札萨克,并喀尔喀、哲布尊丹巴呼图克图等,亦令遣使会送。”[①]而在入藏途中,“平逆将军延信等率领大兵于八月十五日驻扎卜克河,是夜,策零敦多卜等率众来犯,击败之,夺其马匹器械。十九日,自卜克河启程……”[②]即指《传》中达赖喇嘛一行在途中宿营时遭到准噶尔兵偷袭之事。

达赖喇嘛顺利入藏并坐床之后,平逆将军延信向清政府奏报:“大兵送达赖喇嘛至藏地安置,其所经过雷东、喷多(蓬多,在拉萨东北)等处,居住喇嘛人等,感激圣主再造鸿恩,罔不踊跃欢欣,男女老幼,镪负来迎。见我大兵群涌环绕,鼓奏各种乐器,合掌跪云:自准噶尔贼兵占据土伯特地方以来,父子分散,夫妻离别,掳掠诸物,种种忧害,难以尽述,以为此生不能再见天日。今圣主遣师击败贼兵,拯救土伯特人众,我等得脱患难,仍前永享升平乐业,似此再造宏恩,何以报答。纷纷叩陈,出于至诚。”[③]在以后清朝兵部议叙军功时,康熙帝对西藏之行的旨意是:“平定西藏,乃自古未至之绝域,所以皇考曾有从优议叙之旨……”[④]凡参与这次西藏之行的成员都给与了优厚的封赏,延信将军著封为贝勒,率兵八旗将军等也给与世袭爵位等。由此可见,清朝对西藏用兵的起因是准噶尔西胁喀尔喀,南通西藏,严重威胁到清朝的边疆,因而清政府十分重视达赖喇嘛入藏的事宜。宗教领袖在清政府护送下入藏,是政府在西藏行使主权的体现,也出于对宗教上层人物

---

① 张其勤原稿,吴丰培增辑:《清代藏事辑要》一,西藏人民出版社,拉萨,1983年,78页

② 张其勤原稿,吴丰培增辑:《清代藏事辑要》一,西藏人民出版社,拉萨,1983年,80页

③ 张其勤原稿,吴丰培增辑:《清代藏事辑要》一,西藏人民出版社,拉萨,1983年,84页

④ 张其勤原稿,吴丰培增辑:《清代藏事辑要》一,西藏人民出版社,拉萨,1983年,90页

的笼络和利用。同时，在护送使团的组成上，清政府的安排也别有深意，还特令"哲布尊丹巴"活佛也遣使护送，在"（康熙）三十年，喀尔喀泽卜尊丹巴呼图克图率领喀尔喀七旗，于多伦诺尔地方朝觐。"[①]而在三十二年被封为呼图克图达喇嘛，于喀尔喀地方，立为库伦，以推演格鲁派。清政府的用意非常明显，就是特旨哲布尊丹巴遣使护送达赖入藏以示对宗教人士的恩典，利用哲布尊丹巴在喀尔喀的地位和影响巩固对蒙古的控制。这样的策略在雍正即位后得到了延续和进一步的发展："雍正元年议准：泽布尊丹巴呼图克图，应照班陈（班禅）、达赖喇嘛之例，给与封号，赐金印敕，授为启法泽布尊丹巴喇嘛"[②]。该活佛世系也与班禅、达赖和章嘉并成为清代最具影响力的四大呼图克图体系。清朝前期的统治者都励精图治雄心勃勃，以建立满人统治下多民族统一，四海疆域一统的大清王朝为已任，康熙一生最大的三件功业就是"平三藩"、"统一台湾"和"剿灭噶尔丹"，西藏的局势与此三者间也是牵一发而动全身，达赖喇嘛的顺利入藏对于清朝的民族问题、边疆局势的控制，都具有里程碑式的意义。

此外，在关于传主护送达赖喇嘛进藏之事，在其行程方面，学界还有一种说法与上述记载略有差别，就是传主阿旺曲吉嘉措自何处启程的问题，以上提及文献中，传主是自北京启程途径西宁在长江边上赶上达赖喇嘛一行。另一种说法，是阿旺曲吉嘉措自塔尔寺启程。韩儒林先生在《穹庐集·青海佑宁寺及其名僧》一书中，提到第二辈土观呼图克图名曲吉嘉措曾于康熙五十八年（公元 1719 年）受塔尔寺僧嘎勒桑嘉措之聘请，出任过塔尔寺主持。[③]

对照《塔尔寺志》的记录，在康熙五十七年（公元 1718 年）该寺的寺主是第二十代赤钦·嘉堪布·阿其图诺门汗·罗桑邓珠（善慧义

---

① 乾隆朝内府抄本：《理藩院则例》，乾隆朝·柔远清吏左前司下，中国藏学出版社，北京，118 页，2006 年

② 乾隆朝内府抄本：《理藩院则例》，乾隆朝·柔远清吏左前司下，中国藏学出版社，北京，118 页，2006 年

③ 韩儒林：《穹庐集·青海佑宁寺及其名僧》，上海人民出版社，上海，1982 年，407 页

成)，他于康熙五十九岁次庚子(公元1720年)，派土观·阿旺曲吉嘉措(语自在法海)及南北的将军(音译)二人，并僧官众多军队护送布达拉刹土的救怙主达赖回到卫藏净域中，以此第二布达拉(塔尔寺)作达赖驻锡行宫。[①] 韩儒林述及第二辈土观事迹时所参考的资料，根据上下文和文后注释推断，就是土观洛桑却吉尼玛(法金刚)所作的《第二辈土观传》也即本文研究的对象——《传》，而《传》中并无传主曾到塔尔寺出任住持的记录。传主也就是二世土观活佛，是章嘉活佛若必多杰在京城的主要导师，章嘉活佛对二世土观事迹应当比较了解，在《七世达赖喇嘛传》的记载中，章嘉活佛也说："大皇帝所派遣的土观呼图克图和甘珠尔大喇嘛两人从皇宫赶来，于帐幕中拜见喇嘛。"[②]因此韩儒林先生所说二世土观曾到塔尔寺任住持，以及《塔尔寺志》中所记阿旺曲吉嘉措受当日塔尔寺寺主派遣护送达赖之说法，是不确切的。

阿旺曲吉嘉措在此次的卫藏之行中，除了向达赖，班禅赠送了礼物之外，还进行了其他的宗教活动，比如为三大寺僧人发放布施，为僧众做大威德金刚灌顶等。在逗留卫藏期间，他还向西藏诸多知名的僧人学习密法，其中最著名的是担任过甘丹赤巴并任达赖经师的阿旺曲丹。任过甘丹赤巴的僧人亦被称为"金座活佛"，指在藏传佛教格鲁派宗师宗喀巴大师创建的甘丹寺担任过总法台之职的人物，其中包含两层意思：一、宗喀巴是甘丹寺最初的总法台，凡以后担任法台者，都是继承了宗喀巴大师的事业；二是甘丹寺法台的座位是用黄金包裹起来的，金碧辉煌；所以，藏区中把担任过甘丹寺总法台的活佛称为金座活佛。而能够出任此职务者必然是在三大寺的学院中取得了显、密宗的格西学位，在闻、思、修各方面都出类拔萃者。由此可见，阿旺曲吉嘉措的所拜老师都是当日首屈一指的高僧，这对他的修学无疑大有裨益。更为重要的是，此次西藏之行，传主的身份是朝廷的代表，"五十九年……九月十五日，钦派大将军二人并内务府大臣一人即土观呼图克图噶足达喇嘛

---

① 色多·罗桑崔臣嘉措著，郭和卿译：《塔尔寺志》，青海人民出版社，西宁，1986年59~60页

② 章嘉·若必多杰著，蒲文成译：《七世达赖喇嘛传》，中国藏学出版社，北京，2006年，47页

司员笔帖式佐领等，以及青海库伦各王公官兵，护送第七世达赖喇嘛至布达拉宫坐床。"[1]他与达赖、班禅以及当地的政教首领广泛接触，进而了解蒙藏上层和宗教人士的心理活动和生活状况，并与他们建立了密切的联系。这就有利于传主结合自己长期在京城生活的经验和了解朝廷民族宗教政策的优势，在中央与民族地区之间起到一个桥梁的作用，向下解释和传达政令而向上提供建议和对策。

传主阿旺曲吉嘉措再回到内地时，受到雍正皇帝的亲自接见，他向皇帝陈奏了数条有利于西藏的政教建议后，被敕封为掌印扎萨克喇嘛，驻锡于旃檀觉卧寺。

其实阿旺曲吉嘉措在康熙帝在位时，就已被授予左翼头班呼图克图的封号，任驻京掌印喇嘛，这两个职位是对二世章嘉活佛在京职务和事业的继承，也是土观世系担任政府职务的开始。所谓"呼图克图"，其含义包含了"有福者"、"圣者"和"（佛）道、果"这样三层的含义[2]。得此称号者受尊崇程度可想而知，而"左翼头班"又在各驻京呼图克图中位居第一。"掌印喇嘛"即"掌印扎萨克达喇嘛"是京城中执掌藏传佛教事务并有札萨克印的官员，也是驻京喇嘛中最高的职务，地位十分重要。

正是由于清政府对西藏、蒙古事物的重视，而此次达赖坐床事宜顺利地完成，传主陈奏的对西藏局势的数条政教建议又被皇帝接受，皇帝对他更是崇信有加，赐予他"静修禅师"的称号。《传》中云："圣旨颁布于雍正十二年，同时赐给满、汉、藏三种文字的敕印。"关于此次册封，史料中也有记载："（雍正）十二年复准：封土官呼图克图为静修禅师，给敕印"[3]这是大清王朝颁赐"禅师"封号的首例。而清朝对喇嘛的制度："凡喇嘛，道行至高者曰呼图克图，转世者曰胡毕尔汗。其秩之贵者，曰国师、曰禅师，次曰札萨克大喇嘛、副札萨克大喇嘛、札扎

---

① 妙舟法师撰：《蒙藏佛教史》，广陵古籍刻印处，江苏广陵，1993 年，82 页

② 贺其叶勒图《藏传佛教呼图克图职衔考释》，《中国藏学》1997 年 3 期，40 页

③ 乾隆朝内府抄本：《理藩院则例》，乾隆朝 · 柔远清吏左前司下，中国藏学出版社，北京，128 页，2006 年

萨克喇嘛，又次曰大喇嘛、副喇嘛、闲散喇嘛。札萨克喇嘛以上给印，余给札付。其徒有德木齐、格斯贵、格隆、班底之差。”①额给京师喇嘛的钱粮，“掌印札萨克大喇嘛月给折色银四两五钱三分五厘四毫三丝，乳牛三头，坐马四匹。副札萨克大喇嘛、扎萨克喇嘛、大喇嘛、副喇嘛，各月给折色银四两二钱一分二厘二毫四丝，乳牛二头，坐马两匹。闲散喇嘛各月给钱粮银二两，坐马一匹。以上各月给米七斗五升。其余格隆、格苏尔班底给折色银，自八钱六分五厘二毫七丝二忽及八钱九分九厘一毫六丝至一二两不等，……每月应给折色银米由户部核给。”②受封之后，传主在京的地位、待遇之崇高与优厚有书记载：“圣祖赏赐绣龙黄伞一座、绣龙黄垫一件，元狐大褂一件、八宝御带一条，赏赐黄轿车马，赐禅师像一轴，赏食钱粮，每月本身食银四两二钱一分二厘四毫，随缺格隆五名，各食银八钱九分九厘一毫六丝，班底六名，各食银八钱六分五厘二毫七丝二忽。又徒弟二十名，各食银二两。”③自此，土观世系的崇高地位确立起来，以后历代驻京供职，为清代八大驻京呼图克图之一。

在受封为“禅师”后，阿旺曲吉嘉措继续致力于促进格鲁派发展的事业，在京城中以自己的地位和威望，维护格鲁派的利益。他一方面打击、排斥以当日第十七果毅亲王为依靠的噶举派势力，阻挠噶举派的法师入京，另一方面积极为格鲁派的僧人请封，如《传》中记载的：

在他的奏请下，皇帝还册封了他的根本上师嘉木样协贝为“掌教经法额尔德尼诺门汗”，敕封却藏活佛为“喀锦都图萨拉克齐诺门汗”，均赐给敕书和印信。在传主的努力之下，蒙藏上层僧侣也都与统治者广结法缘，这样的关系，必然有利于格鲁派在京城中势力的巩固和在各地的发展。

---

① 乾隆朝内府抄本：《理藩院则例》，乾隆朝《大清会典》理藩院资料，中国藏学出版社，北京，283页，2006年

② 乾隆朝内府抄本：《理藩院则例》，乾隆朝·柔远清吏右后司下，中国藏学出版社，北京，150页，2006年

③ 妙舟：《蒙藏佛教史》，江苏广陵古籍刻印处，江苏广陵，148－149页，1993年

阿旺曲吉嘉措在京为掌印喇嘛,实际上他是在二世章嘉卒去,三世章嘉年幼时期为康、雍二帝分担蒙、藏政教事务处理的重要人物。他也以自己当日的地位,努力维护西藏甘丹颇章的利益以及西藏地区的稳定与和平。如《传》中记载的:

准噶尔人杀害拉藏汗后任命了第巴达孜巴及其他一些西藏官员,还搞了暗杀大噶伦等事件,意欲策划西藏的独立。在动乱平息后,也是阿旺曲吉嘉措从中极力与皇帝周旋,设法保全甘丹颇章的政法威严。再比如:"帝师"、"禅师"、"国师"这些封号只能由政府任命和敕赐,普通人众不能拥有。但当时第巴康济鼐在不知情的情况下,给赞波诺门汗赐了"大国师"称号。赞波日后拜见皇帝时,据实向皇帝奏答西藏的官阶制度中有"国师"这样的官职,皇帝听后勃然大怒厉声斥责。阿旺曲吉嘉措急忙向皇上解释:"国师"是蒙文翻译,"赞波"一词要准确翻译很难,而此处赞波的"国师"之衔与政府封赐的"国师"实有天壤之别,如此皇帝才消了怒气。此处记载反映的就是阿旺曲吉嘉措以一己之力平息一场灾难,若非他机智,善巧的解说,皇帝震怒之下,轻则赞波、康济鼐受罚,继而牵连到西藏僧侣领袖,重则天子一怒之下认定西藏政府有不臣之心而发兵西藏也未可知,如此一场干戈化为无形,使一方生灵免遭涂炭。

阿旺曲吉嘉措还十分重视与蒙古的联络,与蒙古各地的僧侣领袖广结法缘,比如《传》载:

"蒙古地区的呼和浩特席力格图呼图克图、乃济托因呼图克图、咱雅班智达、希哇活佛、旺钦诺门汗、丁科班智达、格勒曲杰、央恰喇嘛等著名活佛上师,有的是他的亲传弟子,有的是受过他的教诲。他在北京期间的主要施主是喀喇沁王意丹木扎布,还有喀喇沁五旗、内蒙古四十九旗、喀尔喀七部、鄂而多斯、阿拉善、青海蒙古诸部的诸多王公贵族,也都是他的施主。"

在藏传佛教的发展史中,对外寻求政治和军事力量的支持已经形成了一个传统,格鲁派的发展更是如此,在与其他教派的斗争中,该派就曾向蒙古和硕特部寻求帮助,满族人崛起后更积极与满清靠拢,以便在当日最具权势的力量支持下,保证本派的生存和发展壮大。而他们与蒙古各部的广泛联络也被满清统治者看重,到以后乾隆皇帝提出："兴黄教以安众蒙古"的政策，可以说冰冻三尺非一日之寒，这是在长期观察和实践积累的基础上形成的认识和思想。在这样的主导思想下，满清对蒙古诸部以安抚为主，避免了军事镇压和征服，有利于各地区的稳定，使生产力免遭破坏，社会财富免遭无谓的损耗。

总之传主阿旺曲吉嘉措一生的政教业绩极为显赫，他担任佑宁寺法台时，大兴讲说经论之风，积善佛事如上弦之月，同时彩绘大经堂壁画并创建了佑宁寺的密宗学院，使该寺成为显密双修的寺院，他任法台期间是佑宁寺最为兴盛的时期，在安多乃至整个藏区的影响都非常的深远。在青海罗卜藏丹津叛乱之后，又是阿旺曲吉嘉措多次策略地向皇帝谏言请求，使得安多地区诸多在叛乱中被毁的寺院得以重建，使得格鲁派的法脉得以传承。他受康，雍，乾三位皇帝的崇信，多次为皇帝进言有关藏地的政教事务的处理对策，有利于加强中央政府对藏地的有效、合理的管理，也为18世纪西藏的和平安定做出了贡献。总之，他以自己的机智，善巧周旋于中央与地方，政治与宗教之间，致力于维护国家的统一，地方的稳定，民族的团结，在政教两方面都取得了辉煌的业绩。

第二节 《传》中人物关系的研究

社会性是人的本质属性，任何人都生活在社会群体之中，一个人在一生中要和不同的个人、群体发生各种各样的联系，其中有些人会对自己的一生起到非常重要的作用，自己也可能对其他人的生命、生活产生一定的影响。人与人之间的关系是每个人的生活当中的重要内容之一，因此在一部人物的传记中，也必然会记录传主与一些重要人物的联系和相关史实。在《传》中记载了一些与传主关系密切的重要人物，如一世嘉木样活佛、三世章嘉活佛、雍正皇帝等等。

一、传主与一世嘉木样

嘉木样一世俄昂宗哲（1648——1721），20岁就入藏求学，27岁从哲蚌寺郭莽扎仓毕业，33岁获得密宗"欧然巴格西"学位。之后一直到53岁的二十年间都在格佩山潜心修炼，师从了多位著名的密宗大师，获得了特殊成就。他前后在藏修学长达40年，博通经论，在闻、思、修三个方面都达到了很高的成就，讲、辩、著也熟能生巧而运用自如。是当时最负盛名的学者之一，金龙年（1700年）奉六世达赖喇嘛之命担任了郭莽扎仓的堪布，他晚年时回到故乡安多大夏河畔创建了著名的拉卜楞寺，圆寂后形成了嘉木样转世系统。传主阿旺曲吉嘉措进藏留学时，进入哲蚌寺郭莽扎仓后，就奉遍知的嘉木样协贝多杰为师，学习甚深教法和密续的修持。嘉木样对传主护持有加，《传》载：

“有一次，嘉木样大师为僧众讲解《菩提道次第广论》时，阿旺曲吉嘉措迟到了一会儿，当时有众多的格西都已到齐，但嘉木样活佛直到阿旺曲吉嘉措到达才开讲，嘉木样还斥责了那些心怀不满的僧人，说：‘你们不知道讲法的对象为何人，不要妄自尊大。’嘉木样活佛是把阿旺曲吉嘉措视为主要的培养对象，倾心教导。以后即便是很小规模的讲经，嘉木样活佛也必定等到阿旺曲吉嘉措到来才开讲。”

此外，嘉木样活佛还指导阿旺曲吉嘉措进行“红黄文殊”的观修，赠送了文殊唐卡以祝愿传主以文殊为本尊修成共和不共的成就等等。总之来说，嘉木样世系与土观世系累世俱有善缘，在这一世中也是情投意合，所以嘉木样活佛将自己的教法满瓶而泻、倾囊相授。这样的友好关系在他们各自的政教事业中起了积极的作用，也在他们各自对外的关系中占有重要的作用。

在阿旺曲吉嘉措学成返乡担任郭隆寺法台时期，嘉木样活佛也从西藏返回，受青海和硕特蒙古的河南亲王之请准备创建寺院。在此期间，阿旺曲吉嘉措邀请嘉木样活佛来到佑宁寺为该寺大经堂的壁画开光，二人还与章嘉活佛一起创建了佑宁寺的密宗学院。此次师徒二人在安多重逢，彼此欢欣鼓舞，畅叙师徒友情，嘉木样对佑宁寺的教法、财物上也给予支持，为新建立的密宗学院奉献大威德、六臂护法、阎罗王三大护法神各一尊，上品锣钹一对，并供养斋饭，发放布施，满足了大家的心愿。向新入续部的学僧讲授《四家合注》”等等。[1]

---

① 贡却乎久美旺波著，杨世宏译：《第一世嘉木样尊者传》，第174页，圆音有声出版股份有限公司，台北，中华民国九十六年

传主阿旺曲吉嘉措入京受封"静修禅师"之后,也与嘉木样保持着联系。当时阿旺曲吉嘉措受皇帝崇信,担负着朝廷对蒙藏事务方面的重要使命,是朝廷与藏区之间联系的桥梁。他也借此地位和名声积极为格鲁派的政教发展谋求机遇。《传》载,"在他的奏请下,皇帝还册封了他的根本上师嘉木样协贝为掌教经法额尔德尼诺门汗,……赐给敕书和印信。"之后,阿旺曲吉嘉措还向嘉木样赠礼致贺以及向僧众发放布施等。此次的受封对嘉木样世系及拉卜楞寺的发展产生了深远积极的意义,其后历世嘉木样都得到中央政府的册封。而嘉木样世系和土观世系的关系也以此为基础,持续世世友好的发展,双方或互为师徒,或互聘为各自寺院的法台等等,相互支持,提携,共同保障和促进格鲁派在安多地区的利益。①

二、传主与三世章嘉

传主阿旺曲吉嘉措与章嘉呼图克图世系缘分甚深。传主初入佑宁寺时就以二世章嘉为上师学习教法经论,而他入京供职后又成为三世章嘉在京城的主要导师。实际上,二世章嘉圆寂后,在他的灵童的寻访和认定过程中,阿旺曲吉嘉措就已经发挥了巨大作用。关于章嘉灵童的认定,《章嘉国师若必多杰传》载:二世章嘉圆寂后,佑宁寺的却藏活佛等主持了灵童的寻访和认定工作,当时寺内倾向于认定在凉州出生的祁家仓巴的孩童,这名孩童的出生地符合却藏活佛卜卦所示的方位,他也能清楚准确地辩认出前世活佛的经卷、念珠、佛像等遗物。佑宁寺确定了转世灵童的身份后就向土观活佛等驻京喇嘛以及蒙古各部施主们详细通报了情况。但与此同时,蒙古一个有权势的王公家也生了一个男孩,宣称是章嘉活佛的转世。清朝的大臣们多半倾向那个男孩,因而向皇帝上奏灵童已认定的事一度受到理藩院的阻挠。土观活佛阿旺曲吉嘉措支持佑宁寺选定的灵童,他据理力争,说多康出生的灵童与安多卫藏的贤士大德和可信的护法神降示的悬记符合,灵童也认出了自己遗物,从各方面看都应当是真正的转世。他警告理藩

---

① 扎扎:《嘉木样世系与土观世系史述关系略》,《西北民族学院学报》哲社版 1996 年 第 4 期

院要按规矩陈奏，另一名未经辨认的幼童如果被认为是转世活佛而上奏给皇帝的话，他将亲自向皇帝面陈此事，即使是有性命之忧也在所不惜。最后理藩院的大臣们无可奈何只得据实陈奏。①

灵童的寻访认定之中实际上隐藏的许多难以挑明的人工操作过程，期间夹杂着微妙和尖锐的利益冲突，包括权力、财产、声誉、血统等。“所谓一人得道，鸡犬升天”，一旦谁家的孩子被认定为活佛转世，这个家族一下子就显赫起来，牛羊、农田、庄园和奴婢随之滚滚而来，油水相当可观。佛法讲贪、嗔、痴三毒是世间苦难之渊，尤其是“贪婪”，总是无处不在，就连佛门中也充斥着你争我夺的斗争，藏族谚语说“人总想往肥肉上贴膘”，使自已更加显赫富贵，反映到转世灵童的认定上，就成了“活佛出在土官、头人家，毛驴都在穷山僻壤里。”

在这样的情况下阿旺曲吉嘉措凭借自身在京城的地位和影响，支持佑宁寺的工作，实际上就是维护佑宁寺的政教地位和在藏区的影响，避免世俗势力对教务的过多干涉和控制。在他的支持下佑宁寺顺利将灵童从凉州迎接到寺内。

后来佑宁寺毁于罗卜藏丹津叛乱的战火，皇帝下旨命令当时平叛的将军年羹尧和岳钟琪将灵童安全的护送到京城。《传》记载：

“小灵童与尊者阿旺曲吉嘉措在旃檀觉卧寺相见，二人如母子重逢喜不自胜。尊者又安排了灵童觐见的一切事宜。之后，阿旺曲吉嘉措对小灵童进行了悉心的照料和教育。在灵童觐见皇帝之前，由土观拉章供应灵童饮食，春夏秋冬四季穿戴的各种袈裟、帽子、鞋靴以及座垫等生活用品，对灵童的仆人也由土观依照地位供给衣食住房。”

同时，“土观活佛又教给章嘉活佛见时如何以敬语称呼，甚至如何站跪，如何迈步等礼仪。”②从而使灵童在被雍正皇帝召见时能够遵守礼仪，熟练应对，得到皇帝的喜爱，这就为日后的友好关系奠定了一个良好的开端。灵童也在阿旺曲吉嘉措的主持下顺利坐床。

---

① 扎扎：《嘉木样世系与土观世系史述关系略》，《西北民族学院学报》哲社版 1996 年 第 4 期

② 土观洛桑却吉尼玛著，陈庆英、马连龙译：《章嘉国师若必多杰传》63 页，民族出版社，北京，1988 年

三世章嘉小活佛在京城受到皇帝的崇信和阿旺曲吉嘉措的悉心照料，生活十分舒适，他的修学也突飞猛进的增长。《传》云：

“夏日炎热时，皇帝请尊者阿旺曲吉嘉措到御花园避暑。传主与章嘉国师的灵童在此期间的膳食由御膳房供给，并任其畅游于花苑、湖地、亭榭之间。日赐衣帽，夜赐寝具，各类侍从也按身份地位给予赏赐。传主在此期间向章嘉传授了各种经教、灌顶等高深秘法，就己所知，倾囊相授。”作者土观洛桑曲吉尼玛以三世章嘉的语气写了一首格律诗，以表达章嘉对阿旺曲吉嘉措传法的感激之情：

“智慧甘露属众生，雨露均沾未许否？
深奥金刚精华义，为何惟一我独饮？
上师宝库中智慧格言，圆满喜筵显诸法本性，
感念师恩置于宝幢顶，圣者传记乃三界精华。”

由此可见，阿旺曲吉嘉措对三世章嘉是倾心培养，据《章嘉国师若必多杰传》的记载，“章嘉十五岁时，他从喇嘛阿旺曲吉嘉措听法时所做笔记就已像一部巨著。”①阿旺曲吉嘉措还为章嘉传授了文殊本尊秘密修习法、六臂依怙、狮面母修习法、大威德金刚灌顶等秘法的修持。这样的闻、思、修为章嘉日后的成名和受封奠定了坚实的基础。章嘉日后多次赞颂土观经法高深，讲解不同一般。到以后章嘉去卫藏留学时，二人也常有书信来往，探讨教法深义，相互嘘寒问暖，情深意切，在阿旺曲吉嘉措向皇帝告假回乡之前，还曾写信给章嘉活佛提及他寿元不多的情况等等。

三、传主与雍正皇帝

传主阿旺曲吉嘉措当日受康熙皇帝之召入京，觐见后，皇帝按照对待大呼图克图的惯例给予他薪俸和赏赐。以后传主被皇帝派作特使护送第七世喇嘛进藏，此次进藏，阿旺曲吉嘉措在藏停留两年有余，期间他扶持达赖喇嘛坐床，环游朝拜了卫藏的各大寺院，为拉萨三大寺僧众熬茶布施，向达赖、班禅大师等高僧进献礼品。参加正月祈愿

---

① 土观洛桑却吉尼玛著，陈庆英、马连龙译：《章嘉国师若必多杰志》87页，民族出版社，北京，1988年

大法会，在各大寺讲经，求学密法等。当传主再回到内地时，清康熙帝已去世，雍正继位。雍正皇帝十分崇信阿旺曲吉嘉措，敕封他为掌印扎萨克喇嘛，并向他详细询问了有关西藏的情况，他也向雍正奏报了数条“有利于西藏政教的重要建议”。这些情况都见于《传》的记载。在前文论述中已做了引用，此处不再重复。

阿旺曲吉嘉措驻京期间与雍正皇帝的关系十分密切，传主经常为皇帝排忧解难，皇帝对他礼遇渥殊。例如，《传》云：

“一次(金狗年，公元1730年)，内地发大地震，京城中废墟遍地，活人被埋，皇帝心中甚为恐慌，常与阿旺曲吉嘉措同处一室并说：“有汝在侧，朕觉心安。”还有一次，皇帝被噩梦困挠，也是阿旺曲吉嘉措做了大威德金刚火供仪式为皇帝驱除噩梦，此后皇帝派画师画了阿旺曲吉嘉措画像，供奉在皇室的寝宫。”

雍正皇帝对阿旺曲吉嘉措礼遇有加，于雍正十二年曾颁布圣旨赐予阿旺曲吉嘉措“静修禅师”封号，并给予了满、汉、藏三种文字的敕印。据说这是大清王朝颁赐“禅师”封号的首例。皇帝对于阿旺曲吉嘉措的言论，多有采纳，安多地区的佑宁寺、色科寺等被战乱毁坏的寺院能得以恢复重建，就是传主多次向皇帝进言的结果。此外，皇帝给传主的赏赐也十分丰厚，《传》记载：

“皇帝还先后赏赐给尊者一件雍正自己穿过的黑狐氅、纹银七百两。汉人风俗以黄色为皇帝专用，尊者还受赐九龙黄座垫、绣龙靠背、黄垫等等。礼遇渥殊。还有一次，皇帝赐给尊者一条八宝御带，上缀四颗红莲宝石和百余粒豌豆大的金刚宝石，价值抵万两，另多次赏赐金银、珠宝、绸缎、稀世古玩等不计其数。”

此处的记载，作者强调了“黄色为皇家专用”，“龙”是天子的象征，也是皇家专用的装饰图案，非一般人能使用。这样的赏赐，代表着至高无上的荣誉和尊宠。金银财物的赏赐也有很多，虽然寺院僧人必须脱俗，要投身于神圣的境界，不能聚财，但客观地说，僧人离不开物质的供养，寺院也离不开钱财物质，任何人都不能不食人间烟火的生活在虚空当中。一位活佛的身价地位，并不仅仅在于他的佛位等级和学识高低，还得有经济实力和政治地位，“财大气粗”的寺院和活佛具有的影响力往往更强更深远。因为寺院和僧人本身并不从事生产也无法创造财富，但日常的开支需要用钱来垫补，藏传佛教的活佛和僧人都必须面对这样一个事实，就是寺院像一口不生产只消耗的大锅，年复一年日复一日地消耗着粮食、酥油、奶酪和牛羊皮，僧人就是一群不劳而食的庞大消费群体。而有名气、有威望的活佛则支撑着一座寺院的门面。布施、礼品交换、赏赐等等都是一位活佛宗教生活中必不可少的内容，如果没有丰厚的财物积累做后盾，他在僧、俗两界的社交活动便无法展开。因此，钱财、名望和宗教影响总是相得益彰。对于活佛们而言，一般教民的供养是微乎其微的，皇帝政府的赏赐和贵族们的布施才是其收入的主要来源。

当面对着崇高的荣誉时，阿旺曲吉嘉措并没有持崇而骄而是保持了清醒、冷静的头脑。“伴君如伴虎”，即便是宗教领袖也不能对抗皇权藐视朝廷，第二世章嘉活佛的一段经历便是前车之鉴。二世章嘉活佛当日也很受康熙器重，被任命为扎萨克达喇嘛，在京带有十五名随从，都从政府供给口粮。他曾受命携带金册金印入藏主持六世达赖喇嘛的坐床仪式，入藏途中经过青海时，他还劝说青海蒙古和硕特各部正式归附清朝，各部台吉也在他劝说下去朝见了康熙皇帝，他为清政府收复青海蒙古部立下了功劳。但是，次年中，二世章嘉因在拉萨时违旨叩见了第巴桑杰嘉措被理藩院题奏，拟处绞刑，最后还是康熙下令从宽，才只革除其呼图克图名号免除绞刑。① 正是由于深谙君臣相处之道，阿旺曲吉嘉措在京期间才能从容面对各类政教事务，对皇帝不卑不亢、进退有度，多次“有策略”地犯颜直谏，维护格鲁派的利益，维系中央与蒙藏地方之间的和平相处。

以后阿旺曲吉嘉措请求还乡时，雍正帝仍然表现出对他极大的尊崇，皇帝要求相关大臣安排送行仪仗时要在原有的基础上提高一个层次，但此次的行程还未来得及进行，雍正皇帝驾崩。雍正皇帝对阿旺曲吉嘉措的尊崇，确立了土观世系在京城的崇高地位，以后历世土观都世袭驻京呼图克图之职位，其宗教影响也日益扩大。

---

① 《清圣祖实录》卷一九一，康熙三十七年十一月丙申条

第三节 《传》的记史特点分析

《传》的内容记载比较全面，不仅记载了传主的宗教修行、实践活动，也涉及到了当时发生的一些历史事件。同其他教派一样，格鲁派的发展始终离不开世俗势力的支持，也始终与当时社会上各种团体与力量保持着联系。因而，宗教人士们也都将其关注点从精神世界推进到现实世界，各位高僧大德的传记中，无论其对于宗教抱有多大的热情，投入多少精力，现实世界中的各种事件也必须直接面对。这样的情形，在《传》中的反映，就是对准噶尔人侵西藏，罗卜藏丹津叛乱等事件的记载。

《传》记载："那时杀害拉藏汗后在西藏执政的准噶尔军，已经在清军大军压境之势下撤回了故地。"准噶尔人任命的第巴达孜巴，虽然阿旺曲吉嘉措认为达孜巴毕竟是格鲁派的忠实施主，想尽力挽救其性命，但终究凡事有因果无法改变其被皇帝绳之以法的命运。

在《传》中，土观洛桑曲吉尼玛用比较多的笔墨叙述了青海地区罗卜藏丹津的叛乱及其对安多地区藏传佛教寺院的影响：

"有一次，青海的丹津亲王备受皇恩却无福消受。正如犬登堂屋又想攀上星辰，他藐视朝廷发动叛乱，以蒙兵毁了三角城，当时赞波寺的蒙古僧人萨钦格西率领徒众增援蒙古军队，寺中的贪婪之辈也多赴三角城抢劫财物，不久都被清军抓获。当时安多的一些大寺院参与了这一不合教规之举，其中也不乏被蒙军胁迫者，但违抗朝廷只能纵火自焚，萨钦格西此次煽风点火殃及无辜。如萨班所言：'为非作恶个别人，遭受祸害遍天下。'随后，佑宁寺等很多安多大小寺院毁于战火，经堂、僧舍等被毁，却藏仁波且、丹麻禅师、阿齐图诺门罕等高僧被杀。十三座寺院的世袭昂索（总管）等人被捕入狱。一时间僧侣们胆颤心惊，尽易俗服。"

罗卜藏丹津的叛乱对青海地区的历史以及安多地区的藏传佛教格鲁派的发展影响都很大。他的叛乱导致清朝派大军平叛，使得一方生灵惨遭涂炭，众多寺院被烧毁，很多高僧被杀被捕，一般僧众还俗者众多，格鲁派的发展从极盛时期跌入了低谷。

《传》还涉及到了当时不同势力支持下的藏传佛教各派派系之间的斗争。

“当时，十七皇子果毅亲王势大，按照他的奏请，两名噶玛派红帽系的喇嘛进京。阿旺曲吉嘉措心想，那两人如果到了北京被皇帝宠信，对格鲁派就会极为不利。因此他竭力诵经，役使阎摩护法做了诅咒法事，结果那两位在途中就身亡了。”

可见，《传》对当时发生的一些重大事件都作了记载，这就使阅读者既能掌握到传主的生平情况和修学体验，也可以对当时重大的史实有所了解，对后世学者而言更是提供了宝贵的文献资料。但同时，我们必须看到，由于《传》的作者和立传的对象都是藏传佛教僧人，他们的宗教身份和立场不可避免的使《传》带有明显的宗教倾向和神秘色彩，这一点我们不得不进行客观的分析，这也是《传》记述史实的特点之一。

就对罗卜藏丹津的叛乱记载而言，《传》对此次叛乱的原因和结果都没有提及，作为僧人，作者要突出的是安多地区的寺院在战乱中受到的破坏和僧人们受到的迫害。作为弟子，作者要宣扬其上师的功绩，《传》几处强调传主阿旺曲吉嘉措以其护持佛法的勇气和信心，多次向皇帝善巧的进言，终于获皇帝恩准使得佑宁寺等安多地区的寺院能够恢复和重建，而重建的费用也由朝廷拨给，作者说须知这一些都是上师的恩情，具有善缘良心的人必须铭记等等。作为驻京受封的掌印喇嘛，作者也要表明对叛乱的态度，那就是“藐视朝廷是纵火自焚”，对罗卜藏丹津其人其事更是以犬登堂屋做比喻，痛恨之情不言而喻，总体看来，土观洛桑却吉尼玛维护佑宁寺，维护宗教利益之情节十分明显，对于安多地区寺院遭受的劫难，《传》将原因归究为赞波寺萨钦格西的“煽风点火”，似乎言指这一人“不合教规”的举动连累了佑宁寺等大小寺院，而各寺院是否和叛军联络，是否有支持叛军的行为，《传》似乎有意回避了对佑宁寺等寺院不利的言论，只以“也有受蒙军胁迫者”一句带过，没有详细的记载。这种倾向在作者的其他作品如《佑宁寺志》中也如出一辙，作者在其中说佑宁寺被毁与色科寺被毁有关，由于色科寺是佑宁寺的属寺，当时的佑宁寺法台丹麻活佛率一些老僧去西宁向清军首领禀报事件的起因并为萨钦格西求情，结果导致清军将领以为佑宁寺也是反叛据点儿率兵攻打佑宁寺,导致寺毁人亡。[①] 实际上,此次事件的起因并非如此,在清前期,蒙古和硕特部长期占据青海,由于该部信仰藏传佛教格鲁派,因此与当地格鲁派的寺院关系都十分密切,是很多寺院最大的施主。当罗布藏丹津反叛,佑宁寺等寺院有所相应也十分正常,年羹尧曾在甲午年的奏报中讲:“章嘉呼图克图之胡毕尔汗,原住西宁东北郭隆寺,属下喇嘛甚多,素与罗布藏丹津、阿尔布坦温布和好。本年正月郭隆寺众喇嘛,忽聚兵操演,臣遂给示禁止,而寺内喇嘛传令东山一带番人,约于是月十一日齐集拒战,臣见反形已露,急宜剿灭,遂遣提督岳钟琪会同前锋统帅苏丹、副都统觉罗伊礼布等统兵进剿,尚未至郭隆寺,而贼众已于十二日驻营哈拉直沟迎敌。我军直前奋击,斩杀数千,据其山岭,毁其十寨。……次日,抵郭隆寺外山谷间,伏贼千余人,皆逃入洞内,我兵施放枪炮,复聚薪纵火,贼俱熏死。计前后杀伤贼众共六千余名,随毁郭隆寺。”[②]可见土观洛桑确吉尼玛所谓“误以为佑宁寺是反叛据点而被攻打”之说,显然是有意为佑宁寺开脱。叛乱被镇压以后,京城中发生了大地震,大冰雹等自然灾害,以及年羹尧被皇帝处决,《传》都认为这是之前毁法焚寺引起的恶果。土观洛桑却吉尼玛用格言诗表达了这段“因果”:

“地下大神太阳子,因为毁法而震怒,
大地摇晃振动猛,三界魔军速速达。
力士军队如潮涌,罗睺怒笑战鼓擂,
只叫高山夷平地,兵械密布日光遮。
草率行军至尘暴,道道金箭如雨幕,
彼时坚持诸众生,悲痛之情满胸怀。
惊慌之余咽发颤,恐惧之情眼中流,
世间傲慢执迷者,制造如是之坏劫。

---

① 土观·洛桑却吉尼玛著,蒲文成译:《佑宁寺志》3 种,西宁:青海民族出版社,1990 年。

② 张其勤原稿,吴丰培增辑:《清代藏事辑要》一,西藏人民出版社,拉萨,1983 年,97 页

此世便能明确报，后世惨境也注定，

如此之人不胜数，坠入可怕地之渊。

佛法以此对暴宦，目睹之状皆正常，

自我此身造恶业，火热地狱受煎熬，

莫对佛法有敌意，文殊人君当礼佛。”

此处“火热地狱”即暗指年羹尧被“活活烧死”之事，并在此基础上奉劝世人对佛法不要再有敌意。

传主阿旺曲吉嘉措与作者土观洛桑却吉尼玛的护教护派情节在《传》中表现的极为明显，当传主得知噶举派红帽系两位僧人要入京的消息后，他立即察觉到形势的危机，意识到这二人的进京必将影响到格鲁派在京城乃至全国的利益，于是他做了役使阎魔护法的法事，致使那两位僧人亡于非命死于途中。这件事的具体内幕自然不会公开写出，对于这种由教派利益之争引发的流血冲突事件，作者极力为自己的教派和上师作了辩护，在《传》中不惜以诋毁其他教派来美化自己的上师。诗云：

“随心所欲持己见，教派众多如集市，

显密见地殊胜者，除去噶丹还有谁？

释迦正法若堵塞，虚空浮夸如风吹，

其他教派如空气，恰如愚人鸟狗宴。

正法珍宝大木车，显出邪见如悬崖，

圣雄只凭一己力，正理大道把路牵。”

诗中的意思就是以为格鲁派的显密见地最为殊胜，而其他的教派理论都是虚空浮夸，如愚人的鸟狗宴一般，信奉其他教派之人就如身处悬崖一般，而阿旺曲吉嘉措能以自己的力量将误入歧途者拉回正理大道。实际上，藏传佛教各派信仰的教义是一样的，只是由于各派师承不同，修持重点各异才形成派系之分。各派也各有所长，藏传佛教界有这样的说法：“宁玛派的咒，噶举派的修，格鲁派的戒。”就秘法修持而言，噶举派的修习体制也比格鲁派的历史更为悠久，修习法门也更受人们的称道。《传》中对其他教派的修持者们同样持否定态度，说其他教派密师、咒师们只是貌似高强，实际上皆为身上藏有毒物，口中邪咒不断，心中邪念常伴的伪善之徒。始终是“洛桑理论为翘楚，其余诸派都松懈”的正信者的立场。

除上述明显的宗教倾向和护派情结，本文认为《传》记史还有另一个特点，就是记述简略。一方面是对传主生平、重要事迹的记载都较简略，很多事件只是寥寥几笔带过，具体经过都不清楚，因而《传》的字数不多，篇幅不大，贡唐·丹贝卓美在为第三世土观所做的传记中称之为不长不短的一部作品。另一方面是缺少“年代”记载，全文只有三处明确的记载，分别是：传主出生于铁阳猴年，传主受封为“静修禅师”在雍正十二年，圆寂于火龙年。除此三处之外，传主的活动都以一次、有一次这样模糊的表达。造成这种情况的原因，本文认为并不是作者的学术水平不高或者著作态度不端正严谨之故，而是资料不足所致，作者与传主也就是其前世并未生活在同一时代，对所有的事件不能亲见和亲闻，他写作时也没有文字材料可以参考引用，只能依靠别人的讲述来搜集材料进行写作。《传》中说：“平常的历史记录已经一件不存，我向尊者的随从、熟悉者调整后作记述。”作这篇《传》时，传主早已逝去，其随从、熟悉者们在世的也不多。加之时隔已久，人们只能凭借着记忆来讲述。这样的口传资料自然不会太详尽，其中出现谬误、讹传也在所难免。还有一些关于秘法修炼的情况，由于藏传佛教“密而不宣”的传统，作者也不能进行公开详尽的记述，《传》中也提到有些内容公诸于世对世人无益，因此从整体上来说，《传》记载的内容虽然比较全面，即记述传主生平事迹，也涉及他的修学体验，但限于资料和篇幅的缺乏，其中记述的史实还略显简略。

第五章 《传》中“神秘”文化和佛教思想研究

长期以来，很多研究者和翻译者对于传记作品中的梦幻奇异内容并不感兴趣，认为与历史无关，这其实是一个错误的看法。因为藏传佛教的高僧传记，本来就不是一个单纯的历史文本，佛教承认鬼神、承认高僧大德的神通以及密宗的修炼（但不得随便显示），作品中的神通故事显示了高僧的神奇、超凡的能力。而传记的作者往往是藏传佛教的僧人，他们写作的根本目的和宗旨在于通过记述传主的生平历史来传播佛教、宣扬高僧的美德，对于作者本人而言，著此类书也是利益众生、积德的行为，重视对他人的教化作用。因而，传记的主人都是众弟子敬仰的导师，他们的传记在一代代弟子中传授，传记中的导师与现实中的导师可以是相应，导师过去的经验、事迹都对现世的弟子具有指导、示范的作用。导师的理想人格与现实人格是重合的，需要弟子们去模仿、体验以及领悟。所以传记中的梦境、幻象等也是提示弟子们的一种重要信息。忽视这些观念中的价值而做的高僧传记研究无疑是不全面的。本章就是对《传》中所涉及到的“神秘”内容的解析。

第一节 梦境解读

“梦”是存在于人们日常生活中的一种不自觉的虚拟意识，故每个人都会做梦，梦是人类自身的产物。在人类学的研究中，认为人类对自身的认识和人类最初的灵魂观念的产生,都和梦有着密切的关联。而对于梦境的解读和研究,也同梦境的存在一样普遍,通过梦来预测未来或即将发生的事情,在古今中外都已产生了不同的理论和解读梦境的手段。

佛教认为,“人”是由物质的身躯和思想、感觉、行为、主体意识等五种成分组成的,也即我们通常所说得色、受、想、行、识“五蕴”组成。进一步说,生命不是一种纯物质的现象,而是肉体和精神智体两种性质不同存在的特殊形式的结合。梦境的产生是精神智体的活动,但一般人并不能正确地理解,甚至不能清晰的记住梦的全部内容。对于梦的揭示和认识,并通过专门的训练达到控制,是藏传佛教密宗中一个独特的法门。著名的“那若六法”中的“梦观成就法”或者称为“梦境瑜伽”,就是专门训练修持者观察和控制梦境的能力,并由此看清睡和醒的两种状态都具有幻的特征,在清醒时修炼,在梦中也要修炼。在这种修炼中,修持者学习随意地进入梦境,并在正常意识持续不间断地情况下恢复清醒状态,可以在清醒和梦幻中自由往来。刘立千根据密宗要义总结了这种修法的四个特点:“掌握、熟识、转变、融合。”①

掌握:在白天持续地想一件事物,夜晚用秘诀强制二要点进行掌握,若不能掌握,有魔障干扰应作驱魔法事,使白昼所想之事能在梦中出现,并能掌握它即对梦中所现能认识清楚。

熟识:熟识自己,修炼观想梦境如幻,即使梦中见恐怖境界,了解其为自心业力所变,幻化不实,不起畏惧之心。如此联系白昼所观诸法亦如梦境一般,把出法与世法联为一起可得二谛双融的境界。

转变:即对梦境以心力随意转化,对梦中所想天身和四大进行变化,如以大变小,以少变多等。随将世间事或出世佛法进行锻炼可得如幻三摩地,最后将梦境与光明融合,观真实义。

融合:白昼所见亦如梦间所现如幻如化,将此二者交融,可起现梦境之幻身,又以夜间梦境如幻之喻,结合在白昼现境中亦可抉择其无实之幻。

---

① 刘立千:《藏传佛教各派教义及密宗漫谈》第56页,民族出版社,1997年。

修炼成熟，在生命临终时显现的境界也如梦幻一般，则可以免除中阴怖畏险途。修梦境成就能再实际生、死、中有三个阶段证悟无有自性之真如性。

在藏传佛教文化作品中，关于梦境的资料十分的丰富，比如在高僧的传记中就充斥着种种梦境，通过梦境来预测的现象十分普遍。本节就是对《传》中所记录的梦境的解析，《传》全文共记述了传主的十一次梦境，现分说如下：

一、"传主辩经初期理路不畅，一夜梦见一位仪表堂堂的人手执两把宝剑，一把剑柄上镂刻镶嵌，另一把没有镶嵌。持剑者说'这把嵌柄宝剑赐给你，你要妥善保存，等你学习深广教法时，再将另一把送给你。'次日，练习辩经时理路畅通无碍。"

这是一个具有象征意义的梦，是传主阿旺曲吉嘉措练习辩经时，在梦境中得到了神的加持。在《传》的后文中还记述到传主在角毛陇修炼做"红黄文殊"观想时，亲见一黑色巨人将一柄剑插向他（传主）的胸口，此后他思路畅通智慧宝藏如自发而来。作者解释这就是早先在多康时"再将另一把剑送给你"的说法。可见，前后赠剑者为同一神。记述了梦境之后，说"智慧文殊所赠青色宝，致使吾辈智慧殊胜长。"由此可以肯定，出现在传主梦中的"持剑人"是文殊菩萨显现。文殊是格鲁派的主要本尊，有黑文殊、白文殊、红黄文殊、四臂（骑狮）文殊和阿热巴扎（咒语）[①]五种，此处出现的是黑文殊。宝剑是智慧威猛、锐利的象征，可以摧破个体自我的幻觉和魔障。在本尊法器的加持下，传主的辩习理论自然畅通无碍。

二、"传主在一段时期身体不适，有天夜里梦见一个青面獠牙的魔鬼要将他抓走，之后出现一白须老者和一位通体红色的人，这两人与那魔鬼争吵，最终两人将寺里的一个小僧人交给魔鬼带走。第二天，传主身体好转，而寺里的一个小僧人那晚猝死了。"

此梦境的含义是护法神对修持者即传主的协助。那黑色魔鬼是

---

① 关于咒语的含义，在笔者的访谈中，佑宁寺中一位刚从印度留学回来的经师洛桑塔易说，咒语一般都不翻译，一来咒语是对神的言辞，念诵者不是必须了解其含义；二来不准确的解读对己对人都是有害的。

阎罗王的使者，他要带走的人大多寿元已尽，通过吃药、做法事等都已于事无补了，但传主此时还未完成自我解脱和拯救众生的使命，他暂时还不能放弃肉身，因此以梦境的修炼来对治肉体的死亡。白须者和红色人，作者解释是四臂护法和觉吾尖秀。在《佑宁寺志》中记载他们是婆罗门护法神和维泽大红司命主①，被嘉色活佛在创建佑宁寺时任命为禅院护法神。他们形影不离地守护禅院。据说在战乱年间，曾有几个汉兵闯入禅院，见一红脸汉子和一白须老者推塌山崖，故未敢毁坏寺内建筑。② 守护寺院、受高僧役使、保护寺内高僧是护法神的使命和职责所在。因而传主在梦境中得到护法神的保护，通过护法神与魔鬼交涉，最终以寺内小僧人作交换，使传主转危为安，保全了肉体的生命。佛教讲慈悲为怀，传主之后也感激小僧人为自己而死，以后每次发愿回向时都会唤那小僧人的名字为他祈福。

三、"有一次，传主梦见一白须老者问他想不想见到自己（传主）的母亲，他回答说想见，那老者便带他到了寺边河滩上的一口深洞，此即为地狱之门，入洞见到母亲后返回了洞口。这时梦醒，他欲知母亲将往何处投生，又继续入梦，见到一座大寺附近有一座小院，院中有一个穿着褐色衣服的小沙弥。之后，他去北京黄寺的时候，有一个叫"巴"的比丘，就是他的母亲。"

这个梦境，显示传主具有自由的出入梦境的能力，并且可以通过梦来预测和改变未来之事，在藏传佛教的观念中，修持达到一定成就的高僧，能用风脉之力掌握梦幻，不仅能梦游地狱也能游清净土见到无量光佛。土观·洛桑却吉尼玛在《章嘉国师传》中就详细记载了章嘉大师梦游地狱、梦游净土的经历，并且指出是章嘉亲口所说。作者也相信"他（章嘉）确有这样奇异无比的隐秘本事。"③同时，传主也通

---

① 土观·洛桑却吉尼玛著，尕藏加译：《佑宁寺志》第 26 页，青海民族出版社，西宁，1990 年

② 土观·洛桑却吉尼玛著，尕藏加译：《佑宁寺志》第 27 页，青海民族出版社，西宁，1990 年

③ 土观·洛桑却吉尼玛著，陈庆英、马连龙译：《章嘉国师若比多杰传》，第 191 页，民族出版社，1998 年。

过这一次的梦游对自己的母亲进行了救度，母亲十月怀胎，冒死分娩，辛勤抚育，佛教十分强调思念和报答母亲的恩情。传主即知母亲身处地狱，便再次进入梦境，将母亲的生活环境进行了转变，从地狱转往北京一座寺院。母亲的来生不仅具有具善缘的人身，还出家受戒成为求解脱的修行者。这就种下了累世的善缘。如《传》云："身处恶趣深渊众弱小，得凭圣者慈悲做引导。"由对慈母的报恩心结合轮回的观念，六道中众生在累世中都曾为自己的生母，拯救母亲也即拯救众生，这就是大悲心的体现，与之类似的情况在作者另一部著作《章嘉国师若比多杰传》里，也有记载"章嘉国师有一个侍从，经常嗜酒，久病不起，在垂死之际，走到一个村子里死了。人们都议论说他死后肯定会坠入恶趣，而章嘉国师特地为他祈愿祷告，我亲耳听到章嘉国师说'有一天晚上，我梦见走到一座美丽的花园，有一间花朵遮着的房子，那个汉人和尚悠闲地坐在里边。另一个人说这是天界，这个汉僧笃信三宝，死后依靠消除孽障之法力转生在这里。'"①

四、"传主受了完整的吉祥大威德金刚十三尊四灌顶之后的一个夜里，他梦见在威严的无量宫中，在多层锦缎的坐垫之上，安放有金刚持章嘉活佛(二世)的座位，在同一个方向还有一个相同的座位。章嘉活佛让他坐在上面，把一柄五色绸缎包裹的钺刀交给他并说：'这暂时由你保管，以后要还给我'。"

这一梦境的本质意义是通过对梦相的观察来决定行止，这在密法的修炼中也是常见的现象。接受灌顶是获得成就的种子，观察梦相是预测修法的"成不成相"。在《密宗道次第广论》(卷四)中云："修悉地前，观察成不成相。……初祷本尊，愿于梦中示知所修成不成相。自作本尊观想，安置茅座上敷散华，诵持真言而卧。梦中若见三宝、本尊、菩萨、四众弟子，或梦登山、乘象、渡河、得财、得衣服等，著可乐梦，即当起修。"②

---

① 土观·洛桑却吉尼玛著，陈庆英、马连龙译：《章嘉国师若比多杰传》，第190页，民族出版社，1998年。

② 宗喀巴著，法尊译：《密宗道次第广论》，第46页，青海人民出版社，2012年。

传主在此梦中见到传授灌顶的根本上师阿旺洛桑却丹，无疑是能获得成就的吉兆。大威德金刚是文殊菩萨的忿怒尊，是格鲁派密法的最高修习法门，修成此法生圆次第的成就殊胜无比。同时，这个梦境也是传主以后去北京给章嘉仁波切（三世）传授大威德金刚灌顶的预兆，钺刀象征"切断我执"，去除违障而获成就。在梦境记述之后，作者有引用了传主《密传》中的一段话，对这一相互传授灌顶的情况作了解释："四续密法如货品，贩法商贾遍地在，贪恋灌顶钱财故，师徒寄取相互传。"密法的传授极其严格，重视师徒之间的口耳亲传，师承性、秘密性是很强的，那些为了敛聚财物随意传法的人是伪上师，没有师承的密法是不正统的，修行也不能取得成就。

五、"梦见嘉木样协贝赠给他一幅闪闪发光的文殊菩萨身像。"

嘉木样协贝（一世）是传主阿旺曲杰嘉措在拉萨哲蚌寺学习期间的主要上师，嘉木样的称号本身也蕴含着"文殊"加持之义。这样的一个梦境，是依文殊为本尊修成"共和不共成就"的圆满预兆。《传》又载第二日，嘉木样上师果真赠给传主一幅文殊唐卡，传主喜悦之情在其《密传》中表达说："至尊上师嘉木样协贝，文殊福田赐给土观巴，灵验发起胜共吉兆显。上师赐给文殊本尊法，文殊智慧之剑自获得，法的智慧法性得确立。"嘉木样世系与土观世系累世俱有善缘，《传》中所涉一世嘉木样与二世土观也是情投意合，嘉木样对传主的培养是将自己的教法以"满瓶而泻"的方式倾囊相授，有上师的倾心指导，加上本尊的亲身显现加持，修持者得到圆满成就的善缘能够牢固的确立。"共和不共成就"或者叫"胜共成就"是指世间的成就和出世间的成就。

六、"他（传主）在桑洛康色学习期间，有一天晚上在屋顶睡觉时，如梦幻中见到一个黑人要把他往屋檐处拉，这时又出现一持刀黑色巨人将那黑人刺了一刀，黑人便逃走了。清醒时，几乎就要从屋檐上掉下去了。他想黑色巨人一定是四臂护法。"

这一梦境的象征意义是传主梦中遭遇危险而危及性命时，修行也遇到了"违障"，对梦境的转化即是对修炼障碍的对治。修持者面对这样的情况，要有不畏惧的心态，清楚地知道一切如幻，再进行转化，传主在此就以四臂护法来对抗黑人魔，从而转危为安。这样的恐怖梦话很多修行者都会遭遇到，四世班禅曾说："始行佛法祈祷，难免发生这样的事情。"但对于修行者是有益禅行的机会。

七、"留宿桑耶寺的一晚，梦见一座小山，他(传主)和几个学徒在山上看见一朵美丽的绿叶大莲花，花蕊中充满了蜜蜂。他从中取出一些品尝，自觉身心充满了喜悦。"

此梦境表现的是传主的修行"神通"能力能看到非常人视力所及的地域和事物。这个梦中所见之地，《传》中讲的就是以后传主曾住修过的却藏寺，他在此修建了静修禅院。和弟子们一起看见莲花，品尝蜂蜜是以后他的几个静修者在却藏山共同修行，享受佛法甘露和禅定的欢乐时光的先见。

八、"他(传主)在哲蚌寺时，梦见了格佩山，山顶上有一位自称是宗喀巴亲传弟子的老喇嘛，这位老者给他讲述了很多宗喀巴大师的历史、传记以及他自己的本身故事。他(传主)听后生起无限崇敬之情感动的流泪。"

这个梦境的意义是传主在修行圣地得到宗喀巴大师亲传弟子的加持。格佩山是后藏地区的一座小山，是格鲁派比较重视的修行之地。佑宁寺第八任堪布次成嘉措大成就者就有在此地修行能断经论和《智慧精要》的经历。此间次成嘉措曾梦见班禅大师(四世)赠给他《菩提道次第论》的经卷，还梦见过起舞的护法神等等，随后的修行得到了增长。宗喀巴是格鲁派的创始者，得到他的加持是该派修持者的殊胜助缘。在第三世章嘉的传记中也记载了宗喀巴化为"安多老僧"在梦中为章嘉讲述教法的事迹。前人上师的经历对修行者具有教化、指导的作用，这样的加持是极大的恩情。阿旺曲吉嘉措在自己所著的《密传》中说："听闻前贤本生传，魔鬼山川亦震动，东方河流水不息。"从而使信仰更加坚定，努力精进求证菩提，报答上师恩情。

九、"传主虔诚供奉章嘉大师(二世)遗体，在梦中获得'吃全尸'等特殊成就的征兆。《密传》说：'舍利供奉勤勉时，吃全尸等吉兆显'。"

此处作者没有记录梦境的具体情形，只是说此梦是"吃全尸"成就的征兆。获得这样成就的原因是供奉上师的舍利，从而得到了上师的加持。关于"吃全尸"的修炼，应该是觉宇派瑜伽中"断"的仪轨，断义为“斩断”,是一种破除贪欲和羯磨增长的修持。国外学者的著作中有对此进行的研究“可能出自一种前佛教仪轨,于其最早的形态中属于对魔鬼的祭祀范畴,后来又获得了一种使之与大乘教法相吻合的佛教内容。初看起来,大家可以将此看做一种令人害怕的谜,但事实上这是一种要求勇气的仪轨,尤其是因为必须在高山中的偏僻地区完成这种仪轨。最普通的信徒也强烈地信仰存在有与在一次成就修习时的心造生灵完全不同的真正魔怪。他坚信如果他无法将神咒的保护以适合的方式强加于人,那么真正的魔怪就会立即抓住他,剥食其肉,以解他们的饥饿。”①

具体的修炼是修持者将自身与贪欲统一起来,将自己观想为一具“肥胖美味”的尸体,而自己又能从尸体中退出来在一边观望。亲见金刚瑜伽神斩断尸体的头颅并将其做成大锅,然后往这口锅中抛入大块的肉和骨头,再通过诵持真言将锅中物变成纯洁的甘露,邀请各界神灵前来享用。由于时间紧迫,不能浪费时间煮熟这些供物,金刚神也可能请神灵生食食物。这个仪轨要求在僻静的地点完成,修持者应当有能力保证自己在一大批食肉饮血的魔鬼中保持镇定和平安。通过这样的观想,斩断对自己肉身的贪恋以及与肉体相关的一切享受欲望。

十、“传主在护送七世达赖喇嘛进藏途中,途经西宁时的一个晚上,梦到许多恶鬼来到他身边,对他说:‘我们是佑宁寺的几个老僧,由于寺中僧人们贪婪享受使我们变成了这个样子。寺里也有少数的施食者,但寺里的狗太多,我们无法靠近,请上师告知施食者,将食物放在离寺远一点儿的地方’。”

这一梦境与前述的几个与修持有关的梦境不同,是一些受饥饿之苦的鬼“托梦”给传主寻求帮助,恶鬼们受苦的原因在于众僧贪婪的享受,虽有少数施食者但也因为寺院中有狗的威胁使恶鬼们难以靠近。实际上,这个梦境喻意在于以“因果报应”的观念警示世人,过度贪婪世俗的财物、吝啬不知施舍的行为必然导致恶果。“苦”是六道众生无

---

① 布洛菲尔德著,耿昇译:《西藏佛教密宗》第168页,西藏人民出版社,2003年。

法摆脱的本质状态，而众生受苦的因是自身所造之业。饿鬼之苦，在一些大师的著作中有详细的描述："身体消瘦、肌肉干枯、四肢如柴、头小腹大、舌干口燥、披头散发、深受饥饿之苦，上百年得不到一滴水和一口饭。恶鬼也有分类，分饮食外障、饮食内障、饮食内外障三类。外障类恶鬼寻找食物时，远处虽见食物和净水，到近处时却看不见，或者走近时只见散发恶臭的不能食用之物；有时看见饮食，却又有持刀枪的卫士，不能靠近等。虽有饮食，因由业力之障而不能享用。内障类恶鬼腹大口小，找到水食却无法吞咽，因而常处于饥饿中。内外障恶鬼，一有食、水进入腹中便会燃烧、七窍冒烟，灼热之苦难忍。"①在《传》中出现的恶鬼是饮食外障类，生为恶鬼者前世必是贪婪、吝啬造成的恶业，而恶业有极强的稳定性和滋生性。导致的果就是转生于恶鬼道或者其他恶道中承受痛苦。对于受苦的众生，发过大菩提心的大乘修行者应当以救度慈母的心情救助，传主到西藏以后，以舍弃一切的定心，出资为这些恶鬼做了百余食子施和水施仪式，体现了他的慈悲心。

十一、"（传主）依女神进行'梦占'。占卜的背景是他当时身体有些不适，同时还遇到一些危机，此次梦境的过程不祥。占卜结果显示传主的诸位前世曾到印度、藏区转世，曾为通氏、高僧、大成就者，也曾为奸臣、外道。诸多不善之业汇聚，以前曾毁坏三宝圣物、抢掠财物、杀害贤者以及欺强凌弱等等。对治的方法是建造大威德像和不动佛像。"

这次梦占的经历首先显示传主具有"宿命通"的神通能力，即能知前世、数世的功能，清楚了此生受苦的原因，才能实行有效地对治，前世的恶因所致的恶果，此生当以善行善业来对治和挽救。修造佛像在佛教观念中是利人利己的行为，于己可以去除违碍，于人可以提供朝拜和寄托的对象。大威德金刚是格鲁派主要本尊文殊菩萨的忿怒相，常用于去除违障的观修，其生圆二次第的修行是格鲁派的最高修法。不动佛即阿閦佛，是法界体性智的人格化。中观派和金刚乘认为，由

---

① 兰仁巴著，多识仁波切译：《心传录》第11页，甘肃民族出版社，兰州，2006年。

五蕴转化为五智、五佛，其中色智转化为大圆镜智、大日如来佛；受蕴转化为平等性智、宝生佛；想蕴转化为妙观察智、阿弥陀佛；行蕴转化危机作事智、不空成就佛；识蕴转化为法界体性智、不动金刚佛。识蕴诸识的综合体，也包括五官识，但五官之识与色体转化为圆镜智，因此，此处的“识”之第六识心识。心识的心并非心脏，心识的根也不是肉团心。心识不同于五官之识，其“根”也即识的载体而是固定的物质，而是依五官之识而生，心识对于外界的感受要以五官为媒介。心识的功能是直觉和思维，对其他五官识接触的外界进行识别和判断，因而，心识是诸识的源泉、核心和主体。“心”是“中心”，心识通过进化就转化为成佛时的法界体性智，也就是如理智、见性智。法界体性就是空性。建造不动佛的目的是以根本智慧洞察一切事物的本质，对治一切烦恼。

总之，在藏传佛教文化体系中，梦是十分重要的，梦境的修持可以为修持者指出修持过程中的障碍，已获得的成功阶位等等，使得修持者可以清楚的判断自己的状态并选择适当的修行对治方法。以梦境来观察自身及世间一切现象皆为幻象，以睡前修气，观想的瑜伽而于梦中入定。了知梦境是幻上加幻，不为幻境所迷。在睡梦中体认“非有非空”的真如实相。作为有资格被人立传的高僧大德无一例外的都是身体力行的密法修持者，因此在高僧传记中出现对于梦境的记述，就如同记述他们的求学、讲经说法等行为一样正常而必须！对梦境的解读也应该是研究藏传佛教高僧传记必不可少的一项内容。

第二节　神迹研究

佛教有显宗和密宗之分，一般来说，显宗是应身佛释迦摩尼所说的各种经典，密宗是法身佛大日如来所传的奥秘大法；显宗公开宣扬教法，讲修身近佛，密宗重在秘密传法，承传真言和密咒以求即身成佛；显宗教人开悟，密宗重视修持；显宗典籍主要是经、律、论、戒，而密宗除此之外，还有颂、赞、法、咒、仪轨、瑜伽和契印等等；显宗有行、住、坐、卧四种威仪，密宗除此之外尚需“观想”。可见，“观想”是密宗特有的修持方法之一,也是三密瑜伽的重要内容。密宗将三密相应作为修持者与本尊合一的三密瑜伽,观想即为意密,另外是念诵真言的语密和手结契印的身密。三密必须结合修行,念诵与本尊相应的密咒,手结特定契印的同时观想本尊的容貌、忆念本尊身上的饰物、手上的法器等等。这种修持是下三部瑜伽中的第二步“行密”,“修密”的修持重点,实修观想对本面本尊、种子字、月轮、莲花等入于自身,又出而回归本尊,亦名“入我我入”。行部中的三密观想有不同的方法,可以观空性、观阿字、观咒轮、咒字即所放光的颜色以及观本尊。观想的修持是一个长期的过程,从模糊的观想到清晰的观想,需要长期的能力和多次的练习,观想也直接反应修持者的证悟程度。以下是对《传》中传主对观想修持的解读。

一、“(传主)念诵《般若波罗密心经》时,天空传来了念诵《般若经》的声音,以后又有一次看见了天空布满的藏文‘阿’字。此即为三密相应中念诵与观想的结合,念诵《般若经》而做‘阿’字观想。”

般若波罗密多是梵文的音译,为“到达彼岸的智慧”,心经是精髓总纲的意思。彼岸智慧是超世佛慧,这种正见能够使人超脱轮回,到达佛地。佛教认为在六道中循环流转的众生受不尽无穷无尽的苦,其根本原因是愚昧无知,从苦海中无法自拔的最根本原因是自身的“人我执”和“法我执”,也即虚构的不依赖其他事物而独立存在的“自性”。用波罗正见破除虚构的自我和物性,就能消除因此而产生的爱恨、偏执等一系列恶业和吃苦受难的罪恶根源,人的本性、品德和智慧也将得到飞跃升华而达到“佛”的境界。因此,波罗智是佛教的根本大法,是脱苦成佛的“不二法门”,《心经》是般若义理的浓缩精华。其开头的一句话是“五蕴皆性空”,也是全部内容的概括,即说明一个“空”字,梵文中的“阿”代表空性,为空性种子字,本无生而能生一切,同时也是一切声音之母,其意为“无生”。所以称为“一字波罗”。“空”是佛法的最根本的一个哲学概念,也是佛法修炼要达到的一个最高境界,懂得了“空”,就获得了文字波罗,不仅从理论上懂得,而且在定中体验到“空”,就是进入真波罗境。

此处,传主念诵《般若波罗蜜心经》是听到天空中传来的念诵声和现观到的“阿”字,即是他获得“空行见”的定解并对见地不断深入理解的证果，是从学习到理解，变为心识的过程，《密传》总结说“即是无明断处空性明，二取缪义虚幻本性见”就是这个意思。

二、“（传主）在一个黎明见到“顶髻尊胜佛母”坐在枕前，随后章嘉国师便授予他尊胜佛母九神的灌顶。亲见神，是可以起修以该神为本尊的密法的征兆，接受灌顶和授记后便可以修炼。”

尊胜佛母与白度母、无量寿佛并称为“长寿三尊”，与这三尊有关的密法体系和修持方法都与预防疾病、增进免疫力和促进康复有关。宗喀巴大师曾作《尊胜佛母长寿赞》，与《佛理精华缘起理赞》、《文殊胜德云海赞》、《弥勒赞词梵天之冠》并称为大师的“四大名赞”。在此赞中，宗喀巴赞颂了佛母的美丽、智慧以及功德，而佛母的主要功德便是长寿。宗喀巴说：（节选）

赐予众生续寿命成就，长寿佛母我向你顶礼。
方便化现种种不同相，如众心意度众我顶礼。
一切知识领域俱通达，慈悲之心观照无量众，
消除兵火毒等诸灾祸，人天救度导师我顶礼。
曾有名为甚坚的天意，念诵您的咒语仅六宵，
脱离十分可怕的大限，续命长寿免去恶堕苦。
获无量寿不受神鬼害，摆脱非时死亡与疾病，
受人尊敬战胜诸敌害，剑术咒术空中飞行等。
佛经所说持咒诸成就，修持之士所求诸心愿，
依靠佛母慈悲观照力，一切心愿如愿望实现。[①]

以尊胜佛母为本尊的修持，首先诵观空咒，继而将自己观想成尊胜佛母，安坐在宝光四溢的胜利塔中，通常左右侧有蓝色金刚手、白色观世音菩萨，塔基处还有“四大怒金刚”。一枚交杵金刚于佛母心脏处显现，正中再现出种子字“帕”。随后从咒字中发出无限的光明，放射出所有的治疗和转化的能量，能量涌入修持者心中，流向观想中的所有人，为每一个加持生命力、创造力和智慧。

传主阿旺曲吉嘉措修炼尊胜佛母法时，适逢身体不适病情较重，

---

① 多识仁波切著：《西藏的心灵智慧宗喀巴大师经典著作译解》，第104－110页，甘肃民族出版社，兰州，2005年。

但由于修炼此法，他性命垂危之际受到佛母加持，在梦境中被两名护法神解救，就是上文梦境解读中所述以寺中小僧人洛桑的性命为交换的情景。《传》的作者也曾听到传主的亲传弟子第三世章嘉说过："你的前辈也以瑜伽母为本尊，这个秘密除了我意外谁都不知道。"①此处的瑜伽母本尊应该就是尊胜佛母。密宗中的所有本尊神都有自己的职能，他们代表或象征了获得某一特定证悟体验所需的品质，与他们相关的修持就是为了掌握这些特定的品质。长寿三尊的主要职能就是健康和长寿，对他们的观想能使"健康、长寿"的品质在修持者的意识流中得到增强并在其生活中起到积极的作用。

三、"传主听受六臂护法经时，发生了"朵玛"发光的神奇现象，受灌顶时朵玛上发散出光芒照在他身上。在听受马头明王密法灌顶时，寝室内红光闪耀犹如身处寒林之中，他先后见到了许多殊胜的净相。"

"朵玛"，意为食子，是用炒熟的面掺和牛乳等"三白"；白糖、蜂蜜等"三甜"以及少许草药、花等揉制而成，是密宗修持者供奉给本尊、护法神的"食品"，是听受密法和接受灌顶时，必须陈设的供物。"朵玛"发光是本尊、护法神接受供奉的征兆，意味着接下来的灌顶仪式和以后的修持将顺利地进行。"灌顶"在密宗中发挥着特殊的作用，因为它包含着"授予神力"的意义，修持者必须经由金刚上师授予"灌顶"，传授密法，才可以开始修炼。藏传佛教都认为灌顶能祛除修持者无始以来身心的无明烦恼的污垢，引出本来具有的自性清净心，同时也给修持者授予真言和密意。获得了这些密诀的修持者，他的修行期限大大会缩短。宗喀巴大师在《密宗道次第广论》中讲："欲成闻修大法之器，要得清净灌顶，是故灌顶即是成就根本，若无灌顶，纵能了达教义精进修习，终不能获得殊胜悉地（成就），非但有不得大悉地之失，纵得诸小悉地师资亦惧堕那洛迦（地狱）。"②灌顶有多种不同的仪轨，如瓶灌、密灌、慧灌和名词灌顶等等，是密法修持者从初入密门到最高密法

① 土观·洛桑却吉尼玛著，陈庆英、马连龙译：《章嘉国师若比多杰传》，第246页，民族出版社，1998年。

② 尕藏加：《密宗——藏传佛教神秘文化》第153页，中国藏学出版社，2007年。

依照次第步步提升时所要进行的不同级别的灌顶，级别不同功能也就不同。此处《传》中所述灌顶时“朵玛”的光芒照在传主的身上，是本尊大力对他的净化，结果传主的病情痊愈。身体的疾病被看做由劣行引，起的一种障碍，它会阻止心的证悟，消除这个障碍的方法是修持本尊金刚的大力瑜伽，修炼的方法是：首先皈依金刚本尊，然后产生战胜自我不洁之业之力，再后发誓克制自我的劣行，最好以禅定和本尊神咒来“解毒”即达到净化。现观的情况大致是这样：“当大乐的智慧之精美食物如同流动的月光从吽咒中流向金刚大力及其周围的神咒之心，当它从他们的身体中流出，接着便通过颅顶之洞进入你的身体时，这时候，你那些以脓的色和形式出现的所有疾病，你那些以畏怖的昆虫之形状出现的身内的灾祸，你那些妄想而造成的烟雾和蒸汽状的所有障碍均出自你的门面以及下身的排泄洞。所有这些畏怖都穿过了大地的九层深度并进入黑色的死亡之神——行为可怕的阎罗王之腹。阎罗王张开大口等待着他们，你这样就被从一次早亡中拯救出来了。”①

马头明王是密宗三部之莲花部的明王，传主听受马头明王密修灌顶时，寝室内红光闪耀，意味着得到了莲花部的加持。“寒林”被一些国外学者描述为“墓地或死者的尸体被慈悲地作为食物奉献给飞鸟或野兽的地方。”②在这样的地方静修，可以从尸体的解体和糜烂中迅速地领悟无常的思想，同时在腐尸扑鼻的气味中达到一种不二的心地，因为所处环境中没有美丽和丑陋、魅力和烦恼的区别。在藏传佛教的观念中，畏怖是一种特征，比如尸体、头骨、血、可怕的武器等等，除了具有破除业障的密意之外，其目的还在于强调不二。就如长着牛角，佩戴头颅骨念珠在尸体上舞蹈的忿怒大威德，事实上是文殊菩萨智慧的寂静化身。亲见寒林并现观自己身处其内的修持，是传主证悟的新境界，身心自然会感到无限愉悦和满足。

四、“（传主）一次在阔罗岗山顶清楚的看见红黄光网中的文殊菩

① 布洛菲尔德著，耿昇译：《西藏佛教密宗》第140页，西藏人民出版社，2003年。

② 同上，第171页。

萨,还有一次在'角毛陇'的山洞中作'红黄文殊'观修时,亲见一黑色巨人将一把剑刺向了他的胸口。此后他的思路更加畅通,仿佛智慧宝藏自发而生。"

此处是对传主亲见其本尊神的记述,本尊是藏传佛教密宗修持者按照修行的要求和目的,从菩萨以上的神、佛中选择出来的作为依托的至尊神。召请、亲见本尊可以帮助修持者迅速灭除自我并获得加持。皈依本尊并将之作为观想和自观的对象,它是证悟经验的体现,也是将修持者引导至它所象征的证悟境界的工具,由此看来,本尊神对修持者的支持作用非常明显。

五、两次佛像显现说话。《传》中记载:

"第一次是大神变节期间,传主将寺院的'腹藏独觉佛手指弥勒像'供奉于枕边,虔诚祈祷。拂晓时佛像悄声预言许多事情。在传主的《密传》中说:'弥勒化身悦耳语,情器世间未来明。'"

这尊弥勒像在《佑宁寺志》中也有记载,是佑宁寺主供的具有加持法力的佛像之一,称作"强贝古让加切祖玛","强贝古"意思是此尊弥勒佛身,"让"是独觉佛,"切祖玛"是手指,整个意思是"以独觉佛手指装藏的弥勒佛像",此像用紫金(响铜)铸造。

第二次是在罗卜藏丹津叛乱之后,安多地区的很多寺院因为受到牵连,在战乱中被毁坏,传主对此心痛不已,常想寻求时机向皇帝请求帮助。为此,他依一尊内藏宗喀巴头发的佛像作七夜闭关修,祈祷后佛像显现说话,肯定了他护持佛法的行为和勇气并预言他的心愿能顺利达到。

亲见神是修持达到一定境界的标志,亦称为证果迹象。弥勒佛是未来佛,亲见或亲听到弥勒佛关于未来的预言,意味着传主受到弥勒佛的加持,具有预知未来的能力。亲见神也是修持者业障减少,善缘增加的表现,行利人利己的善缘积累智慧资粮能使修行进步,亲见神得到加持的技巧也得到发展。传主以宗喀巴头发装藏的佛像闭关,目的在于求取圣意恢复被毁的寺院,这是大慈悲心的体现,是巨大的功德,因此宗喀巴大师显灵预言了传主日后能如愿以偿。

六、"(传主)在修生圆次第期间,因希求圣智手印母和禅定等殊胜智慧而做勇士宴。威持第三灌顶的能力彷佛与生俱来般的出现。"

生起和圆满次第是藏密瑜伽中的高级成就修持，其目的是修持者将智慧与方便、空与不空之识结合起来。修持者在其修之前必须掌握正确的真言和手结契印的指示，亲见和现观神的技巧也必须十分熟练，与之相应的灌顶仪轨也需要提升。通常，一个藏密修持者要依次接受瓶灌、密灌、慧灌和名词灌顶四个层次的灌顶。瓶灌是初灌，用以消除修持者的凡夫心理，开发佛性。瓶灌完成后可以进入“生起次第”的修持，“生起”之意是进化、升华，是自观生起成为本尊，观自己是佛。修持者时时处处观想本尊，观想本尊坛城，直到坚固、明显、持久地观自己为本尊，自己的处所为本尊的坛城。本尊观还必须结合般若空性，在万法皆属空性上习定修观，由观空定中显现妙有空色的本尊身。圆满次第属于藏密无上部瑜伽四大灌顶中第二至第四大灌顶。第二灌顶即密灌，修持者受灌顶之后能够掌握气（风）、脉、明点的修习方法，也是对修持者如来藏（佛性）的进一步开发。修持者通过修气、观想相结合的瑜伽开显自身五脉轮（顶轮、喉轮、心轮、脐轮、密轮）的功德，转五烦恼（贪、嗔、痴、慢、疑）为五智（妙观察智、清净法界智、大圆镜智、平等性智、成就作智），从而使气脉得到调整。智慧灌顶是第三级灌顶，其作用是将前一步密灌的作用进一步发挥，为了证得胜义光明，需要进一步开发中脉增长智慧气而依手印母修光明幻身双运。藏密以男性为方便，女性为智慧，这一阶段的修法就是方便与智慧的互相流通补充，达到空乐双运，修持者处于大乐清净的高深禅定状态。但是，这一阶段的修法在藏传佛教各派看来都是一条危险的道路，如果不能控制好意念和身体里的气（脉、明点）很容易导致疾病甚至危及生命，莲花生大师曾说此道“犹如毒蛇口中取珠”。第四级灌顶是名词灌顶，之后可以修持大圆满、大手印等大法入光明禅定，获得圆满次第的成就。

按照《传》的记述，传主此时参悟了生圆次第。传主参悟期间所作的“勇士宴”，是按照修密法的仪轨，召请护法、勇父等形成一层保护圈，保证自己在修炼时不受干扰，“勇士”是修持者的激励、支持者。传主在自己的《密传》中，用格言诗记述了此次的成就“宏伟宫殿之中央，二双第一同缘赠，倒数灌顶二和四，大造勇士之喜宴，帝青宝鸟空中显，身心愉悦真奇妙。”土观·洛桑却杰尼玛认为其中表达了传主思维、觉悟能力的特殊成就，但他没有进一步解释，原因是秘密事迹对他人公开是有害无益的。这是掩藏密意的写法，在一些学者的著作中有对这一修持的成果的记述："完成如此深奥的一种成就修持可以是信徒消除一切业障，有力地帮助他平息贪欲和驱逐自我之幻，使其心向直观智慧的自由发展开放。修持深奥的信徒能充分地感觉到现观各种色以及由此而产生识境之感受。他逐渐升高到纯洁空的状态，这种闪闪发光的和神奇的空远不是一种暗淡的无限大的界，而是成千上万的所缘之来源和容器。"①也有著作中将成就的境界称为胜义光明的"明体"（法身、本性），"在时间上无断流，空间上无边界，才能使行人本具的法性本觉母光明开显子光明——始觉得大手印明体。这是开显与生俱来不假修成的本觉智慧——俱生智的标志。……明体是无法表达的，如果硬要表示，则'明体'，如无云晴朗的虚空，见'明体'的行人如戴水晶眼睛，见山河大地万物都异常清净洁白。"②达到这一境界后，修持者现观到无色的晶莹光芒并感受到无法表达的大乐。

第三节　神通及护法神的解析

一、神通研究

佛教认为，宗教追求的最高目标是"觉"，而实现这一目标的基础，首先是获得"具善缘人身"。身不能与心分离，藏传佛教的修炼就是心——身的修持。在藏密传播者看来，人的身体在金刚上师的指导监督下进行适当的修炼后可以产生特异的能力，即我们通常所说的"神通"。这种因外修而产生的能力可以促进心的修持，加快内证的步伐，也即加快彻底解脱的步伐。换言之，密宗的修炼并不是为了发展这种个人的超常能力，这种功能仅仅是成就佛果追求觉悟过程中的副产品。这种修持主要是通过调整和控制呼吸、控制神经（脉）、明点等等，

---

① 布洛菲尔德著，耿昇译：《西藏佛教密宗》第 192 页，西藏人民出版社，2003 年。

② 王春华：《藏密瑜伽的奥秘与传奇》，第 127 页，西藏人民出版社，拉萨，2005 年。

从而达到对生命能量的控制和转化。米拉日巴曾作一首道歌：

心已超越有无边，此殊胜见生神力，本净佛性起大用。

心无散乱离缘想，殊胜修观生神力，光大光明起神通。

遇境皆松常保任，如是行持生神力，自然宽坦起大用。

法性本面得相识，如是果位生神力，方显解脱起神通。

可见，殊胜的见、修、行都会产生相应的神通力，在达到“法相”果位时也会有果位的解脱神通。神通力有外修和内证之分，外修神通有八种：御空飞行、天眼天耳通、神足通、入水不溺、入火不焚、地行不阻、死后身体坚如金石、骑剑飞行、隐身等；内证有身心明白、自在解脱、长寿、虹身等等。有研究者认为，藏密瑜伽出现的神通是身内身外心气不二、智能和光能合一的反映（是修持者经过瑜伽训练后个体生物能量场的加强和向外延续，也是达到了“身内气脉相即是大千世界”的结果）。在有关著作中还例举了以及国内国际特异功能学会承认的四种功能：①用肉眼能透视内脏的视觉功能；②可以在楼上用肉眼看见楼下房间内的景物的遥感功能；③能知面前所站之人所想的传感功能；④在伸手不见五指的漆黑的地方可以辨别物体的触感功能。[①]

《传》中出现的神通有“他心通”（以上列举出的第3种功能）、宿命通两种：

1.“他心通”的记述：

“（传主）有一段时期物资缺乏，于是造了一尊财神像求财，在行开光仪轨时，传主邀请自己的上师前来，不料上师身边的一条小狗在财神像头部撒尿，传主心想神像被污染了要洗刷一下时，他的上师说：‘不必洗刷，我的小狗非一般之物，开光仪式也不必举行了，日后你必财源广进。’”

这就说明传主的上师阿旺洛桑曲丹有感知他人心里活动的能力。

2.“宿命通”，即能知过去、现在与未来之事，包括了解自己的前生、转世情况，预知一些事态的发展以及自己死后的时间、地点等等。例如：

---

① 王春华：《藏密瑜伽的奥秘与传奇》，第35页，西藏人民出版社，拉萨，2005年

传主在拉萨时，他随身佩戴的一尊非常灵验的佛像被盗，当时班禅仁波切预言失物总会物归原主。结果以后传主到北京后果然从十七王子收到的供品中找到了丢失的佛像。还有一处“预言”的记载，是在修建佑宁寺密宗学院时，嘉木样协贝向传主预言：“日后还需你来恢复这座寺院。”以后佑宁寺在罗卜藏丹津叛乱中受到牵连被清军焚毁，正是在传主极力向雍正皇帝进言请求，才使得佑宁寺得以重建，经费也是由国库供给。

修持达到一定程度的高僧能预知自己的寿终之日，传主在从北京返回佑宁寺之前，就已经知道了自己寿元不多，他曾吩咐一些侍从在佑宁寺后山上修建自己的寝宫，离京之前处理了所有在北京的财产，期间还给在西藏的章嘉三世写信透露了这些信息，对乾隆皇帝“两年后务必返回京城”的圣意，传主私下对侍从们说再无返回的必要等等。回到佑宁寺后，传主明确指示弟子们自己圆寂的时间是他五十七岁火龙年的二月五日，与其根本上师嘉木样圆寂的时间刚好是相隔一年的同一天。

二、护法神

“护法”意思是佛法的护持者，藏传佛教中的护法分为两种类型：一种是出世间的护法，他们通常被看作佛相，由佛的法身幻化而来，代表着佛的智慧和法力，他们护持佛法的动力来自很久以前发下的协助和保护献身之道的人的誓愿。这一类护法可以作为修持者的皈依对象。另一种是世间的护法，他们是被佛教的仪轨折服而发誓护持佛法并为修持者提供帮助，这类护法不能作为密法修炼的皈依对象。皈依戒规明确讲皈依三宝者为正近善士，绝不能皈依别教神，这里的“别教神”指的是外道门和世间神。佛门正皈依的弟子对世间神不能叩拜、祈求，只能给予他们适当的祭祀品，通过神咒委托或差遣他们为自己服务。

在《传》中，以上两类护法神都先后在不同情形中出现，如出世护法吉祥天母、马头明王、六臂护法等。世间护法较多，他们有时为传主解危度困，有时在传主的祭祀或命令下完成一些特殊的任务。其中有些情况已在前文的“梦境”一节中做了分析，此处不再重复。以下主要是对传主役使世间护法事迹的一些整理和描述。

1. “(传主)自幼有渡河恐惧症,为此“罗”大成就赐他一幅护法神唐卡,(传主)以后渡河时必须携此唐卡并闭目过河。又一次传主在渡河时,半途睁开眼睛看见一位婆罗门形象的护法神挽着裤腿为他牵着马缰,这位护法神是受‘罗’成就者之令护持传主渡河。”

2. “(传主)在却藏山修行时,经常见到一位呈忿怒形的婆罗门勇士。尊者对该勇士进行祭祀后将之封为却藏静修院的护法神。在此期间,当地大土地神也现身,并承诺为传主效力。尊者还写了相关的祭祀仪轨文。”

3. 受佑宁寺赤巴却藏仁波切之托,传主往护法神殿嘱咐护法神惩治对却藏仁波切心怀恶意的寺僧。当时传主使用战斧等法器,主要是对“白哈尔王”的鞭打,命令他行动。

“白哈尔王”是事业王,亦称乃穹护法,藏语称“赤来瓦杰”。这尊护法在寺院中的形象,正身是白色,象征清洁,头戴宽边黄色僧帽。他有三个头,中白右蓝左红(每头都有三只眼)、六只手臂。第一双手敞开,右手拿金钢头的钩,左手拿弯刀;第二双手右手持剑左手握弓作射击状;第三双手右手执匕首左手持棒,据说此棒是他生命的依附处。他赤身,背披镶有虎皮边的白布,骑在一头绿鬃白狮上,象征着降服了骄傲。他的脚踩在莲花和太阳上,背景是火焰,他是事业的成就者。据说他原是印度的神,为追踪财宝骑乘木鸟来到白达霍尔国的禅院(位于河西甘州境内,今甘肃张掖地区)。在吐蕃历史上第一座寺院(桑耶寺)建成之际,莲花生大师将白哈尔选为该寺护法。吐蕃军队打败霍达尔国,洗劫了该国的财富和寺院后,白哈尔神也跟随财富来到吐蕃,随后被莲花生供奉在桑耶寺护法神殿,从此受命守护桑耶寺。以后第二世达赖喇嘛又将白哈尔奉为哲蚌寺护法。五世达赖期间,白哈尔又被尊为达赖喇嘛和地方政府的保护神。白哈尔是世间护法,他遵从上师的指导和命令,世负协助上师、护佑佛教的责任。此处,他在阿旺曲吉嘉措的命令下,对那些不服从却藏仁波切的僧人采取了一定的行动,使得有人疯癫、有人自动讲出了自己的言行过失。

4. 传主护送达赖喇嘛进藏途中,在“龙女”东琼玛的协助下找到了丢失的骡马。东琼玛是传主故乡的一位女神,身上常佩有铃铛,骡马丢失当晚，龙女便在骡马走失的山谷以铃铛声引导传主寻找。回到内地以后，传主向龙女赠送了一把优美的伞。伞是吉祥八宝之一，是藏族艺术中常见的又被赋予深刻内涵的一种吉祥物。伞由于其自身遮阳遮雨的功能，在佛教中被引申为由避免阳光直射而转为守护佛法的意思。传主赠给龙女一把白伞，就是嘱托她好好的护持佛法。

5. 传主求雨：

有一年初春时干旱无雨，在其他宗教教派和人士求雨失败后，传主奉皇帝之命求雨。他在香山温泉中沉埋宝瓶并命弟子们念诵宗喀巴大师的颂词，自己则作大威德金刚法。不久，天降连绵雨水三昼夜不休。当时，两条白蛇夜晚时缠绕在宝瓶上，天明后进入水中。

"蛇"是龙族的象征，此处是传主作大威德本尊法，再以宗喀巴大师的加持力，役使龙族降雨。与之类似的记载，也见于《章嘉国师若比多杰传》中"章嘉在五台山修行期间，也是一年大旱，各地各教求雨无效的情况下，章嘉国师吩咐众人向佛像献浴、焚香祭祀并施放祭龙食子。国师还依据印度大成就者的著作《利乐大海》和宗喀巴大师所著纯正格言以及先辈大德们有关祭龙的仪轨，亲自撰写了祭文，国师又在多伦诺尔湖畔埋藏宝瓶，施放祭龙食子等，最终连将三天三夜的甘露雨。"①以上两位大师的求雨经历，都是以佛教的仪轨役使龙族，达到降雨的目的，都强调了"外道"的无能，他们认为外道人失败的原因在于以求雨之名行外道之事，是不信因果的标志。

6. "一次，皇帝处决了一个南方的汉族道士，不料此人死后化为非人，经常在梦中骚扰皇帝。帝令尊者进行对治，尊者在密室中做了大威德金刚火供仪式，当日皇帝的恶梦便消失了。"

7. "当时，十七皇子果毅亲王势大，他深信宁玛派而对格鲁派几乎一无所知。按照亲王的奏请，两名噶玛派红帽系的喇嘛进京。尊者心想如果那两人来到北京被皇帝宠信，对格鲁派就会极为不利。因此，尊者竭力诵经，役使阎魔护法做了诅咒法事，结果那两位分别在西宁、西安身亡。两人身亡时，阎魔护法在尊者梦中显现了征兆。格鲁派在

---

① 土观·洛桑却吉尼玛著，陈庆英、马连龙译：《章嘉国师若比多杰传》，第302页，民族出版社，1998年。

京城的法脉、势力得以保持。之后役使阎魔护法诅咒两位即将来京城的噶玛派高僧,使两人毙命。”

“火供”即护摩法,其密教的含义是以智慧之火烧掉烦恼,以真理之火灭尽一切魔障。因此,火供有净化的作用,能消除一切罪恶与烦恼。因为皇帝的恶梦是一南方道士被处死后化为非人骚扰皇帝而致,传主以大威德金刚的威持力行活动仪式,用意就在于烧毁一切的邪魔外道。“阎魔护法”与其明妃蒙迪佛母是一对特殊的护法,专为大威德金刚续密的修持者提供保护和支持。传主因为担心噶玛派僧人入京受宠会影响到格鲁派的势力,便诵经役使阎魔护法取了那两位噶玛派高僧的性命。但此处要强调一点,藏密修持者对于“神通”和役使护法能力的态度是谨慎的,前文也已经提到,神通只是修炼过程的副产品,而不是追求的目标,如果过于重视神通力的发展,会分散对“正觉”追求的经历。而具神通者也不愿随意去表现这样的能力。同样的,役使护法神在藏传佛教中也不是积极提倡的行为。役使护法神、诅咒仇人并不是正等正觉的境界,只是差遣力士的一般成就,而佛教讲律己爱人的慈悲心怀和菩提心,除非是迫于形势需求,否则鼓动护法也会受到上师的指责。

第四节 《传》蕴含的佛教思想

传记以记述人物的生平经历、主要业绩等为主要内容,而在深层次的意义中,还将体现人物的思想价值观、世界观等等。宗教人物的传记以大篇幅地记述传主的宗教活动为特征,每一项宗教活动都包含着一定的宗教观念和原理。藏传佛教的高僧传,其传主和作者都是藏传佛教的僧人,其写作的主旨在于以传主的经历、高尚的人格魅力来指导、教化读者。因此,传记中充满着宗教色彩,蕴含着深刻的宗教哲理和观念。本文认为,《传》中体现了藏传佛教的修学体质及藏传佛教对知识的态度、佛法的三根本要义、佛教的因果报应、佛教的世界观等宗教观念。

一、藏传佛教的修学体质及其对知识的态度

藏传佛教格鲁派的教义就是宗喀巴的言教，即提倡闻、思、修并举，先听闻经教道理，然后思考其意义，最后依之起修。所谓闻、思、修，即是学习的方法。宗喀巴说佛的言教，即教和证二法，大、小乘一切教法又都摄于经、律、论三藏之中，一切证法均摄于戒、定、慧三学之中。学佛时“三藏未可偏废、三学必须全修”，轻视经藏的学僧和不重视三学的解脱都是不可取也不可能实现的。基于这样的思想，格鲁派在寺院中设立学院，规模较大的寺院一般都是禅院和学院合一，其中依不同的学习内容而设不同的学院（扎仓），教小的寺院是禅院，其中的僧人必须前往大寺院进入某一学院学习。同藏传佛教其他各教派一样，格鲁派的学习、修习过程都是显密结合，以显为基础，显法是密法的先行法，学习要按部就班、循序渐进。在寺内，显宗学五部大论：《现观庄严论》是般若思想精华的凝聚，也是佛教的基础和根本；《入中论》体现的佛教的最高哲学思想，论述“正见”的重要性，树立正见、破除邪见需要中观思想；《俱舍论》是佛教基础知识的“库”；《量释论》是佛家的逻辑学，佛学深奥，需要用经过特殊训练的思维来理解，因明学的逻辑推理被视为打开佛学宝库的钥匙。藏传佛教僧人从入学开始就建立推理分析的学习方法，在整个显宗经典的学习过程中都运用分析推理的辩论方法。在藏传佛教人士看来，经和理相比，理的地位更高，因为所说的一切必须合乎理性。如果与外道辩论，用佛经作依据未必能被对方承认，只能以理服人，以因明的理性思维来考核、分析，引用经典，驳斥外道。此论即是培养学僧的精密思维和严谨学风的；《戒律本论》即讲律学、戒学，是佛教的基本行为规范以及道德方面的要求。

五部大论的学习分十三个班级，最少要花十六年的时间才能完成，学成后参加辩论考试，合格者授予格西学位。接下来进入密宗学院学习密宗四续部经典，再参加密宗博士的理论考核、答辩，取得密宗俄然巴格西学位。具有显密双学位的僧人，在戒行和传法学问全部合格，可以争取做甘丹学士，就是金座法王，三大寺总主持。五部四续都必须掌握，闻思修必须全面结合，闻思得智，然后才能产生修得智，正

确的闻思导致正确的修。戒是根本，宗喀巴大师称大乘者若不守护清净律仪，去恶行善，连轮回都出不了，何况大乘，菩萨若不守律戒，发大慈大悲菩提心悲悯众生，大乘亦是空名。学习密宗不守三昧耶律更是恶道之门；其次是定和慧，定的作用是约束身心，不让散逸；慧是增长智慧，求得解脱。故而无戒不定、无定不慧。总之来说就是闻、思、修全面结合，通过闻思修的手段在戒、定、慧中磨练，逐步升级。除了这种正规的寺院学习外，学人也可以自由地亲近大善知识个别受教，请求传法。尤其是密法的学习，大部分是通过个别的途径来传。但无论哪种途径的学习，都以获得真才实学为目的。

《传》中所述传主的求学经历，恰恰反映了藏传佛教的这种修学体系。传主的前世洛桑饶丹，先入佑宁寺出家，开始闻思、修习，以后到扎什伦布寺求学，他在因明学的学习中出类拔萃，尤其精通《释量论》。传主本身在被迎到佑宁寺后也开始了经院的学习生活，学习辩论，学习念诵《般若经》等经典，同时依上师所授的尊胜佛母灌顶、六臂护法、马头明王等密修灌顶。传主在安多期间还学习了《菩萨地》戒律章以及大威德金刚十三尊灌顶等。以后他到卫藏进入哲蚌寺郭莽扎仓留学，此间，以嘉木样协贝为根本上师学习显密教法，以永不满足的求知心，听闻教法。广泛的听闻、思考使得传主的学识非同凡响。他曾出任甘丹赤巴，以后到佑宁寺任法台时又以对《菩提道次第》的精彩讲说而折服所有高僧，他的显密理论都达到了离垢洁净的正见。同时，传主对听闻意义各清净处按照密法严格正确地修持，对菩提心、中观见、生圆次第的证悟与经书中所将完全一致。在法身变幻证得菩提的种种征兆，如鼻孔流出红白菩提等，都与续部经典的描述一致无二。除了学习佛法，传主还向不同的上师学习藏文修辞和医药等大、小五明的通俗知识，世俗知识的学习不会成为“所知障”，是为了正确地认识众生存在的情器世间的现象，是为了更好地利益众生的事业服务。

二、佛法的三根本要义

佛法的三更本要义是指出离心、菩提心和正见。

所谓出离心，亦叫出世心，是对现实世界的厌恶，而斩断贪恋尘世的念头，这是皈依修持佛道的第一要素和根本大法。佛法的根本目标是斩断苦根，脱离苦海。三界轮回的世界，其本质是苦，佛教讲八苦、三苦、四苦的说法，就是讲世间充满了苦难，个人的集体的、沉重的轻微的、没有不受苦的生命，苦根烦恼还会增值蔓延。要从根本上断除苦即苦因，获得熄灭烦恼得寂静安宁之乐，就要从轮回中解脱出来。如果将轮回之世看成幸福乐园贪恋不舍，不但恶业恶报的循环无止，就连善行也是有漏善行，所得之善表现为世间幸福的善报，但也包含着苦恼和暂时性虚幻性，并非真正的幸福。《传》中传主的前世洛桑饶丹虽出身于首领之家且为家中独子，也因前世习气视家庭为毒蛇之窝而毅然出家，放弃了继承家业和娶妻成家的机会。传主本人听见屋檐上小鸟鸣叫的“无常”声而生起厌离之心。无常者，生命无常，有生便有死，有生便有灭，生命的整个过程中，充满着变化和发展。就人而言，生命短暂，生之必死且死无定期，赴死之日亲人、财物、名利、地位等都于事无补，也不能带走分毫。死后的去向从现在人的行为判断，来生入人天善道的可能性不大，而堕入恶道的可能性不小，身心饱受苦难，无力自拔。佛教诸法无我、诸行无常、有漏皆苦、涅槃寂静的“四法印”在此处也完整的体现。

菩提心，是指以大悲心引发的为众生利益立志成佛的心愿和利众行为。这个发心是大乘佛法的轴心，是小乘和大乘的根本区别。佛教称“皈依三宝是入佛法之门，发菩提心是入大乘之门，灌顶是入密法之门。”发菩提心者将自己的成佛理想和众生的利益结合起来，而且利众是最终的目的，自己成佛只是利众的手段。这种利众之心产生于大悲心，表现为仁慈和悲悯，仁慈是使爱的对象得到幸福和快乐，悲悯是不忍所爱的对象受苦，希望她能脱离苦海。大悲心的生起，要从认识和体会众生的困难处境开始，而苦境中的众生与自己的关系，则是无始以来轮回各世各生中自己的母亲，累世中慈母的养育之恩，报答的方法就是引导和帮助她们走上解脱的道路。在《传》中，传主生起出离心，之后即发菩萨愿，在他母亲去世后不久，传主亲自梦游地狱，看到了苦难中的母亲，于是立誓救度，最终母亲不仅从地狱中解脱还获得了具善缘的人身，转生为北京一座小庙中的比丘，已经开始了修行的道路。《传》中有诗曰：“身处恶趣深渊众弱小，得凭圣者悲心作引导”

就是这个意思。

正见，是破除了成佛的二大障碍——烦恼障和所知障，从而达到明见性空的无上智慧。轮回世界的本质是苦，而产生苦的根源是无明。由于无明，有贪、嗔、痴等毒障，致使众生愚昧、自私、腐败和堕落。佛法以八万四千种法门对治烦恼，而这八万四千法门归纳起来无外乎智慧、方便二法。智慧即以开发智力，提高智能为中心，直至达到无上智慧和彻底觉悟，达到“佛”的境界，以智慧正见斩断无明祸根就要认识到世间和超世间的一切都是因缘规律形成的现象，而这种因缘规律丝毫不差、无一例外。在认识到这种因缘现象真实存在的同时，在观念中又把因缘这一种无自性假象当做真本性，就是正确的轨道，也即“因缘实存不妄，物自性本空”。认清事物的真谛、俗谛两方面以及这两方面互为前提和理由的对立统一关系，以现象实有消除执实偏见，以自性空无消除虚伪偏见，悟出缘起与性空互为因果，就不会堕入执空、有二边的深渊。在《传》中讲，传主对宗喀巴大师的显乘教义学习透彻，对闻思的理解圆满正确，修行实践也正确无误，他尤其精通重人轻己的菩提心，能看清所有显现如幻的本质，对生圆次第的证悟通达无误。其中“看清所有显现如幻的本质”，就是智慧的正见。而专注在颂诵《般若经》并现观“阿”字时，就获得了对“空行见”的定解，在他本人所作《秘传》中说：“二取缪义虚幻本性见，二现习气消失无影踪，宣讲无二思想空性见，了解甚深内容是无二”。

以厌离心，生起对尘世的厌恶，而走上追求解脱的道路；以大悲心为因的菩提心提升解脱的目标，大乘修行者不为自度，而是自度度他。而解脱和利众需要正等正觉得智慧正见，才能有利益众生的力量。这就是佛法的三根本要义，也是《传》所表现的重要的佛教观念之一。

三、因果业报观

因果报应学说是佛教最基本的观念之一，佛法认为凡事皆有因果，有因必有果，有果必有因。任何事物的产生和存在都是由因变果的连续过程，世界上的所有事物相互之间都处于因果关系的网络之中，事物存在的本质就是因果关系的存在。人的生命是一种特殊的因果关系，生命的构成不是纯物质的，还有更重要的心识智体。我们只能看见有形的物质身体，智体心智则是无形无色的。这两者的结合构成了生命的存在。生命也同万物一样不是一成不变的事物，生命存在也是因果变化的过程。在每个刹那间生命都在发生着变化，整个生命的存在过程，是一个新旧更替的连续不断的生命之流。形态的死亡，不是生命的终结，其精神智体连续不断又将在新的形体中继续存在。因而生命有过去、现在和未来，也即前世、今世和来世。因果穿于生命的过程，前世的因为今世的果，以此类推，报应是思想行为引起的后果。

因果报应的特点是善有善报、恶有恶报，而报有"现世报"，也有来世、隔世报。这里的善和恶，以佛教的价值观来界定，其标准是对众生存在幸福的有利或损坏。佛教的根本追求是解脱众生，使众生离苦得乐，是最高的"善"，凡是打击佛教、毁坏寺院、破坏供物等行为无疑就是最大的恶。即便是佛教高僧，由于累世宿业如曾有毁法毁寺的行为在今世也会遭报应的，如《传》记载传主有一段时期身体不适，身边又发生危机，在经过梦占后知晓，他在以前的转世中曾有不善之业的汇集，曾毁坏三宝圣物、抢掠财物、杀害贤者以及欺凌弱小等堕罪，就是前世的因显为今世的果的证据，后来传主通过修造大威德、不动佛的像才得以去除违障。

《传》中，最明确表现这种善恶因果报应的事件，是对京城中发生的大地震、雹灾以及年羹尧经历的记载。在罗卜藏丹津的叛乱中，安多地区的诸多寺院都受到牵连，佑宁寺、赞波寺等毁于战火，经堂、僧舍等皆被焚毁，却藏仁波切等高僧被杀，十三座寺院的世袭昂锁（总管）等人被捕入狱。一时间僧侣们人心惶惶、尽易俗服，率兵镇压叛乱、毁坏寺院的将领正是年羹尧。此后一段时间，京城发生大地震，许多家园变成废墟，上百人埋入废墟中。还有一次，夜间突然电闪雷鸣、乌云密布，天降碗大的冰雹，顷刻间庄稼禾苗、房屋砖瓦都被打得粉碎，人畜伤亡甚众。对这两次自然灾害，作者用诗歌作了解释："地下大神太阳子，因为毁法而震怒，大地摇晃猛震动，三界魔军速速达。力士军队如潮涌，罗睺怒哭擂战鼓，只叫高山夷平地，兵械密布遮日光。"将这两次灾害的原因归结为之前朝廷的烧寺毁法行为上。而那位年将军虽早先备受皇恩，终因业报难免被活活烧死。土观·洛桑却吉尼玛诗云：

“自我此身造恶业，火热地狱受煎熬，莫对佛法有敌意，文殊人君当礼佛。”

年羹尧的毁法行为本是受皇命镇压叛乱，但在宗教人士的认识中，却是前世的宿业，据说：“喇钦·贡巴饶赛驻锡丹斗寺期间，曾向许多神祇说法，使他们获得信仰，并发愿将来在朵思麻地方建立起大小金顶、玉顶的寺院佛殿，有众多的善智者们进习显密二乘，佛教弘扬之时为佛法尽力。有一神祇却无论如何也未获得信仰，他发愿；‘至彼时，我将转生为王子，焚毁诸佛殿、驱逐僧伽、诛杀高僧、危害佛教。’喇钦则发愿，彼时转生为大善智者，重建和弘扬被那王子毁坏的寺院和佛法。……此方执掌教法的大德一致认为，发恶愿之神祇即是年公，其他神祇降生为被其杀害的许多大德，而喇钦则转生为尊胜上师（章嘉三世）。”①因此，才有后来年羹尧毁坏诸多安多地区寺院后，因传主阿旺曲吉嘉措之恩德使皇帝准许重建了寺院，在章嘉三世护持之下，佑宁寺的政教事业有了兴盛增长的历史。

四、佛教世界观“缘起”论

佛教的世界观，万事万物的本质规律，即“缘起”理论。“万物本性在刹那间生灭”，万物无一例外都是缘起的相对存在，都属于无自性之物。“缘起”即是有为法的“因缘所生”的因果关系，也指有情生命的生灭、流转的因果关系，是“因”与“果”的相连、相依和相对。一切法都是特定的缘起现象，佛教作品中常用“空花”、“兔角”、“龟毛”来比喻非缘起的存在，这些都是绝不可能存在的东西。认识“缘起”的目的是了解“性空”，以破除“人我执”和“法我执”的虚妄颠倒意识，此处之“我”即是指一切事物不依其他事物而存在的“自性”。从理论上讲，“自性”应具备三性：非因缘生成的“非造作性”、无变易的“常住性”和绝对独立存在的“非依他性”，这三性是“缘起”的对立面，是一

---

① 土观·洛桑却吉尼玛著，陈庆英、马连龙译：《章嘉国师若比多杰传》，第16页，民族出版社，1998年。

种始终如一、恒常不变的物性。倘若事物有这种永恒不变的自性，就人心而言，心性的去染还净以及去除无明虚构意识的佛教的智慧教育便没有了任何意义，善恶智愚便成为永远的现象，这些显然与现实不符的。佛教的智慧是遍知一切的真智，但佛是事物规律的发现者，而不是万物的创造者。佛的真知认识了“缘起”与“性空”的统一。万物众缘相合的存在证明了“诸法性空”。缘起现象不是实有自性，“空”也不是虚无缥缈的海市蜃楼，自性空与有作用并不矛盾，而是对立的统一，宗喀巴《缘起理赞》中说“但这并非物相空无，也非物我自性实有”，万事万物的相对现象的“有”和绝对自性的“空”的统一，就是中观正见。

总之，藏传佛教高僧的传记，渗透着佛教的价值取向，传主的生平事迹莫不与宗教息息相关，每件事情都体现了一定的宗教思想和观念。

结论

藏文历史著作中，人物传记的数量是最大的，而且其中俗人的传很少，多为高僧传。所有的活佛、高僧都有传记，原因是自公元11世纪起，藏传佛教发展迅速，从萨迦派形成开始，高僧往往是集政教权利于一身的领袖，或者宗教领袖比政治首领更有权威，实行政教合一的统治。僧人掌控了文化，因而，高僧的传记才有书写的价值。藏文高僧传的种类很多，数量不详，有着悠久的发展历史和丰富的著作成果，但令人遗憾的是，数量如此之多的文本，却一直都未能成为学界研究的焦点。藏文高僧传的研究现状，一是目录学的研究；第二是从历史文献学的角度做总体研究；三是以单个的人物传记做个案研究，但是力度都不够。研究者往往只侧重于人物生平的整理和思想研究，而缺乏对传记文本全方位的解读。

本文是对藏文高僧传记的个案研究，以青海佑宁寺著名僧人第三世土观洛桑却吉尼玛所著《大成就者阿旺曲吉嘉措传·如意宝树》为研究对象，在对传文进行翻译注解的基础上，从宗教学、历史学、文学三个方面分析了传记的宗教学内涵、史学意义和文学特色，并探讨其文献价值。

一、宗教内涵

高僧传的作者和传记的主人公都是藏传佛教僧人，因此其传记的宗教学意义是不言而喻的。作者写作的目的或者说缘起，就在于以传主的经历、高深的宗教学识和修持以及高尚的人格魅力来教化、指导后人。一般而言，由于受到“高僧”这一特殊身份的限制，他们的生平经历大致是固定的，也就是说几乎所有高僧的生命历程都合乎一个统一的模式，无外乎包括出生、出家、求学、弘法和圆寂等情节。僧人特殊的精神修持和人生价值的发展，体现了高僧生命主题的两个方面，即求道自度和利众度人。

高僧的出生常常伴随着种种祥瑞，因为他们累世具有善缘善根且皆为佛、菩萨的化身，因此他们生而具有不平凡的灵魂。如此，高僧的生命历程便固定了，他们日后必然要走向修行之道，再以自己的智慧和慈悲利众救世。“出家”是从凡夫俗子到修行者分界点，强调对世俗世界清醒的认知和“厌离心”的生起。高僧的修学经历，实际上是对藏传佛教格鲁派教育体系的完整介绍和说明，在《大成就者阿旺曲吉嘉措传·如意宝树》中，传主先进入郭隆寺受戒，学习基础的佛教理论，以后他到卫藏扎什伦布寺深造，期间听受各种显密经纶，这是格鲁派人才培养的一般模式。在高僧的修学体验中，梦境瑜伽、亲见和现观神、役使护法和种种“神通”等神秘体验和能力是必不可少的，高僧传中也往往充斥着对这些“神秘”内容的记载。学者们以往的研究，认为这些内容与历史无关，因而并不重视对“神秘”事件的解读，但事实上这是一个研究的误区。高僧人物的修学体验，揭示的是修行之道，就是以他们学习和修持的经验为后世提供一条可行的修持道路。他们的体验可以为以后的弟子、修行者提供验证和参考。高僧传记的创作初衷，本就不是为了单纯的记录高僧一生的行谊，而是要塑造出一位完美的修行典范，以高僧的精神和思想来激励后人。因此，宗教劝勉和教化作用是高僧传记最核心的价值。

同时，僧传的作者都是学识高深的僧人，其作品体现着他们的宗教信念和价值追求，文本的字里行间也就很自然的蕴含了各种佛教理论和知识。在《大成就者阿旺曲吉嘉措传·如意宝树》中，就体现了佛教的“缘起性空”、“因果报应”“出离心、菩提心、正见的佛法三根本要义”等理论。将这些哲理溶于具体人物和事件的记载，比直接、单纯的理论宣讲和说教更有启示意义，也更容易让读者领会。

二、历史学意义

人物传记兼具记人和记事的功能，并以记人为主，高僧传就是对高僧人物生命历程的完整记录。做传之时，传主已然故去，他的生平与事迹对作者与读者而言，当然就成为了历史。即是“历史”，就必然以真实性为前提，传主必须是真实的人物，他的事迹也必须是真实的史实。因此，僧传的史料价值和史学意义也就显而易见了。

佛教理论体系对于世界和中国文化体系所产生的影响之巨大，是众所周知的。其影响渗透到了政治、经济、文化等各个领域。就藏传佛教而言，他自形成之日起，就不是在孤立封闭的状态下发展，也不是局限于某一地域和某一民族。藏传佛教与中国社会中的主流政治、文化体系的联系始终非常密切。而藏传佛教的高僧人物，就是藏传佛教体系与外界的民族、文化交流的桥梁和媒介。高僧人物的影响力，并不仅仅存在于雪域高原和藏传佛教的寺院、教区，他们的宗教信念和政治活动，自元、明、清以来就始终对中国历史的发展发生着深刻的影响。但是，中国传统历史和汉文史书对于宗教人物的记载，与这些人物所产生的影响往往不成正比。本文的研究对象《大成就者阿旺曲吉嘉措传·如意宝树》的传主，是清朝时期的驻京呼图克图，在清政府处理蒙藏事物方面可以说是举足轻重的人物，但在《大清会典》、《清史稿》等重要文献中，都没有关于阿旺曲吉嘉措的记载。在这样的情况下，藏文高僧传的写作就尤为重要，它弥补了汉文文献记载的不足，为历史学的研究保存、提供了珍贵的文献资料。

清代时期格鲁派的高僧传记，以严谨著称，对于传中主人公活动的时间和空间都交代的比较清楚，在记录人物生平的同时，对当时重大的历史事件也都会进行记录。如《大成就者阿旺曲吉嘉措传·如意宝树》中，就涉及了当日很多重要的事件，如准噶尔入侵西藏、七世达赖喇嘛入藏、罗卜藏丹津叛乱等等。传中还提及那一时期发生的旱灾、京城大地震、冰雹灾害等等社会生活的内容。因此，《大成就者阿旺曲吉嘉措传·如意宝树》对于研究清朝康熙、雍正、乾隆时期的社会局势、民族问题、文化交流、人物关系等方面，都有重要的史料价值。

三、文学特色

作为宗教历史人物的传记,其宗教性和历史性是不言而喻的。然而无论传记中人物和史实的真实性和可验证性多高,传记的写作过程仍然无法避免的成为一个“创作”的过程。本文中反复提到了,高僧传记的写作不是对传主生平的简单罗列,不是流水账般地记录主人公的行谊。任何一部僧传的主题,都必须依靠所说的意义和表达的言辞,使见闻的徒众获得一种能成为解脱和一切种智的因素。这样的主题,就要求作者形塑出一位几乎完美的人物形象以垂范后世。于是,作者需要对传主的生平进行整理,对所有资料进行选择和取舍之后,再以适当的文体和文字组合、连缀成篇。这就已趋近于文学的创作了。

本文的研究对象《大成就者阿旺曲吉嘉措传·如意宝树》,采用了议论与记叙结合的文体形式,全篇以“总——分——总”的结构布局,于篇首总说,中间记叙,篇尾进行总结。总说和总结部分是对传主生命历程的总体介绍和评价,中间正文部分用“直叙”、“顺叙”手法记录传主的一生,期间也“插叙”相关、类似的事件;作者还间或使用“夹叙夹议”的方法表述自己对某些事件的立场和看法,使得“叙事者”并不总是隐藏于行文背后进行描述,有时也旗帜鲜明的站出来表明自己的价值判断。此外,文中对谚语、格言的引用,也使得传文的内容更生动、层次更丰富。

传记的语言和修辞颇具特色,全文采用散、韵文合体的形式,以散文记事,语言简练,记事清晰明了;以诗歌赞颂抒情,多用“比喻”、“拟人”、“夸张”等修辞手法,将深奥的佛学理论和对上师的怀念赞颂结合起来,淋漓尽致的表达。

综上所述,《大成就者阿旺曲吉嘉措传·如意宝树》兼具了宗教学、历史学和文学的特色。宗教精神是传记的灵魂,历史意义是其骨架,而文学则赋予了传记血肉和姿态。对于这样一部融宗教、历史、文学于一炉的宗教人物的历史传记,本文从三个方面进行了考察,分析了其宗教内涵、史学价值和文学叙事特色,从而建构了一个比较全面的高僧传记解读模式。

藏汉文译文

གྲུབ་པའི་དབང་ཕྱུག་ངག་དབང་ཆོས་ཀྱི་རྒྱ་མཚོའི་རྣམ་ཐར་དཔག་བསམ་ལྗོན་བཟང་ཞེས་བྱ་བ་བཞུགས་སོ། །

得道者自在阿旺曲吉嘉措传记如意宝树所谓的参与

ན་མོ་གུ་རུ་མཉྫུ་གྷོ་ཥཱ་ཡ་གི་ཙཱ་ཛྙཱ་ན་སཏྭཱ་ཡ། །ཇི་ལྟ་ཇི་སྙེད་ཆོས་ཀུན་སྐད་ཅིག་རེ། །

一切事物所有瞬间

འཆར་བའི་ཡེ་ཤེས་རང་གཟུགས་རྒྱལ་བ་ཀུན། །བསྐྱེད་པའི་མེས་པོར་ཡོངས་ཤར་ངག་གི་ལྷ། །

出现智慧本质佛所有造就祖先

འཇམ་པའི་དབྱངས་ཀྱིས་སྨྲ་བའི་སྒོ་ཕྱེ་ཞིག །དཔལ་ཕྱུག་གསང་གསུམ་ཡོན་ཏན་ཕུང་པོ་ཀུན། །

完全出现声之神文殊声门打开佛陀

གཅིག་བསྡུས་མཚམས་སྤྲིན་བླ་གོས་ཀྱིས་བསྒྲུབས་པའི། །

三密智慧堆积所有聚集一起彩霞上衣穿

བཤེས་གཉེན་ཟོལ་གྱིས་དུས་འདིར་འགྲོ་རྣམས་ལ། །རྒྱལ་བའི་མཛད

师友以…身份现在人们佛的事业

པ་སྟོན་མཛད་དེ་ལ་འདུད། །མདུངས་སྙིགས་མའི་བརླང་སྤྱོད་རབ་འཇིགས་སྲིན

做上师对敬礼恶人五浊粗暴行为可怕非常罗刹

པོ་ཁྲོས་པའི་ང་རོ་ནི། །དམ་བཅའི་རི་བོ་འགས་པ་ལྟ་བུར

生气吼叫佛子其他人誓言山裂开就像

བྱེད་པ་ཡང་། །གང་གི་སྙིང་སྟོབས་ཀུ་མུད་བཞད་ལ་ཕྱིར་ཞིང་ཟླ་གཞོན་འོད་ཕྲེང་བཞིན། །

也他的精神睡莲盛开反而新月光芒像因此

དེ་ཕྱིར་ཁྱོད་ཀྱི་བསྔགས་པ་བརྗོད་ལ་རྒྱལ་བ་རྣམས་ཀྱང་བརྩོན་པར་སྤྲུར། །

你赞颂对佛陀们也努力发展你

ཁྱོད་ཀྱི་གསང་གསུམ་ཡོན་ཏན་རྒྱ་མཚོ་ཆེ། །འཕགས་ཆེན་བློ་ཡི་ར་བ་ལས་འགོང་ན། །

三密智慧大海大菩萨思想院子超越如果我辈

བདག་ལྟས་བསྐལ་པ་རྒྱ་མཚོར་ལྕེ་སྟོང་གིས། །ཆ་ཤས་ཙམ་ཡང་བརྗོད་ཀྱིས་མི་ལང་མོད། །

劫很多千条舌少部分也说不完但是

ཉི་བྱེད་དབང་པོའི་འོད་ཟེར་འབུམ་ཕྲག་ལས། །ཕྲ་མོའི་བུ་གར་ཞུགས་པའི་ཟེར་ཙམ་བཞིན། །

太阳十万条光芒从狭小的孔进入的

གསང་བ་མི་ཟད་རྒྱ་མཚོའི་རྡུལ་སྙེད་ལས། །རང་གི་སྐལ་བར་ཐོབ་རྣམས་སྨྲ་ལ་ཞུགས། །

光线像神秘永不完尽大海的水珠所有自己的一份得到

འོན་ཀྱང་དེང་དུས་སྐྱེ་བོ་རྣམས། །ལེགས་ཉེས་འབྱེད་པའི་བློ་མིག་ལོང་། །

这些说起但是现在的人们是非分辨慧眼瞎

ཕྱོགས་ལྷུང་གདོན་གྱིས་སྙིང་ལ་ཞེན། །ཕྲག་དོག་སྨྱོན་པའི་བློས་གར་བསྒྱུར། །

偏袒邪魔附体嫉妒疯人戏剧表演

དེ་ཕྱིར་དམ་པའི་རྣམ་ཐར་ནི། །ལས་ཀྱིས་ནོངས་པ་འདི་དག་ལ། །

所以智者的传记是业力之过失这些对有意义难

དོན་དུ་འགྱུར་བ་དཀའ་མཐོང་བས། །བདག་ཀྱང་སྙིང་ལས་ཆུང་ངུར་གཞོལ། །

看到所以我也希望渺茫然而也这里暂时

དེ་ལྟ་ན་ཡང་འདི་ན་གནས་སྐབས་ཙམ་གྱི་དཀའ་བ་སེལ་བའི་ཡིད་བཞིན་ནོར་བུའང་སྒྲུག་དང་

的困难解除如意宝也拼命地

བརྩོན་ཏེ་ལེན་བྱེད་ན། །སྲིད་དང་ཞི་བའི་ལེགས་ཚོགས་གང་འདོད་ཡིད་བཞིན་འབྱུང་

争取世间和涅槃诸善业所想如愿出现

ཞིང་སྐྱབས་གཏན་གྱི་དཔུལ་བ་མཐའ་དག་ངེས་པར་སེལ་བར་བྱེད། །

且永久的困难一切一定消除七觉支

བྱང་ཆུབ་ཡན་ལག་བདུན་ལྡན་ཐར་པའི་རྒྱལ་སྲིད་མཆོག་ལ་བདེ་བླག་འགོད་པའི་བླ་མའི་

有解脱的国政最佳的顺利达到上师的

རྣམ་ཐར་ཡིད་བཞིན་དབང་གི་རྒྱལ། །དད་པའི་རྒྱལ་མཚན་རྩེ་མོར་བསྙེན་ཏེ་རང་

传记如意宝王信仰的宝幢顶上放在

གི་འདོད་རྒུ་ལྷུན་གྱིས་འགྲུབ་པར་བྱེད་ལ་བློ་ལྡན་སུ་ཞིག་བརྩོན་པ་འདོར། །

自己的一切希望自然成就而智者谁懈怠因此

དེས་སྙད་སྟོད་བཟང་ཡིད་འོང་ཨུཏྤལ་ལ། །དགེ་ལེགས་དྲི་བསུང་ཞིམ་པོ་རྟག་འཕྱུལ་བ། །

善行美丽青莲花妙善芳香香经常散发

ཚིག་གི་སྲད་བུས་བཅིངས་པའི་ཕོན་པོ་ཡི། །སྐལ་ལྡན་དད་པའི་རྣ་གོང་མཛེས་པར་བྱ། །

词的线穿束地有缘者深信耳边美丽装饰

དེ་ཡང་བདག་ཅག་གི་དཔལ་ལྡན་བླ་མ་དམ་པ་ངེས་པའི་དོན་དུ་རྒྱལ་བ་ཐམས

于是我们的有德喇嘛贤真实的含义佛

ཅད་ཀྱི་མཁྱེན་བརྩེ་ནུས་པ་མ་ལུས་པ་གཅིག་ཏུ་བསྡུས་ནས་སྐལ་བ་དང་འཚམས

遍知的智悲能力归根到底而对众生适应

པར་དགེ་བའི་བཤེས་གཉེན་གྱི་སྐུར་ཡོངས་སུ་བསྟན་ཅིང་། ། ཐུན་མོང་གི་སྣང་ངོར་

善美的师友的形成佛教也普通的形象

ཡང་ཐུབ་བསྟན་ཡོངས་སུ་རྫོགས་པའི་མཁས་གྲུབ་ཀྱི་བླ་མ་དམ་པ་དུ་མ་རིགས་ཀྱི་

佛教完整的掌握贤哲的喇嘛佛法许多以……为师

ཅོད་པན་དུ་བཞེས་ཏེ། ། རྗེ་འཇམ་དཔལ་སྙིང་པོའི་རིང་ལུགས་དྲི་མ་མེད་པའི་མདོ་

文殊甘露传承无垢的显教的

སྔགས་ཀྱི་གཞུང་ལུགས་རྣམས་ལ་ཐོས་བསམ་མཐར་ཕྱིན་

学说理论等闻思透彻圆满学习密宗修

པར་མཛད་ཅིང་། ། རྒྱུད་ལ་སྒྲུབ་པའི་ཉམས་ལེན་ཚུལ་བཞིན་དུ་མཛད་པས། །

修持体验正理正在所以重人利他菩提心

བདག་པས་གཞན་གཅེས་པའི་བྱང་ཆུབ་ཀྱི་སེམས་རིན་པོ་ཆེ་ལྷག་པར་འབྱོངས་ཤིང་། །

宝贵的尤其是精通内外的所有的显像幻像

ཕྱི་ནང་གི་ཆོས་ཐམས་ཅད་སྒྱུ་མའི་རོལ་པ་ལྟ་བུར་མངོན་སུམ་དུ་གཟིགས་པ། །

无误直接看见生圆次第的觉悟通达明白

རིམ་གཉིས་ཀྱི་རྟོགས་པ་ཀློང་དུ་གྱུར་བས་ཡི་དམ་གྱི་ལྷ་དུ་མས་རྗེས་སུ་བཟུང་ཞིང་། །

本尊的神很多接受而且护法神特殊都

ཀའ་བསྲུངས་ཁྱད་པར་ཅན་རྣམས་བཀའ་བསྲུངས་ཁྱད་པར་ཅན་རྣམས་ཕྲན་དུ་འཁོལ་བ། །

调服广大的大地统治的势力

ཡངས་པའི་ས་ཆེན་པོ་ལ་དབང་བསྒྱུར་བའི་སྟོབས་ཀྱི་འཁོར་ལོས་བསྒྱུར་བ་འཇམ་དབྱངས་གོང་མ། །

转轮王文殊大皇帝施主无上的

ཆེན་པོའི་མཆོད་ཡུལ་འགྲན་ཟླ་མེད་པར་གྱུར་ཏེ། ། ལུང་ལས་ཀྱིས་མངོན་པར་མཐོ་ཞིང་། །

成为册封非常高事业的白伞

འཕྲིན་ལས་ཀྱི་གདུགས་དཀར་གཅིག་གིས་ས་ཆེན་པོའི་ཁྱོན་ཐམས་ཅད་ཡོངས་སུ

一个地大的范围所有一切全面覆盖难以

ཁྱབ་པར་མཛད་པ་སོགས་དཔག་པར་དཀའ་བའི་རྣམ་པར་ཐར་པ་དང་ལྡན་པ། །

想象的传奇经历尊者成就者大

རྗེ་གྲུབ་པའི་དབང་ཕྱུག་ཆེན་པོ་ཐུའུ་བཀྭན་པ་ངག་དབང་ཆོས་ཀྱི་རྒྱ་མཚོ་ཞེས་མཚན་ཙམ་གྱིས་ཀྱང་

土观阿旺曲吉嘉措连名字也世间苦难

སྲིད་པའི་གདུང་བ་འཕྲོགས་པར་བྱེད་པའི་རྗེ་བཙུན་དམ་པ་དེ་ཉིད་ཀྱི་རྣམ་པར་ཐར། །

消除尊者圣哲那位的传记概括一个

པ་མདོ་ཙམ་ཞིག་འབྲི་བ་ལ། རྗེ་བཙུན་དམ་པ་འདི་ཉིད་ཀྱི་སྐུ་ཚེ་སྔོན་མ་རྣམས་སུ་འཕགས་བོད་ཀྱི་

记录尊者圣者这位的前世诸位印度藏区

པཎྜིཏ་དང་། ། རྒྱལ་བློན་དང་། ། སྐྱེས་བུ་ཐལ་བ་ལ་སོགས་པ་རྣམ་འཕྲུལ་མཐའ་ཡས

佛教学者王臣人士平常对化身无数的

པས་སེམས་ཅན་གྱི་དོན་མཛད་པའི་ཚུལ་བསམ་གྱིས་མི་ཁྱབ་པ་ཞིག་ཡོད་པ་གོར་མ་ཆག་ཀྱང་། །

因此众生的事形式不可思议的一件有

དེ་ཐམས་ཅད་བདག་ཅག་ལྟ་བུའི་བྱིས་པ་ཐ་མལ་བའི་སྤྱོད་ཡུལ་དུ་ག་ལ་གྱུར། །

无疑但所有的我们的如凡夫平常的思想所行处怎么

འོན་ཀྱང་རྗེ་རང་ཉིད་ཀྱིས་ཐུན་མོང་མ་ཡིན་པའི་གདུལ་བྱ་འགའ་ཞིག

了解但是尊者本人特殊的徒众一次

ལ་ཟུར་ཙམ་གསུང་བ་དང་། ། ཚད་མའི་སྐྱེས་བུ་གཞན་གྱི་ལུང་གིས་བསྟན་པ་དང་། །

对少许讲述标准的楷模其他的预言佛教

དེ་ལ་བརྟེན་ནས་རྗེས་སུ་དཔག་པས་ཚད་མས་སྒྲུབ་ཏུ་རུང་བ་འགའ་ཞིག་མཆིས་པ་

由此推测量释推求可以有一些存在

རྣམས་འོག་ཏུ་སྐབས་སྐབས་སུ་འབྱུང་བ་ལྟར་ཡིན་ལ། ། དེ་དག་ལས་སྐབས་འདིར་

下边时而间或出现如是那些时候这个前世

སྐུ་ཚེ་འདིའི་སྔོན་མར་གྲགས་པ་མཁས་གྲུབ་ཆེན་པོ་བློ་བཟང་རབ་བརྟན་པའི་རྣམ་པར་

作为他的贤哲大洛桑饶丹的传记

ཐར་པ་ས་བོན་ཙམ་ཞིག་འགོད་པར་བྱ་སྟེ། ། འདི་ཉིད་འཁྲུངས་པའི་ཡུལ་ནི་རྒྱལ་བ་

稍微的记录为这位出生的地域是圣者

ཙོང་ཁ་པ་ཆེན་པོ་སྐུ་བལྟམས་པའི་གནས་མདོ་སྨད་ཙོང་ཁའི་ཉིན་ངོས་ཀྱི་སའི་དགེ་

宗喀巴大诞生的地点多麦宗喀阳面的地方

བཅུ་ཚང་བར་རིགས་ལྡན་སུམ་ཚོགས་པ། ། ཚེ་རིང་གནམ་གྱི་ཤེ་མོང་གིས་ཡངས་པའི་

十美寓所优越门阀长寿天空的权势广大

ས་ཆེན་པོ་ལ་དབང་བསྒྱུར་བའི་སྟོབས་ཀྱི་འཁོར་ལོས་བསྒྱུར་བ་ཧོར་ཇིང་གིར་བའི་

大地控制的势力的转轮王霍尔江格尔的

བརྒྱུད་པར་གྲགས་པ་ལི་ཞེས་བྱ་བའི་རྒྱལ་ཕྲན་ཞིག་གི་བརྒྱུད་པ་ཡིན་ཅིང་། །

后代称作拉的小邦一个后代是

རུས་ཀྱི་མིང་ལ་ཐུབ་བཀྭན་ཞེས་འབོད་པ་བོད་སྐད་དུ་མགོ་དཔོན་ཞེས་བྱ་བ་ཡིན་ནོ། །

姓名为土观称为藏语意为官员称作是尊者这位

རྗེ་འདི་ཉིད་འཁྲུངས་ནས་རིང་པོ་མ་སོང་པ་ན། ། ཡབ་ཡུམ་གཉིས་ལ་སྲས་གཅིག་པུ་ལས་མེད

出生后不久时父母二人儿子唯一

པས་ཁྱིམ་ཐབ་བླང་བར་ཐག་བཅད་པའི་ཚེ། །སྔོན་གྱི་བག་ཆགས་ཡོངས་སུ་སད

因此夫妻取决定时从前的习气所有的觉醒

པས་ཁྱིམ་ནི་དུག་སྦྲུལ་གྱི་ཚང་ལྟ་བུར་གཟིགས་ཏེ། །རབ་ཏུ་བྱུང་འདོད་པས་བྲོས

而家庭是蛇毒蛇的窝所看见出家想而逃走

སྐབས་ཀྱིས་ཆོས་སྡེ་ཆེན་པོ་དགོན་ལུང་དུ་ཕྱིན་ནས་ཡོངས་རྫོགས་དགེ་བསྙེན་གྱི་སྡོམ

大寺院郭隆寺到后完全圆满居士戒

པ་དང་རབ་ཏུ་བྱུང་བའི་ཚུལ་ཁྲིམས་ཡང་དག་པར་བླངས་ནས་ཀློག་པ་དང་ཐོས

和出家人的戒律完整授而念诵闻思

བསམ་ལ་བརྩོན་པར་མཛད་དོ་ཞེས་ཐོས་སོ། །རིང་པོ་མ་ལོན་པར་དབུས་གཙང་དུ

对努力修习这样听不久后卫藏

ཕྱིན་ནས་བཀྲ་ཤིས་ལྷུན་པོའི་ཆོས་སྡེར་ཞུགས་ཏེ། །པཎ་ཆེན་ཐམས་ཅད་མཁྱེན་པ་

到扎什伦布寺进入大学者无所不知的

བློ་བཟང་ཆོས་ཀྱི་རྒྱལ་མཚན་གྱི་ཞབས་ལ་གཏུགས་ནས་མདོ་སྔགས་ཀྱི་གདམས་པ་

洛桑曲吉坚赞的磕头拜师礼显密的教诫

མཐའ་ཡས་པས་ཐུགས་ཀྱི་བུམ་བཟང་ཡོངས་སུ་འགེང་བར་མཛད། །དེ་དུས་བཀྲ་ཤིས

无边的心意如意瓶所有的装满当时扎什伦布

ལྷུན་པོར་རྗེ་འདི་མཚན་ཉིད་ཀྱི་སློབ་གཉེར་ལ་བཟང་བའི་ཚད་དུ་བྱེད་ཅིང་། །

在尊者这因名学的学习对最好而尤其

ཁྱད་པར་དུ་ཚད་མ་རྣམ་འགྲེལ་ལ་མཁས་པའི་ཕུལ་དུ་ཕྱིན་པ་ཡིན་ནོ་ཞེས་ཀུན་ལ་གྲགས

是《释量论》精通殊胜是这样名望

སོ། །མདོ་སྨད་དུ་ཕེབས་ནས་དུས་ཐུང་དགོན་ཆེ་བའི་བླ་མ་མཛད་ཅིང་། །

多麦来底同大寺喇嘛做逐渐周

རིམ་གྱིས་ཕྱོགས་ལས་རྣམ་པར་རྒྱལ་བའི་ཆོས་སྡེ་ཆེན་པོ་དགོན་ལུང་བྱམས་པ་གླིང་གི་ཆོས་ཀྱི་རྒྱལ

边优越的大寺院郭隆强巴林法的国政

སྲིད་ཆེན་པོར་མངའ་གསོལ་ཏེ་སྐལ་པ་དང་ལྡན་པ་རྣམས་ལ་ཟབ་པ་དང་རྒྱ་ཆེ་བའི་དམ

大授权福分有众人对高深广大

པའི་ཆོས་ཀྱི་བཀའ་དྲིན་ཡང་དག་པར་སྩོལ་བར་མཛད་དོ། །མཚོ་སྔོན་པོའི་དཔོན་པོ་

教法的恩情极其讲授青海湖的官员

ཐལ་ཆེ་བ་སྦྱིན་བདག་ཏུ་གྱུར་བས། །སོས་ཀའི་དུས་ཕྱོགས་དེར་ཕྱིན་ནས་སྐྱེ་བོ་

大多数施主成为春季的那地方到给许多人

དུ་མ་ལ་སྙིང་རྗེ་ཆེན་པོས་ཉེ་བར་དགོངས་ཏེ་མཐོང་ཐོས་དྲན་རེག་གི་འབྲེལ་བ་

大慈悲地关怀逐渐的产生影响

ཐོགས་པར་མཛད་ཅིང་། ། སྐུ་དངོས་ཀྱི་གདུལ་བྱ་རྣམས་རྫོགས་པ་ན་པོ་རོ་ཆུ་འགག་ཏུ

亲自的结束河峡

གྲགས་པའི་སའི་ཕྱི་བྲག་ཞིག་ཏུ་མྱ་ངན་ལས་འདས་སོ། ། སྐུ་གདུང་རིལ་པོར་བཞུགས

称为某地圆寂遗体完整的放

པའི་ཕྱི་རོལ་དུ་འབུམ་པ་བཞེངས་པས། ། སྐབས་འགའ་ཞིག་ཏུ་འཇའ་ཟུག་པ་སོགས

表面佛塔修建有时彩虹

ཡ་མཚན་པའི་ལྟས་དུ་མ་སྐྱེ་བོ་ཐལ་བ་དག་གིས་ཀྱང་མངོན་སུམ་དུ་མཐོང་བས་ཀུན

奇妙的征兆许多人普通也真实见

གྱི་བསོད་ནམས་ཀྱི་ཞིང་དམ་པར་གྱུར་ཏོ། ། བདེར་གཤེགས་བསྟན་པ་ཀཻ་ལ་ཤ་ཡི་སྟོར། །

众人福田神圣成为佛正法雪山顶

གཞུང་ལུགས་འབུམ་གྱི་གཡུ་ཡི་རལ་ཁྲུར་བརྗིད། ། རིག་པའི་གད་རྒྱངས་མཐོན

学说浩瀚的绿鬃毛庄严智慧吼声

པོ་སྒྲོགས་པ་ཅན། ། སྨྲ་བའི་སེང་ཆེན་ཁྱོད་ཉིད་རྣམ་པར་འགྱིངས། ། བློ་གྲོས་ཐལ་གྱིས་ཁྱུགས

发出者土观您以……挺立智慧

མེད་དཀའ་གནད་གཞུ། ། ཐལ་འགྱུར་རིགས་པའི་ཉག་ཕྲན་དང་སྦྱར་བའི། །

的不弯难题弓应成思路的箭会和

རྩོད་ངག་འཐོང་གི་སློབ་དཔོན་ཁྱོད་ཀྱི་དྲུང་། ། རྟོག་གེས་དྲེགས་ལྡན་སུ་ཞིག་སྙེམས་པར་ནུས། །

辩论的老师您的跟前推理骄傲自满者谁傲慢

ཀློག་པ་སྣང་བའི་གཏེར་མཛོད་འཁོར་ལོ་ཆེ། ། འཆི་མེད་ཀུན་དགའི་ལམ་དུ་བསྒྱུར་བ་ཡིས། །

能念诵光辉宝藏大轮不死界众望的

བློ་གསལ་སྦྲང་རྩིའི་རྒྱལ་མཚན་ཕྱོགས་ཀུན་བྲ། །

道路转化而聪明的蜜蜂四方增胜

བརྟས་པའི་དགེ་ལེགས་ཕུང་པོའི་ཀློང་འདི་རུ། ། དམ་པ་དེ་ཉིད་ཀྱིས་སླར་ཡང་སྤྱོངས

妙善堆渊这优美徒众贤士这位再地方

འདིའི་གདུལ་བྱ་རྣམས་ལ་སྙིང་རྗེ་ཆེན་པོས་ཉེ་བར་དགོངས་ཏེ། །

这个们对大慈悲更加关怀转世活佛新的

ཡང་སྲིད་གསར་པའི་ཟློས་གར་བསྟན་པ་ནི་རྗེ་གྲུབ་པའི་དབང་ཕྱུག་ངག་དབང་ཆོས་ཀྱི་རྒྱ་མཚོ་བ

戏剧佛教是尊者得道者成就者阿旺曲吉嘉措

འདི་ཉིད་ཡིན་ལ། ། འཁྲུངས་སའི་ཡུལ་ནི་སྐུ་སྔ་མའི་འཁྲུངས་ཡུལ་དང་ཧ་ཅང་ཐག

这位是出生的地域是前世的出生地和非常

མི་རིང་བའི། ། ཚང་ཟིན་ཚེང་ཞེས་བྱ་བའི་གྲོང་བ་ཞིག་ཏུ་ལྕགས་ཕོ་སྤྲེལ་གྱི་ལོར་སྐུ་འཁྲུངས་སོ། །

不远出生称为村庄一个铁阳猴年诞生

འཇམ་དཔལ་རྡོ་རྗེའི་སྒྱུ་འཕྲུལ་ཟླ་བའི་གཟུགས། ། འགྲོ་འདིའི་ལེགས་བྱས

妙金刚幻化月形如今众生福田

ཤར་རིའི་རྩེར་འཕགས་ཏེ། ། ཆོས་དཀར་བདུད་རྩིའི་ཐིགས་པ་འགྲེམ་པ་ཡིས། །

东山顶升起妙法甘露珠洒而

འཇིག་རྟེན་རྒུད་པའི་ཚ་གདུང་བཅིལ་འདི་རྨད། ། ན་ཚོད་སྨྱུ་གུ་ཕྲ་ཡང་འཕགས་ཆེན་གྱི། །

世间衰落炎苦灭精美年龄幼苗也大菩萨的

ཡོན་ཏན་གང་བུ་ལྷུན་གྱིས་རྫོགས་པ་འདིས། ། གཞན་འགའི་ཡ་མཚན་མོག་པོར་གྱུར་པ་དང་། །

知识花苞自然本性圆满这个其他稀奇特性灰暗

ཀུན་མཁྱེན་དང་ཚུལ་དམ་པ་མཉམ་དུ་བྱས། ། སྐབས་ཤིག

变成佛本性债务平均达到有一次甘丹

དཀའ་ལྡན་ཁྲི་ཆེན་ལ་མོ་པ་བློ་གྲོས་རྒྱ་མཚོ་རྒྱ་ནག་ཕོ་བྲང་དུ་ཐེབས་སྐབས་མཇལ་བར་ཡུམ

赤钦拉毛洛哲嘉措内地宫殿来时拜见母亲

གྱིས་ཁྲིད་པས། ། ཁྲི་ཆེན་གྱིས་དབུ་གཏུགས་མཛད་ཅིང་། ། སྐུ་ཚེའི་རྒྱལ་མཚན་བརྟན

带来赤钦行碰头礼并且岁数长

པར་གྱུར་ཅིག་ཞེས་གསུང་བས། ། བྱིས་པ་འདི་གཞན་དང་མི་འདྲ་བ་ཞིག་ཡིན་པ

祝福说孩子其他不一样一个是这样

འདུག་ཅེས་ཀུན་གྱིས་གླེངས་སོ། ། དགུང་ལོ་གསུམ་བཞིའི་དུས་སུ་སྔོན་གནས་རྗེས

所有说三四岁的时候前一世想起

སུ་དྲན་པས་སྐུ་ཚེ་སྔ་མའི་ལོ་རྒྱུས་འགའ་ཞིག་གསུང་བ་སྔོན་གྱི་གྲྭ་རིགས་རྣམས་ཀྱིས

所以前一世的历史一些说过以前的僧人们

ཐོས་ནས་རྗེ་བློ་བཟང་རབ་བརྟན་པའི་སྐུའི་སྐྱེ་བར་ཐག་བཅད། །

听说后尊者洛桑饶丹的转世认定大寺院

ཆོས་སྡེ་ཆེན་པོ་དགོན་ལུང་དུ་གདན་དྲངས་ཏེ་གདན་སར་མངའ་གསོལ། ། ཐུབ་བསྟན་ཡོངས། །

郭隆邀请宝座登上佛教遍知的

སུ་རྫོགས་པའི་མངའ་བདག་ཆེན་པོ་ལྕང་སྐྱ་ངག་དབང་བློ་བཟང་ཆོས་ལྡན་གྱི་དྲུང་དུ་རབ

大法王章嘉阿旺洛桑曲丹的跟前出家

བྱུང་གི་ཚུལ་ཁྲིམས་མནོས་ཏེ་མཚན་ལ་ངག་དབང་ཆོས་ཀྱི་རྒྱ་མཚོ་ཞེས་བཏགས། །

受戒然后名字阿旺曲吉嘉措这样起了

སྲིད་པའི་མཚན་མཐའ་འགོག་བྱེད་པའི། ། ངེས་འབྱུང་སྐྱ་རེངས་ཀྱིས་བསུས་པའི། །

轮回禁止做厌离黎明迎接

བར་མའི་ཚུལ་ཁྲིམས་ཉི་གཞོན་ནི། ། ངུར་སྨྲིག་འཆར་ཀའི་ན་གོས་འཛིན། །

中间戒律旭日是褐色袈裟朝霞的七衣穿自此

དུས་འདི་ནས་བཟུང་སྟེ་ལྕང་སྐྱ་རྡོ་རྗེ་འཆང་ཆེན་པོ་རིགས་ཀྱི་ཅོད་པན་དུ་བཞེས་ཤིང་། །

章嘉金刚持大以……为师

དམ་པ་དེས་ཀྱང་ཐུགས་གཅོགས་ཤིན་ཏུ་ཆེ་བས་བསྐྱངས། ། དེ་ནས་མཚན་ཉིད་ཀྱི་ཐེག

圣人那位也非常关心所以培养于是法相藏方面

པའི་སློབ་གཉེར་ཞིག་མཛད་པར་དགོངས་ཏེ། ། དགོན་ལུང་གི་ཆོས་གྲྭར་ཞུགས་པས། །

学习行为相郭隆的经院进入

བསྡུས་ཚད་ཀྱི་རིགས་ལམ་རྣམས་ཅུང་ཟད་འཆར་དཀའ་བ་ཞིག་བྱུང་བར། །

限量范围的理论诸比较难以领会产生过

ཉུབ་གཅིག་མནལ་ལམ་དུ་མི་ནག་པོ་ཟེལ་ཆེ་བ་ཞིག་གིས་ཨུཏྤ་ལའི་ཁ་དོག་ཅན་གྱི་རལ་གྲི་ཕྲ

一天夜晚梦中黑色人大一个青色的具有着剑装饰

རྒྱན་ཅན་གཅིག་དང་། ། ཕྲ་རྒྱན་མེད་པ་ཞིག་བསྟན་ནས། ། ད་ལྟ་ཕྲ་མེད་འདི་ཚག་ལ་གྱིས། །

物一把和宝石没有一个指他看现在没装饰这个保管好

གཞུང་ལ་ཐོན་ནས། ། ཕྲ་ཅན་འདི་སྦྱིན་ཆོག་ཟེར་བ་ཞིག་རྨིས་པས། །

到时候装饰者这个给做梦第二天

ཕྱི་ཉིན་ནས་རིགས་པ་འཆང་བདེ་བ་བྱུང་ཚུལ་འདི་ནི་རྗེ་ཉིད་ཀྱི་《རྣམ་ཐར་བརྗོད་འ་ཚོགས》·ཀྱིས

理论掌握安乐产生这一情况《格言体秘传》

བཅིངས་པ་ལས། ། མཁྱེན་གཏེར་དབང་སྔོན་གཡས་མཚན་བསྩལ། ། མི་རིང་བློ་གྲོས

说智慧文殊帝青宝名号赐不久智慧殊胜

མཆོག་བརྟས་མཛད། ། ཞེས་པའི་དོན་ཡིན་ཅིང་། ། སྔར་རལ་གྲི་ཕྲ་རྒྱན་ཅན་སྦྱིན་ཟེར་

增长如此是又剑镶嵌的赠说的

བའང་འོག་ཏུ་འབྱུང་ངོ་། ། འདི་དུས་ཚོགས་སུ་ཀྱི་ཤེས་རབ་སྙིང་པོ་གསུང་སྐབས་ནམ

下面讲到这时法会上般若经讲的时候天空

མཁའ་ནས་ཤེར་སྙིང་གི་མདོ་ཚིག་ཡོངས་སུ་རྫོགས་པ་ཞིག་གསན་པས། ། སྟོང་ཉིད་ཀྱི

般若经的句子完整的听到后空性见

ལྟ་བ་ལ་ངེས་པ་རྙེད་པ་ཡིན་ཏེ། ། 《རྣམ་ཐར་བརྗོད་འ་ཚོགས》མ་ལས། ། ཞལ་མངོན་ཆོས་ཉིད

对懂得是然后《格言体秘传》云显现法性

རང་སྒྲ་སྒྲོགས། ། ཞེས་སོ། ། དེ་ནས་མདོ་ཤེས་རབ་སྙིང་པོ་ཉིན་རེ་བཞིན་ཞལ་འདོན

本人缝纫然后般若经每天念诵

མཛད་པས། ། སྐབས་ཞིག་ན་ཨ་ཡིག་གསེར་གྱི་མདོག་ཅན་གྱིས་ནམ་མཁའ་གང་བ

所以有一次啊字金色的看见天空满

གཟིགས་པས། ། ཐུགས་རྒྱུད་ལ་ལྟ་བའི་གོ་བ་རྫར་གཏན་ནས་འཆར་མསྒྱོང་བ་བུ་རམ

看见后心里理解的观点过去根本想起没有蔗糖

ཀྱི་རོ་གསར་དུ་མྱོང་བ་ལྟ་བུ་ཞིག་འབྱུངས་བ་ཡིན་གསུངས། ། འདི་ཡང་ནམ་ཐར་

的味新品尝一样产生这样说这也《格言体秘传》

བརྡའ་ཚིག་སམ་ལས། ། ལེགས་གསུང་སྙིང་པོར་བརྩོན་པའི་ཚེ། ། རྒྱས་མདངས་གསུང་

从佛要义努力时增长光华经卷

རྗེན་གཟུགས་འཛིན་ཡུལ། ། ཟབ་དོན་མངོན་དུ་གྱུར་སྣམ་སེམས། ། ཞེས་སོ། །

色蕴境深意直接显现变为心思所有

ཀུན་རྨོངས་མདུད་རྒྱ་གཅོད་པའི་ཡེ་ཤེས་མཆོག ། མཁྱེན་པའི་གཏེར་གྱིས་ཁྱོད་ལ་གཏད་པ་དེས། །

迷惑打死结断圣智显示文殊您对赠送

མཐར་འཛིན་དགྲ་བོའི་དམིགས་གཏད་བཅོམ་པའི་ཚེ། ། ཆོས་ཀུན་སྐྲག་ཏེ། །

那个边执见仇敌注视灭除时法一切害怕而

སྟོང་པའི་དབྱིངས་སུ་བྲོས། ། དེ་ཚེ་སྒྲ་རྟོགས་ཡུལ་དང་དམ་པའི་དོན། ། འཕགས

空间逃走那时字面义外境和真理圣者

པའི་སྲས་ཀུན་བསྐྱེད་པའི་ཡུམ་ཆེན་མོ། ། ཁྱོད་ཀྱི་མཉམ་བཞག་མེ་ལོང་གཙང་མའི་ངོས། །

子开办大佛母您的禅定明镜里

ཡི་གེའི་ཟོལ་གྱིས་མངོན་སུམ་ཉིད་དུ་ཤར། ། གཉིས་འཛིན་འཁྲུལ་བའི་རང་མཚང་བརྗོལ། །

以字的形式真实显二取错误的本性

གཉིས་སྣང་བག་ཆགས་དབྱིངས་སུ་དག ། གཉིས་མེད་གསུངས་པའི་དགོངས་པ་ནི། །

露出二现习气消失无踪无二讲的

གཉིས་པ་མེད་པ་ཁྱོད་ཀྱིས་རྟོགས། ། ཡང་ཐོ་རངས་ཞིག

思想是无第二者您知道又黎明一次

མནལ་སད་པ་ན་དབུ་སྔས་སུ་གཙུག་ཏོར་རྣམ་པར་རྒྱལ་མ་མཛེས་ཤིང་ཡིད་

醒来时枕前在顶髻尊胜佛母美丽可爱的

འཕྲོག་པ་ཞིག་བཞུགས་འདུག་པ་གཟིགས་ནས་རྗེ་བློ་བཟང་ཆོས་ལྡན་པར་ཞུས་པས

坐有看见后尊者洛桑曲丹报告后

ཐུགས་དགྱེས་བཞིན་དུ་རྣམ་རྒྱལ་ལྷ་དགུའི་རྗེས་སུ་གནང་བའང་བསྩལ། །

很高心地尊胜佛母九神的加持给予那时病情

དེ་དུས་སྐུ་སྙུན་བབས་སྐྱི་ཙམ་ཞིག་བྱུང་བར་མནལ་ལམ་དུ་འཆི་བདག་གི་བདུད་ཡིན་ཟེར་བ་

较重的患梦中死神所谓的非

ཤིན་ཏུ་མི་སྡུག་པའི་གཟུགས་ཅན། ། ཁ་དོག་ནག་ཅིང་མཆེ་བ་དང་སེན་མོ་རིང་ལ་རྣོ་བ་

常形色丑陋的黑色且牙和爪子长锋利

ཞིག་བྱུང་ནས་རང་ཉིད་ཁྲིད་འགྲོ་རྒྱུ་ཡིན་ཟེར་བ་ལ་རྒན་པོ་ཨག་ཚོམ་དཀར་པོ་ཅན་ཞིག་དང་། །

一个到来把我带走要说老头长白胡须的

མི་དམར་པོ་ཞིག་སྟེ་གཉིས་བྱུང་ནས། །དེ་དང་ཁ་འཐབ་མང་དུ་བྱས་པའི་

和红色人一个两者来到后争吵多次后

མཐར། །དེ་གཉིས་ཀྱིས་གླིང་གི་བན་ཆུང་ཆེ་གེ་མོ་ཞིག་ཁྲིད་བྱུང་ནས་འདིའི་ཚབ་

那两个岭地的小僧人某某一个带来后这个的替代

ཏུ་འདི་གཏོད་པ་ཡིན་ཟེར་ནས་སྤྲད་པས། །ཁོས་བཙུན་ཆུང་དེ་ཁྲིད་ནས་ཡོག་སོང་བ་ཞིག་རྨིས་པས། །

给的说而交他他把小僧人那个带走了

ཞིག་རྨིས་པས། །ཕྱི་ཉིན་ནས་སྙུངས་གཞི་དྭངས་པ་ཞིག་བྱུང་། །དེ་ནུབ་གླིང་གི་བཙུན་

梦到第二天起病情消失出现那个晚上岭地小僧人

ཆུང་བློ་བཟང་ཟེར་བ་ཞིག་ཤི་འདུག་པས། །དེ་ངའི་གླུད་དུ་སོང་སྙིང་རྗེ་ཞེས་ཕྱིས་སུ

洛桑叫一个死亡所以那是我的替身可怜后来

ཐུགས་བསྔོ་བཏང་རེས་ཀྱི་དེའི་མིང་སྨོས་པ་མཛད། །མི་དཀར་དམར་གཉིས་ནི། །

发愿回向时叫他的名字那红白二人是

དཔལ་མགོན་ཞལ་བཞི་པ་དང་། །རྗེ་བོ་རྒྱལ་མཚན་པ་གཉིས་ཡིན་འདུག་གསུངས། །

四臂护法神和觉悟坚赞两个是说

འདི་ཡང་རྣམ་ཐར་བརྡའ་ཚིགས་མ་ལས། །ཞལ་རྒྱལ་བཟུང་གིས་བླུ་ཚུལ་གྱིས། །

这又在《格言体密传》从以收买的形式日缓口

ཉི་བུའི་ཞལ་ལས་རིང་དུ་གྱུར། །ཞེས་སོ། །ཡང་སྐབས་ཤིག་རྗེ་བཙུན་བློ་བཟང་བསྟན

中远离去又一次至尊洛桑丹

པའི་རྒྱལ་མཚན་ལས། །སྐུར་མཛད་ཡེ་ཤེས་ཀྱི་མགོན་པོ་ཕྱག་དྲུག་པའི་རྗེས་སུ

贝坚赞处智慧的六臂护法神的给予加持

གནང་བ་གསན་སྐབས། །རྟེན་གཏོར་གཡོ་བ་དང་འོད་འཕྲོ་བ་སོགས་གཟིགས་སྣང་

听讲时供品朵玛摇动发光观象

ཁྱད་པར་ཅན་དུ་མ་བྱུང་ཞིང་། །གཏོར་དབང་གི་སྐབས་གཏོར་མ་ལས་མེ་འོད་འཕྲོ

特殊许多出现食子灌顶时朵玛火光散射

བ་སྐུ་ལུས་ལ་ཕོག་པས་ཞྭན་གྲིབ་མང་དུ་ཐོན་པའི་སྣང་བ་བྱུང་བས་སྙིང་རླུང་ལྟ་བུའི་

身上照耀而污秽很多出现的感觉产生气闷之类的

སྙུངས་གཞི་འགའ་ཞིག་ཡོད་པ་ལྷག་མེད་དུ་དྭངས་པ་དང་། །ཡང་རྗེ་དེ་ཉིད་ལས། །

疾病一些有的无余的消失又那个尊者师从

རྟ་མགྲིན་གསང་སྒྲུབ་ཀྱི་རྗེས་གནང་གསན་སྐབས། །གཟིམས་ཁང་གི་ནང་ཐམས་ཅད

马头明王秘修的灌顶听时寝室内

འོད་དམར་པོ་འབའ་ཞིག་གིས་ཁྱབ་པའི་ནང་ན་དུར་ཁྲོད་ཀྱི་རྣམ་པ་གསལ་བ་ཞིག

红光仅仅普照中寒林的形式出现

གཟིགས་པས་ལུས་སེམས་དགའ་བདེ་ཟད་མི་ཤེས་པས་ཚིམ། ། སྔ་ཕྱི་གཉིས་ཀར་སློབ་
看见而身心喜悦无尽的满足先后上师
དཔོན་གཉིས་ཆར་གྱིས་དག་པའི་གཟིགས་སྣང་ཁྱད་པར་ཅན་མང་དུ་གཟིགས་གདའ་ཞིང་། །
净相特殊的很多看见
དེ་གོང་སྔ་འགྱུར་གྱི་ཆོས་ལུགས་ལ་ཐུགས་ཐེ་ཚོམ་ཟ་བ་ཙམ་ཡོད་ཀྱང་། །
以前宁玛派传承怀疑有点但
རྒྱུ་མཚན་དེ་དག་ལ་བརྟེན་ཕྱོགས་འདི་ལ་ཡང་དག་སྣང་ཟད་རྙེད་པ་ཡིན་གསུང་། །
由于这些这方面又获得净相是说
ཚུལ་འདི་ཡང་བརྡའ་ཚིགས་མ་ལས། ། སྐུ་རྟེན་གཡོ་འོད་བྱིན་ཟ་ཆེ། །
这又是《格言体秘传》称:神像摇大火心遇灌顶
སེམས་ཕྲད་ཧྲི་ཁྲ་ལུས་མེད་ཐོན། ། ལུས་སེམས་ཟུག་རྔུ་དབྱིངས་སུ་ཡལ། །
魔女身心的痛苦空中消失或者佛法入门
བཙུད་ཡོངས་སུ་འཛིན། ། པདྨ་དབང་གིས་བྱིན་གྱིས་བརླབས། ། དབང་འོད་དུར་
大师护持莲花灌顶用加持灌顶显寒林
གསལ་དགའ་བདེས་ཚིམ། ། ཞེས་པའོ། ། མཉམ་བཞག་ཉིང་འཛིན་མེ་ལོང་གཅིག་གི་ནང་། །
喜悦满足定心圆镜同一个
མཁའ་ཁྱབ་རྒྱལ་པའི་འཛུམ་ཞལ་དུས་གཅིག་ཏུ། ། འཆར་ན་དག་པའི་སྣང་བ་ཉི་ཚེའོ། །
中漫天佛的笑脸同时一起若出现净相
མཚར་དུ་འཛིན་རྣམས་བློ་གྲོས་ཤིན་དུ་དམན། ། བགྲང་ཡས་ཕྱོགས་བཅུའི་རྒྱལ་རྣམས་དང་། །
少许稀奇感到者们智慧很低无数十方的
མགོན་པོ་ཁྱོད་ཀྱི་སྤངས་རྟོགས་ཀྱི། ། ཡོན་ཏན་རིན་ཆེན་ཕུང་པོ་ནི། །
诸佛和保佑者您的断证的知识珍宝之堆
སྲང་ལ་བཅལ་བཞིན་རབ་ཏུ་མཉམ། ། འདི་དུས་སྐུ་ཆས་ཤིན་ཏུ་བཀྲེན
是秤称量一样非常平衡这时财物很匮乏
པས་ནོར་སྒྲུབ་ཞིག་བྱ་བར་དགོངས་ཏེ། ། ཛམ་བྷ་ལའི་སྐུ་བརྙན་ཞིག་བཞེངས་ནས
所以想着财神塑像一尊修造
རྗེ་ངག་དབང་བློ་བཟང་ཆོས་ལྡན་པར་རབ་གནས་ཞུ་པར་ཕྱིན། ། སྐུ་འདྲ་དེ་བཞུགས
尊者阿旺洛桑曲丹让开光叫而去神像那个宝座的
ཁྲིའི་འཁྲིས་སུ་བཞག་ནས། ། བླ་མ་ལ་ཕྱག་འབུལ་མཛད་པའི་བར་དེར་སྐུ་དྲུང་ན་ཕྱི་
旁边放置上师对顶礼期间尊前
ཕྲུག་ཞིག་ཡོད་པས་སྐུ་འདྲའི་དབུ་ལ་དྲི་ཆུ་བཏང་བྱུང་བར་ཐུགས་དགོངས་ལ་སྐུ
小狗一条有在神像的头部尿液撒对心里神像

བརྙན་ལ་མི་གཙང་བས་གོས་སོང་། ། ཁྲུས་གསོལ་ཞིག་བྱ་དགོས་དགོངས་ཚེ་ན་རྡོ་རྗེ་

对污秽污染过洗刷一次做要想时金刚持

འཆང་གི་ཞལ་ནས། ། ཁྱེད་རང་ལ་སྐུ་ཆས་འབད་མེད་དུ་འབྱུང་། ། རབ་གནས་ཀྱང་

口中说你对器物不劳自成得到开光也

ཟུར་དུ་མི་དགོས། ། ངེད་ཀྱི་ཁྱི་ཕྲུག་འདི་ཡང་རང་ག་པ་ཞིག་མིན་གསུངས་བས་ཕྱིས

不需要我的小狗这个也普通不是说后来

སྒྲུད་པ་ལ་འབྱོར་འབད་མེད་ལྷུན་གྲུབ་ཏུ་བྱུང་བ་ཡིན་ཞེས་ཀྱང་ཐོས་སོ། །

经济不劳自成地得到是这样也听说了又

ཡང་སྐབས་ཤིག་དགོན་ལུང་གི་རི་སྐོར་ལ་ཕྱིན་པས་འཕོར་ལོ་སྒང་ཟེར་བའི་རི་རྩེ་དེར་སླེབས་པ་ན། །

一次郭隆寺转山去廓落岗叫的山顶上到达

རྗེ་བཙུན་འཇམ་པའི་དབྱངས་དམར་སེར་འོད་ཀྱི་གུར་ཁང་གི་དབུས

时文殊菩萨红黄光的中间

ན་བཞུགས་པ་ཞིག་གསལ་བར་གཟིགས། ། ཡུམ་གཤེགས་ནས་རིང་པོ་མ་ལོན་པ་ན

坐着一个清晰地看到母亲去世不久的

མཚན་མོ་ཞིག་མནལ་ལམ་དུ། ། རྒད་པོ་ཨག་ཚོམ་དཀར་པོ་ཅན་ཞིག་བྱུང་ནས། །

一个晚上梦里老头胡须白有一个来到后

ཁྱེད་ཨམ་དང་ཕྲད་ཨེ་འདོད་ཟེར་བ་ལ། ། ཅིས་ཀྱང་འདོད་བྱས་པས་འོ་ན་འདིར་ཤོག

你母亲和见到想吗说一定要想说后那就过来

ཟེར་བའི་ཕྱི་བཞིན་དུ་འབྲང་ནས་ཕྱིན་པས། ། གླིང་འདབ་ཀྱི་ཆུ་འགྲམ་དེར་དོང་

说的后面跟着去村边的河滩上洞

ནག་པོ་ཐུར་དུ་ཟུག་པ་ཞིག་གི་ནང་དུ་ཞུགས་པས། ། དམྱལ་ཁམས་ཤིག་ཏུ་སླེབས་འདུག །

黑垂直向下的一口内进入后地狱一处已

ཨམ་ཡང་དེ་ན་འདུག་པ་ཁྲིད་ནས་སྔར་གྱི་དོང་ནག་པོ་དེའི་ཁར་ཐོན

到达母亲也在那里带领原来的洞黑那个口到达

པ་ན་མནལ་སད། ། སླར་ཨམ་གར་སྐྱེས་ཡོད་བལྟ་དགོས་དགོངས་ནས། ། མནལ་ལམ

时梦醒又把母亲哪里投生看要想时重入梦境

བཟུང་བས་མཁར་ཆེན་པོ་ཞིག་གི་འདབ་ན་ལྷ་ཁང་ཞིག་གི་ར་སྐོར་དུ་བཙུན་ཆུང་ལྭ

大城堡一座附近寺庙一座院落内小僧人

བ་ཤ་ག་དམར་པོ་གྱོན་པ་ཞིག་ཏུ་སྐྱེས་འདུག་པ་གཟིགས་པ་ཕྱིས་སུ་པེའི་ཅིང་བྱོན

红色穿的一个投生看见后来北京去

པས་ལྷ་ཁང་སེར་པོའི་བཙུན་པ་པྣ་དགེ་སྒོང་ཟེར་བ་དེ་ཡིན་པ་འདུག་གསུང་།

时黄庙的僧人巴格隆叫的那个就是说

འཇིགས་རུང་ངན་འགྲོའི་གཅོང་རོང་ཟབ་མོའི་གཏིང་དུ་ལྷུང་བའི་ཉམ་ཐག་རྣམས། །

可怕的恶趣之峡谷深渊深处弱小者

གང་གི་ཐུགས་རྗེའི་དཔྱང་ཐག་བརྟན་པོས་བདེ་བླག་འདྲེན་པ་འདི་ལྟ་ན། །

他的悲心的吊索顺利引导这样我们

བདག་ཅག་ལས་ཀྱི་མེ་ལོང་ཐོགས་པ་ངལ་ཁུར་ཙམ་དུ་ཟད་དོ་ཞེས། ། དགེ་སྡིག་ཤན་འབྱེད

业力的圆镜持仅仅是善恶分辨

ཆོས་ཀྱི་རྒྱལ་པོ་སྙིང་ལས་ཆུང་ངུར་གནོལ་བར་གྱུར། ། ཡང་ཐོ་རངས་ཞིག་མནལ་སད་པ་ན། །

阎罗王心事小努力做又黎明一次睡醒

གཟིམས་ཆུང་གི་བྱ་འདབ་ཏུ་བྱིའུ་ཞིག་གིས་མི་རྟག་པའི་ཚིག་མང་པོ་

小寝室的飞檐下小鸟一只各种声音许多

སྒྲོགས་པ་གསན་པས་རྐྱེན་བྱས་ཏེ་འདི་སྣང་ལ་ཞེན་པ་ལོག་པའི་སྐྱོ་ཤས་རྒྱུན་ལྡན་དུ་བྱུང་། །

发出听见由此现世厌恶悲观经常地

འདི་ཡང་བརྗོད་ཚིགས་ལས། ། འདབ་ཆགས་སྙན་སྒྲོགས་ཕྱི་ནང་གི། །

产生此又在《格言体秘传》云：鸟类悦耳声内外的全面

ཡོངས་སུ་འཛིན་མཐུས་རྟག་འཛིན་གྱི། ། རི་བོ་མིང་གི་ལྷག་མར་བྱས། ། ཞེས་པའོ། །

护持威德常见的大山徒有虚名变成安多在

མདོ་སྨད་དུ་བཞུགས་རིང་ལ་བདེ་གུ་ཆུང་བ་ཀུན་དགའ་རྒྱལ་མཚན་ལས། ། བྱང་སའི་ཚུལ་ཁྲིམས

坐期间德格琼哇更噶坚叁处《菩萨地之戒律章

ལེའུའི་རྣམ་བཤད་བྱང་ཆུབ་གཞུང་ལམ་ལས་བཤད་པའི་ཆོ་ག་བཞིན་བྱང་ཆུབ་

的注疏菩提大道》里所讲仪式按照菩萨的

སེམས་དཔའི་སྨོན་འཇུག་གི་སྡོམ་པ་བཞེས་ཏེ་འཇུག་ལྡོག་རྣམས་ལ་ཚུལ་བཞིན་སློབ་

誓愿入修受戒而舍去对正确使学习

པར་མཛད་ཅིང་། ། རྡོ་རྗེ་འཆང་ངག་དབང་བློ་བཟང་ཆོས་ལྡན་པའི་སྐུ་དྲུང་ནས

且金刚持阿旺洛桑曲丹的跟前

དཔལ་རྡོ་རྗེ་འཇིགས་བྱེད་ཆེན་པོ་ལྷ་བཅུ་གསུམ་མའི་དབང་བཞི་ཡོངས་སུ་རྫོགས

吉祥大威德金刚十三神的四灌顶完整地

པ་སྐུ་བཞིའི་ས་བོན་ཐེབས་ངེས་སུ་མནོས། ། རང་ཉིད་ཀྱིས་ཚེ་རབས་ནས་འབྲེལ

四身种子确定接受自己世代有缘的

བའི་ལྷ་ཡིན་པར་དམ་པའི་ལུང་བསྟན་པའང་ཐོབ་པས། ། ཉིན་རེ་བཞིན་བསྐྱེད་རྫོགས

神是贤者的预言也得到每天生圆次第

ཀྱི་དམིགས་རྣམ་མ་ཆད་པར་བསྐྱངས་པ་ཡིན་གསུངས། ། དུས་སྐབས་དེ་ཙམ

的所缘相不间断地保持是讲那段时期

ཞིག་ཏུ་ནུབ་གཅིག་མནལ་ལམ་དུ། །གཞལ་ཡས་ཁང་ཆེན་པོ་བལྟ་བས་ཆོག་མི་ཤེས

某一夜梦中在无量宫大百看不厌的

པ་ཞིག་གི་དབུས་ན་ལྕང་སྐྱ་རྡོ་རྗེ་འཆང་ཟ་འོག་གི་འབོལ་འཐུག་པོ་ཞིག་གི་སྟེང་དུ

一座在中央章嘉金刚持绸缎的座垫厚一个在…上

བཞུགས་པའི་ཕྱོགས་གཅིག་ཏུ་རང་ཉིད་ཀྱང་དེ་ལྟ་བུའི་གདན་ཁྲི་ཞིག་ལ་བཞུགས་གསོལ་ཏེ། །

坐一边自己也那样的座位一个坐

རྡོ་རྗེ་འཆང་གིས་གྲི་གུག་དང་ཚོན་སྣ་ལྔས་བཏུམས་པ་ཞིག་གནང་ནས །

说金刚持弯刀五色绸缎包一把给

འདི་རེ་ཞིག་ཁྱོད་ཀྱིས་བདག་གྱིས། །སླར་ང་ལ་སྐྱེར་དགོས་པ་ཡོད་ཅེས་གསུངས་པ་ཞིག་རྨིས། །

着暂时你保管再我对归还需要这样说

ཕྱིས་སུ་རྒྱ་ནག་པེའི་ཅིང་དུ་སྐྱབས་མགོན་ལྕང་སྐྱ་རིན་པོ་ཆེ་སྐུ་འདི་བ་ལ

一个梦后来北京在所依章嘉仁波切这位对

རྡོ་རྗེ་འཇིགས་བྱེད་ཀྱི་དབང་ཐོག་མར་འབུལ་བ་མཛད་སྐབས། །སླར་ང་ལ་སྐྱེར་དགོས

大威德金刚灌顶首次献呈时候又我给归还

གསུང་པ་འདི་ལ་དགོངས་པ་ཡིན་པ་འདུག་ཅེས་གསུངས། །ཚུལ་འདི་ཡང་བརྡའ་ཚིགས་མ་ལས། །

说针对这个就是这样说这也在《格言体秘传》

དགའ་ཆེན་རང་མཉམ་ཟ་འོག་ཁྲིར། །རབ་བཀོད་འཇིག་གཡས་མཚན་ལྟས་བརྒྱན། །

称：大喜同等锦缎座上威慑无畏象征

རབ་གནང་རྒྱལ་ཚབ་དབང་བསྐུར་མཛད། །ཞེས་སོ། །

五饰赐法太子授权俗人

འཇིག་རྟེན་པས་ཀྱང་གཞན་ལ་བཏང་ཟིན་ནོར། །སླར་ཡང་རང་གིས་ལེན་པར་མི་བྱེད་ན། །

也对别人施舍的财物又自己取回不会若

ཕ་ནོར་བུ་ལ་ཐོག་པ་ཡབ་རྗེ་ཡིས། །སླར་ཡང་བདག་གིར་བཞེས་འདི་ཇི་ལྟར་འཐད། །

祖业儿子继承父王再又夺为己有这个怎么愿意

རྒྱུད་སྡེ་རྣམ་བཞིའི་དབང་གི་ཟོང་ཐོགས་པའི། །ཆོས་ཀྱི་ཚོང་པས་དེང་སང་ས་ཁྱབ་ན། །

四续部的灌顶的货物拿着法的商人现在遍地若

སྨིན་བྱེད་ཟབ་མོའི་ནོར་ལ་ཆགས་དྲག་པས། །ཡབ་སྲས་ཁོ་ནས་བཅོལ་ལེན་འདི་ཙམ་དགོས། །

使成熟深奥灌顶财物太贪恋因此父子只有寄取这

དེ་ནས་དབུས་གཙང་དུ་ཐེབས་ནས་དཔལ་ལྡན་འབྲས་སྤུངས་ཆོས་ཀྱི་སྡེ

为何于是卫藏去祥瑞哲蚌寺

ཆེན་པོར་བཀྲ་ཤིས་སྒོ་མང་གི་ཆོས་གྲྭར་ཞུགས། །ཀུན་མཁྱེན་འཇམ་དབྱངས་བཞད

在吉祥郭莽扎仓的经院入更钦嘉木样协巴

པའི་རྗོ་རྗེ་རིགས་ཀྱི་ཅོད་པན་དུ་བཞེས་ཏེ། ། ཟབ་རྒྱས་དམ་པའི་ཆོས་ཀྱི་དགའ་སྟོན

冠冕绝伦尊奉为深广教法的喜宴

ལ་རོལ་པར་མཛད། ། མདོ་དབུས་གཉིས་ཀར་གང་ཤེས་རྒྱུད་ལ་སྦྱོར་བའི་ཉམས་ལེན་ཡོན་ལས། །

享受多卫两地一切体验的修行

མཁས་གྲགས་ཀྱི་ཕྱུགས་འདོད་གཏན་ནས་མེད་པས་ཡོན་ཏན་ཐམས་ཅད

除…外出名的愿望根本不存在一切知识

ཀུང་བུམ་ནང་གི་མར་མེ་ལྟར་མི་མངོན་པར་མཛད། ། སྐབས་ཞིག་རྗེ་འཇམ་དབྱངས

瓶中的油灯一样隐蔽一次尊者嘉木样协巴

བཞད་པས་མཁས་གྲུབ་ཀྱི་འཁོར་དུ་མ་ལ་ལམ་རིམ་གྱི་བཀའ་ཁྲིད་གནང་བར་བརྩམས་པ་ན། །

高僧僧众许多菩提道讲授开始

རྗེ་འདི་ཉིད་ཙུང་ཟད་འགྱངས་པར་རྗེ་འཇམ་དབྱངས་བཞད་པས་སྒུག་སྡོད་མཛད། །

时这位一些迟到后尊者嘉木样等候

དགེ་བའི་བཤེས་གཉེན་དྲག་པ་རྣམས་ནི་འདུས་ཚར། །

说大格西们到齐萨姆罗

བསམ་བློ་ཞབས་དྲུང་མ་སླེབས་ཀྱང་འགངས་ཆུང་ཞེས་ཁ་ཟེར་མཁན་བྱུང་བར། །

尊前未到也并不重要这样说的人

རྗེ་འཇམ་དབྱངས་བཞད་པས། ། ཆོས་བཤད་ཡུལ་གྱི་གཙོ་བོ་སུ་ཡིན་མི་ཤེས། །

尊者嘉木样协巴说:讲法主要对象不知是何人不要妄自

རང་མཐོང་མ་ཆེ་ཞེས་བཀའ་བཀྱོན་པར་མཛད་སྐད། ། ཆོས་བཀའ་ཆུང་ངུ་རེ་གནང་ཀྱང་རྗེ་

尊大斥责听说法经小规模讲也该师

འདི་བ་ཅིས་ཀྱང་འབོད་པ་གནང་། ། མདོར་ན་ཀུན་མཁྱེན་འཇམ་དབྱངས་བཞད་པ

必定请来总之更钦嘉木样协巴

དང་ཚེ་རབས་དུ་མ་ནས་འབྲེལ་བས་སྐུ་ཚེ་འདིར་ཡང་ཐུགས་ཡིད་གཅིག་འདྲེས་ཀྱི

和世代许多自此有缘而今世也情投意合

སློབ་ནས་ཁོང་ལ་མངའ་བའི་གདམས་པ་མ་ལུས་པ་བུམ་པ་གང་བོའི་ཚུལ་དུ་རྗེ་འདི་ལ

他的所有教诫毫无保留满瓶而泄对这位尊者

སྩལ་བར་མཛད་དོ། ། ཆོས་བརྒྱད་དུག་ཆུ་འཐུང་བའི་སྤྱོད་ཚུལ་ལ། ། བསྟན་འགྲོའི

传授了世间八风毒液饮行为对佛法众生

གསོས་སུ་སྒྲོགས་པའི་བྲག་ཆ་ལས། ། ཐོས་བསམ་སྒོམ་པས་རང་རྒྱུད་འདུལ་བའི་གཏམ། །

补养称作回向闻思修炼本性调服的

བདུད་རྩིའི་ཐུལ་དེ་ཐུགས་ལ་ལྕགས་ཀྱུར་གྱུར། ། རིགས་ལམ་ཉི་ཚེར་སྦྱངས

说法甘露精华那心里铁钩成为理论少许学过

པའི་སྡུག་ཡུས་ཀྱིས། །རང་ལ་སྐྱོག་གྱུར་གནས་ཀུན་སྐྱོད་བྱེད་ཅིང་། །གལ་ལ་བབས

的心怀不满对自己甚深佛法都诋毁且关键时刻

ཆོ་ལས་འབྲས་ཁྱད་གསོད་པའི། །དེང་དུས་བཤེས་གཉེན་རྣམས་དང་འདི་མི་འདྲ། །

因果诋毁现在的师友们和这位不同

སྐབས་ཤིག་རྗེ་འཇམ་དབྱངས་བཞད་པའི་ཞལ་ནས། །ཁྱེད་རང་སྐྱོར་མོ་ལུང་དུ་སོང་ལ། །

有一次尊者嘉木样协巴说你自己角磨陇去

རྗེའི་སྒྲུབ་ཕུག་དེར་འཇམ་དབྱངས་དམར་སེར་གྱི་བསྙེན་འཚམས་ཞིག་གྱིས་ཅེས

宗喀巴修炼处哪里红黄文殊的闭关修行一次请

ཞལ་ཏ་ཕེབས་པ་བཞིན། །གནས་དེར་ཕྱིན་ནས་བདུན་འཚམས་ཞིག་མཛད་པས་མི

教导那样那个地方去了七天修炼一次黑

ནག་པོ་ཟིལ་ཆེ་བ་ཞིག་གིས་རལ་གྲི་ཞིག་ཐུགས་ཀར་གཏད་པ་ལྟ་བུའི་སྣང་བ་ཤར་བས། །

色巨人一个一把剑胸口刺去像感觉产生

དེ་ནས་བཟུང་སྟེ་དཀའ་བའི་གནས་ཅི་ལྟ་བུ་ལ་དཔྱད་ཀྱང་ཐོགས་པ་མེད

从此无论思考怎样的难题也无障碍

པའི་མཁྱེན་རབ་ཀྱི་གཏེར་བརྡོལ། །སྔ་མོ་མདོ་ཁམས་སུ་བཞུགས་སྐབས་རལ་གྲི་སྤྲ

智慧的宝藏自发产生早期多康在期间镶嵌的宝剑

ཅན་སྣར་སྟེར་ཞེར་བ་ཞིག་བྱུང་བ་འདི་ཡིན་པར་གདའོ། །རྒྱན་དྲུག་མཁས་པའི་

归还所谓说法指的是六庄严大师的

གཞུང་ལུགས་ས་ཆེན་ཁྱོན། །དཔག་ཡས་མཁྱེན་པའི་གོམ་གཅིག་གིས་གཞལ་ཏེ། །

大地广阔深广智力一步量尽

རྟོག་གེའི་མཆོད་སྦྱིན་གྱིས་དྲེགས་གངས་ཅན་གྱི། །མཁས་སྙེམས་སྤོབས་ལྡན་ས་ཡི

因明的供施傲慢的雪域之矜夸者阿修罗地之下

འོག་ཏུ་མནན། །བདེན་གཉིས་ཤེས་བྱའི་དཀྱིལ་འཁོར་ནི། །ནམ་མཁའ་བཞིན་དུ་རྒྱ་ཆེ་ཡང་། །

二真谛知识的寰球是天空一样广

ཁྱོད་ཀྱི་མཁྱེན་པ་ཆེས་ལྷག་པས། །གཞལ་བྱའི་གནས་ཀྱང་ཉུང་ངུར་གྱུར། །

大您的智慧极其高超所量分知域也变少

དེ་དུས་མནལ་ལམ་དུ་རྗེ་འཇམ་དབྱངས་བཞད་པས་འཇམ་དབྱངས་ཀྱི་སྐུ་བརྙན་ཞིག

那时梦里尊者嘉木样协巴文殊菩萨的神像一副

གནང་བྱུང་བ་ལས་འོད་ཟེར་གྱི་དྲྭ་བ་ཆེན་པོ་འབར་བ་ཞིག་བྱུང་བས་འཇམ་དབྱངས

赠送上光线的网状大闪耀产生文殊

ལྷག་པའི་ལྷར་བརྟེན་ན་མཆོག་དང་ཐུན་མོང་གི་དངོས་གྲུབ་ཐམས་ཅད་འགྲུབ་

为本尊若共和不共成就一切圆满

པའི་ལྟས་ཤིག་ཡིན་ནམ་སྙམས་པ་བྱུང་། ། ཕྱི་ཉིན་རྗེ་འཇམ་དབྱངས་བཞད་པས

的预兆是否想到了次日尊者嘉木样协巴

འཇམ་དབྱངས་ཀྱི་བྲིས་ཐང་ཞིག་ཀྱང་གནང་བྱུང་བས་དགའ་སྤྲོ་དང་དད་གུས

文殊的唐卡一副赠送而喜悦崇敬

བསམ་གྱིས་མི་ཁྱབ་པ་འཁྲུངས། ། འདི་ནི་བརྗོད་ཚོགས་མ་ལས། ། མཁས་གྲུབ་འཇམ

不可思议升起这在《格言体秘传》中：高僧贤哲嘉木样

དབྱངས་བཞད་པ་མཆོག། ། མཁྱེན་གཏེར་བསོད་ནམས་ཞིང་བསྐྱལ་ཚེ། །

协巴殊胜文殊福田赐予时灵验

བྱིན་འབབ་མཆོག་ཐུན་ལྟས་མཆོག་གསལ། ། ཅེས་པའོ། ། འཇམ་དབྱངས་བླ་མས་འཇམ

发起殊胜吉兆显嘉木样上师文殊

དབྱངས་ལྷག་ལྷ་བྱིན། ། མཁྱེན་པའི་གཏེར་གྱིས་མཁྱེན་རབ་རལ་གྲི་གཏད། །

本尊赐给智藏文殊智慧之剑赐给法的

ཆོས་ཀྱི་རིག་པས་ཆོས་ཚུལ་གཏན་ལ་ཕབས། ། མཁས་མང་དབུས་སུ་མཁས་པའི་བྱ་བ་མཛད། །

智慧法性确定众贤者之中智者业

ལེགས་བཤད་གསུང་གིས་ལེགས་ལམ་རྗེས་སུ་འདོམས། ། འདུལ་དཀའི་

做善说、格言用以善道讲述难以教化

འགྲོ་བ་འདུལ་བའི་ཐབས་ལ་མཁས། ། ཀུན་མཁྱེན་རྒྱལ་བ་ཀུན་གྱི་གསང་མཛོད་འཛིན། །

众生调服的善治方便遍智佛一切的三密库持

མགོན་མེད་འགྲོ་བའི་མགོན་པོ་མཚུངས་པ་མེད། ། དེ་ནས་རྩང་དུ་ཕེབས་པ་པཎ་ཆེན

所依您众生的保佑者与众不同于是卫藏去了

ཐམས་ཅད་མཁྱེན་པ་བློ་བཟང་ཡེ་ཤེས་དཔལ་བཟང་པོའི་ཞལ་སྔ་ནས་ལས་བསྙེན

班禅大师洛桑益西贤者的面前受

པར་རྫོགས་པ་དགེ་སློང་གི་སྡོམ་པ་བཞེས། ། དེ་དུས་པཎ་ཆེན་གྱིས། ། བསྟན་པ་ལ་བྱ

近圆戒比丘戒律接受那时班禅对为佛法

བ་རྒྱ་ཆེན་པོ་མཛད་དགོས་པའི་ཞལ་ཏ་ཕེབས་པ་ལ། ། ཤྭ་དམར་རབ་འབྱམས་པ་ན་རེ། །

广行善事教诲发给夏马尔格西说

ད་རེས་པཎ་ཆེན་ཀྱང་འཁྲུལ། ། དགེ་བཤེས་ང་རང་ལྟ་བུ་ལ་བསྟན་པའི་བྱ་བ་དགོས

这次班禅也错了格西我这样对佛法事业办

ཚུལ་མི་གསུང་བར། ། ཁྱེད་རང་ལ་དེ་འདྲ་གསུངས་པ་ཞེས་ཁ་བཏང་སྐད། །

不讲而对你那样讲的之类非议过

བོད་དུ་བཞུགས་རིང་ལ་གཙོ་བོར་རྗེ་འཇམ་དབྱངས་བཞད་པའི་ཆོས་རྗེ་དང་། །

卫地期间主要法王嘉木样协巴和另外

གཞན་ཡང་རྒྱལ་བ་ཡབ་སྲས། ། རྒྱལ་སྲས་ཐམས་ཅད་མཁྱེན་པ། ། བློ་གསལ་གླིང་གི་དཔོན་སློབ

达赖师徒佛子遍知的以及洛色林的师长

བློ་བཟང་སྦྱིན་པ་སོགས་མཁས་གྲུབ་ཀྱི་བླ་མ་མང་དུ་བསྟེན་ནས་དབང་ཁྲིད་མན

洛桑金巴等高僧大德的许多上师依从传授灌顶秘法

ངག་སོགས་ཟབ་རྒྱས་ཀྱི་གདམས་པ་མང་དུ་གསན། ། སྔ་ཕྱི་མ་ངེས་ཀྱང་། །

等深广知识很多听不定期也上师

སློབ་དཔོན་རིན་པོ་ཆེ་ཡར་འབྲོག་པའི་དྲུང་ནས་སྙན་ངག་དང་། ། ཁམས་པ་འཚོ་བྱེད་བློ

仁波切羊卓巴面前诗学和康巴医师罗噶

དགའ་བ་ལས་གསོ་བ་རིག་པ་སོགས་ཐ་སྙད་ཀྱི་རིག་གནས་རྣམས་ལ་ཡང་སྦྱངས་པ་ཐུལ

处医学等普通学科对也学习

དུ་ཕྱིན་པ་མཛད། ། ལེགས་བྱས་རིན་ཆེན་ལས་གྲུབ་པའི། ། རྣ་བའི་སྣོད་དུ་ཉིན་བཞིན་དུ། །

深入地资粮大宝由形成耳的盆中

ཐོས་པའི་ཆུ་རྒྱུན་རྟག་འབབས་ཀྱང་། ། གང་བར་མ་གྱུར་བ་འདི་མཚར། །

每刻知识的水流常流入也从未盈满这

བསམ་བློ་ཁང་གསར་དུ་བཞུགས་སྐབས་མཚན་མོ་ཞིག་སྤྱི་ཁང་གི་ཡང་ཐོག

神奇三木罗新房坐期间一天晚上公房的顶层

ཏུ་གཟིམ་པར་མནལ་དང་ཉམས་སྣང་འདྲེས་མ་ཞིག་ལ་མི་ནག་པོ་ཞིག་གིས། །

在睡觉时如梦幻中一个黑人自己

རང་གི་རྐང་པ་ནས་བཟུང་སྟེ་ཁང་པའི་པུ་ཤུའི་པས་ཁྱེར་བ་ལ། ། མི་ནག་པོ་ཟིལ་ཆེ་བ་

的从抓住后房子的栏杆到带走后又一个黑人魁武

རལ་གྲི་ཐོགས་པ་ཞིག་གིས་དེ་ལ་རལ་གྲིས་བསྣུན་པས་ཁོ་བྲོས་སོང་། ། མནལ་སད་པ་

持刀的一个对他用刀刺他逃走了梦醒后

ན་ཁང་པའི་པུ་ཤུའི་ཁ་ནས་ལྷུང་ལ་ཁད་པ་ཞིག་བྱས་འདུག ། རལ་གྲི་ཐོགས་པ་དེ་ནི་

房子的栏杆上坠落几乎要持刀的那位

དཔལ་མགོན་ཞལ་བཞི་པ་ཡིན་པ་འདུག་གསུང་། ། སྐབས་ཞིག་རྒྱལ་སྲས་རིན་པོ་ཆེར་

四臂护法肯定说又一次佛子仁波切

མཇལ་བར་འོངས་པ་ན་ཆོས་སྡིངས་སུ་ཕེབས་པའི་ལམ་ཁར་བསམ་ཡས་སུ་བཞུགས་ཞག

拜访来去其定的路上桑耶寺过夜时

མཛད་པའི་དགོང་མོ་མནལ་ལམ་གསལ་བ་ཞིག་ལ། ། རི་ཏ་ཅང་མི་ཆེ་བ་ཞིག་གི་

晚上在一次清晰的梦中在一座不太高的

འདབས་སུ་བུ་སློབ་འགའ་དང་བཅས་ཕྱིན་པར་པདྨ་ཤིན་ཏུ་ཆེ་བ་ལོ་མ་སྡུག་ཅིང་

山脚下几个学徒一起过去大莲花美丽叶子也

འདབ་མ་སྔོན་པོ་གེ་སར་དང་བཅས་པ་སྦྲང་རྩིས་གང་བ་ཞིག་ལས་སྦྲང་རྩི་བླངས

蓝色花瓣花蕊充满蜂蜜一朵从中蜂蜜取出

ཏེ་ལོངས་སྤྱད་པས་ལུས་སེམས་དགའ་བདེས་ཚིམ་པ་ཞིག་མཐོང་བ་ཕྱིས་སུ་མདོ་

享用身心充满喜悦梦到的后来多麦到时

སྨད་དུ་ཕྱིན་པས་ཆོས་བཟང་རི་ཁྲོད་ཀྱི་གནས་དེ་ཡིན་པར་འདུག་གསུང་། །

却藏山间那就是说又一次

ཡང་འབྲས་སྤུངས་སུ་བཞུགས་སྐབས་ཞིག་མནལ་ལམ་དུ་རི་བོ་དགེ་འཕེལ་གྱི་རྩེ་མོར་རྗེ་རིན་པོ་

哲蚌寺在期间的梦里格山顶上宗喀巴大师

ཆེའི་དངོས་སློབ་ཞིག་ཡིན་ཟེར་བའི་བླ་མ་བགྲེས་པོ་ཞིག་དང་མཇལ་བས། །ཁོང་གིས

亲传弟子一名说是老喇嘛遇见他

རྗེ་ཡབ་སྲས་ཀྱི་རྣམ་ཐར་མང་པོ་དང་། །ཉིད་ཀྱི་སྐྱེས་རབས་དུམ་ཞིག་གསུང་བ་ཐོས

宗喀巴师徒的传记很多他自己的本身故事很多讲

པས་དད་པ་དང་སྙིང་བའི་ཤུགས་ཀྱིས་མཆི་མ་བྱུང་བ། །མནལ་སད་པ་ན་དབུ་སྔས་ཀྱང་བངས

听到后悲痛力量使流泪睡醒时枕头也

འདུག་གསུང་། །ཚུལ་དེ་ཡང་བརྡའ་ཚིགས་མ་ལས། །ཡབ་སློབ་འགའ་བཅས་བསམ་ཡས་སུ། །

湿了说这也在《格言体秘传》中:师徒几位一起

འདབ་བརྒྱའི་ཟིལ་མངར་རོ་འཛིན་ཡུལ། །དབེན་གནས་ལྟས་མཐོང་ཕྱིས་སུ་གསལ། །

桑耶寺百花蜂蜜味觉享受幽静显兆

ཞེས་དང་། །དགེ་བའི་ས་འཛིན་ཐུག་པོའི་བླར། །མཁྱེན་གཏེར་དངོས་སློབ་གཟུགས་འཛིན་ཡུལ། །

后来明或者善业高山顶文殊

སྔོན་རབས་ཐོས་འཛིན་ཡུལ་གྱུར་ཚེ། །འབྱུང་ཚོགས་ས་འཛིན་རབ་གཡོས་ཤིང་། །

亲弟子出现域前贤传听闻时众魔鬼

དབང་པོའི་ཉིལ་འགྲོ་ལྡུག་པར་བབས། །ཞེས་པའོ། །

山摇动而东方河流长流不息

མཁའ་ཁྱབ་འགྲོ་ཀུན་སྒྲོལ་བའི་ཁྱུང་ཆེན་སྙིང་སྟོབས་ཕྲག་ཏུ་དཀའ་བ་མེད

普天众生教化的大鹏精神肩上轻松担负

པར་ལེན་པའི་དཔའ་བོས་ཀྱང་། །གང་གི་བཀའ་དྲིན་ལྕི་བའི་ཁུར་ཆེན་མ་བཟོད

英雄也他的恩情重的负担没承受

འདྲེན་བྱེད་ལམ་ལས་བདུད་རྩིའི་ཐིགས་པ་ལྷུང་འགྱུར་བའི། །ཡབ་རྗེ་རྒྱལ་བ་གཉིས

眼前从中甘露珠滴下来上师第二佛

པ་སྲས་དང་བཅས་པའི་བཀའ་དྲིན་མཆོག་འདི་གང་གི་བསྟན་ལ་ཞུགས་རྣམས་ཀྱིས། །

与弟子一起恩情至上这他的教派加入

ནམ་ཡང་ཆ་ཤས་ཙམ་ཞིག་འཁོར་བའི་ཐབས་ཀྱང་མ་མཆིས་བདག་ནི་བྱང་ཆུབ་

永远极小部分报答办法没有我是菩提

ཐོབ་ཀྱང་གཞལ་བར་སྨོན། ། དེ་ནས་རང་ཡུལ་དུ་འབྱོན་པར་ཆས་པའི་ཚེ། །

得到希望回报于是启程回乡时嘉色

རྒྱལ་སྲས་སྤྲུལ་སྐུ་རིན་པོ་ཆེས་མདོ་སྨད་དུ་བྱོན་ནས་དགོན་ལུང་གི་མཁན་པོ་མཛད་དགོས

活佛仁波切多麦来到郭隆寺的堪布要担任

ཚུལ་གསུངས་བྱུང་བར། ། དགོངས་པ་ནན་ཏན་དུ་ཞུ་བ་གནང་ཀྱང་མ་ཁྲོལ། །

的讲出请求再三地一再也未允许但是

འོན་ཀྱང་ཨ་མདོར་སླེབས་ནས་གཞན་ལ་གསང་རྩིས་མཛད། ། ཆུང་དུས་ནས་ཆུ་ཆེན་པོ་བརྒལ

安多到时准备保密小时候渡大河时

སྐབས་ཐུགས་སྐྲག་པའི་རྣམ་པ་ཡོང་གི་ཡོད་པས། ། ལོ་དེར་སེམས་དཔའ་ཆེན

恐惧的情况产生而洛大菩萨

པོ་ཞེས་གྲུབ་པའི་དབང་ཕྱུག་ཆེན་པོ་དེ་ལ་ཞུས་པར། ། དཔལ་མགོན་ཞལ་གྱི་བྲིས

的大自在成就者对请示护法神的唐卡

ཐང་ཞིག་གནང་ནས་འདི་ལ་བློ་རྩེ་གཏོད། ། ཆུ་བརྒལ་སྐབས་ཕ་རོལ་ཏུ་ཐོན་གྱི་བར་

一副送给对此专注一趣过河时未达对岸前

མིག་མ་འབྱེད་གསུངས། ། བྱང་ལམ་དུ་ཐེབས་ནས་ཆུ་ཆེན་པོར་བསྐྱོད་སྐབས་ཕལ་ཆེ

不要睁眼说北路从经过每次渡河时大多

བར་སྤྱན་བཙུམ་ནས་བརྒལ་བས་བདེ་ལྷག་ཏུ་བསྐྱོད། ། ཉིན་གཅིག་ཆུ་དཀྱིལ་དུ

闭眼到达河有一天河中央

སླེབས་པ་ཞིག་གི་སྐབས་སུ་སྒོ་ཕྱིར་དུ་སྤྱན་ཕྱེ་ནས་གཟིགས་པས་དཔལ་མགོན་བྲམ

突然睁眼护法神婆罗门

ཟེའི་གཟུགས་ཅན་ཞིག་གིས་ཨང་ག་རག་བརྫེས་ནས་ཆིབ་མཐུར་ནས་བཟུང་བ་ཞིག

形象的一位挽起裤腿牵缰绳

གཟིགས། ། བརྒལ་དཀའ་སྲིད་པའི་མཚོ་ལས་འགྲོ་བ་ཀུན། ། བདག་ཉིད་གཅིག་པུས

见到难度世间苦海众生自己一人

སྒྲོལ་ཞེས་ཞལ་འཆེས་ནས། ། རང་ཉིད་ཐལ་བའི་ཆུ་བོ་བརྒལ་བ་ལ། །

拯救允若自己一般河水渡过也护法神

བསྟན་བསྲུང་གྲོགས་སུ་སྦྲོན་འདི་མི་འགལ་ལམ། ། མདོ་སྨད་དུ་ཐེབས་ནས་ཆོས་སྡེ་ཆེན་པོ་དགོན

求助这不矛盾吗到多麦大寺院郭隆

ལུང་དུ་བཞུགས་སྐབས། ། རྒྱལ་སྲས་རིན་པོ་ཆེས་ཁྲི་པར་བསྐོས་ཡོད་ཚུལ་གྱི་ཕྱག་རིས

在期间佛子仁波切委任赤哇的信函

གསང་སྟབས་ཀྱིས་གནང་བ་སྤྱི་སོ་ལ་འབྱོར་པས། །དགེ་འདུན་རྣམས་མཐུན་གཅིག

秘密地寄收到僧众们一致

ཏུ་ཁྲིར་བཞུགས་དགོས་པའི་གསོལ་བ་བཏབ་པ་བཞིན། །ཞལ་གྱིས་བཞེས་ཏེ་ཆོས་སྡེ

做法台的请求按照接受了大寺院

ཆེན་པོའི་མཁན་ཁྲིར་ཕེབས། །དེ་དུས་དགེ་བཤེས་སྐུ་ཡོན་བཟང་པ་འགའ་ཞིག་གིས

堪布位置那时格西资深的一些

ཐོག་མར་རྗེ་འདི་ཉིད་ལ་མ་གུས་པའི་རྣམ་པ་བྱས་ཀྱང་། །ཆོས་ཁྲིའི་ཁར་ཕེབས་ནས

开始时这位法王不敬的态度但法台担任

བྱང་ཆུབ་ལམ་གྱི་རིམ་པ་ཆེན་མོའི་སྟེང་ནས་གསུང་བཤད་ཁྱད་དུ་ཐོན་པ་མཛད

菩提道次第讲法出色而

པས་ཐམས་ཅད་ཀྱིས་ཡིད་འཕྲོགས་ཏེ་སྔར་མ་གུས་པ་རྣམས་ཀྱིས་འགྱོད་པ་བཤགས

所有引人注目以前不敬者做了忏悔

ཀྱང་ཕུལ་འདུག འདི་དུས་ལྕང་སྐྱ་རྡོ་རྗེ་འཆང་གིས་རྗེ་འདི་པ་ལུགས་གཉིས་ཀྱི་ཞལ

这时章嘉金刚持对这位世间出世间两制的教诲

གདམས་བསླབ་བྱ་གནང་བ་ནི་འདི་ལྟར་རོ། །རྒྱལ་བའི་མཁྱེན་རབ་གཅིག་བསྡུས

训言讲的是这样佛的智慧汇集

འཇམ་པའི་དབྱངས། །ངུར་སྨྲིག་འཛིན་པའི་གར་གྱི་རྣམ་རོལ་བ། །ཁམས་གསུམ

文殊神着褐色者幻化舞者三界

ཆོས་ཀྱི་རྒྱལ་པོ་ཙོང་ཁ་པར། །སྙིང་ནས་འདུད་དོ་བརྩེ་བའི་ལྕགས་ཀྱུས་བཟུང་། །

法王宗喀巴敬仰慈悲之铁钩抓

ཚེ་རབས་དུ་མར་འཇམ་མགོན་བླ་མ་ཡིས། །རྗེས་སུ་བཟུང་བས་རྣམ་དཔྱོད་རབ་ཡངས་ཤིང་། །

世代文殊神上师被接引智力深广

ལས་སྨོན་དགེ་བས་འབྲེལ་བའི་བུ་ཁྱོད་ལ། །གཞན་བསྐུལ་བསླབ་བྱ་མདོ་ཙམ་བྱ་ཡི་ཉོན། །

善缘连接学子你训诲教言

བླ་མ་མཆོག་གསུམ་སྲུང་མར་བཅས་པ་ལ། །འདི་ཕྱི་གཏན་གྱི་དོན་ཀུན་བདེ་བླག་ཏུ། །

简短讲请听上师三宝护法等对现世终生

འགྲུབ་ཕྱིར་སྙིང་ནས་བློ་གཏད་རྩེ་གཅིག་ཏུ། །གསོལ་བ་འདེབས་པ་འདུན་མའི་གཞི་རྩ་ཡིན། །

事业顺利地成就衷心专注地祈祷

སྐྱེས་བུ་རབ་འབྲིང་ཐ་མའི་མཚན་ཉིད་དང་། །བླང་དོར་བྱེད་ཚུལ་ཤེས་རབ་བརྒྱ་པ་སོགས། །

事业的基础上中下士的性相

རྒྱ་བོད་མཁས་པའི་ལེགས་བཤད་མང་པ་ལས། །

取舍方法《百智论》等印藏学者的格言诸多

གསལ་བར་བཤད་པས་དེ་དག་རྣམས་ལ་ལྟོས། ། བྱ་བ་གང་ཡང་བསམ་པ་གཙོ་ཆེ་བས། །
中明确讲述那些请看任何事也思想

ཡིད་ཀྱི་མི་དགེ་གསུམ་དང་ང་རྒྱལ་དང་། ། གཡོ་སྒྱུ་བརྐམ་ཆགས་ཕྱོགས་ཞེན་ཆེ་བ་སོགས། །
最主要三不善业和骄傲狡诈贪婪

ཀྱ་ཀྱུའི་སེམས་སྤངས་ཞི་དེས་དྲང་པོ་དགོས། ། སྦྱོར་བ་སྔར་བྱུང་སྲོལ་བཟང་ནུབ་རྐྱེན་དང་། །
偏私大等狡诈的心放弃温和敦厚正直要加行以前

ཕྱི་འབྱུང་བྱ་བའི་ངན་དཔེར་མི་འགྱུར་ཞིང་། །
好习俗消失和将来事业不好的先例勿成而

རང་གཞན་གཉིས་ཀར་འཕྲལ་ཕུགས། ། མི་གནོད་ཕན་པའི་ལས་ལ་བརྩོན་པ་གཅེས། །
彼此双方亲疏远近对也无害有益努力

ཁྱད་པར་བྱམས་གླིང་འདུས་སྡེའི་སྒྲིག་ལམ་དང་། ། བྱ་བྱེད་རྒྱུན་ཆགས་ཆེན་
重特别强巴林寺院纪律和行为延续

གཞོན་ཀུན་འཚོགས་ནས། ། ཐམས་ཅད་གྲོས་བསྡུར་ཁ་འཆམ་མཐུན་སྒྲུབ་ཀྱིས། །
老少都召集都商议一致

བསྒྲིགས་པའི་བཅའ་ཡིག་ཆེན་མོར་གསལ་ལྟར་བྱ། ། དེ་ལ་ཉེ་རིང་མཐོ
而所编的《大寺规》明确规定为：对此远近高低

དམའ་འབྱོར་དབུལ་སོགས། ། གང་ཡང་མི་ལྟ་སྤྱི་ཁྱབ་སྙོམས་པ་དང་། །
贫富等那个也不看平等相待特别

ཁྱད་པར་རང་གི་ངོས་ནས་མི་འགལ་བར། ། ཚུལ་མཐུན་ཇི་བཞིན་འོང་བའི་ཐབས་ལ་འབད། །
自己方面不背离合理依照达到努力

གློ་བུར་བྱ་བ་འགངས་ཆེ་བྱུང་གྱུར་ན། ། གྲོས་ལ་དབང་རྣམས་བསྡུས་ཏེ་གྲོས་བསྡུར་ཞིང་། །
突然事业主要出现掌权者们召集协商

སྤྱི་དོན་ཕྲན་བུ་ཆོས་ཁྲིམས་སྤྱི་གཉེར་སོགས། ། འོས་འགབ་རྣམས་ལ་དྲིས
公事细小教规总管等合适者对询问

ནས་གང་ལེགས་བྱ། ། མདོར་ན་རང་གིས་བསམ་པ་གང་ཆེའི་ངོས། ། འཕྲལ་ཕུགས
尽可能地总之自己所想到方面久暂

ཀུན་ལ་རྟོག་དཔྱོད་ལེགས་བྱས་ཏེ། ། ཕན་སླེབས་ཆེ་བའི་བྱ་བ་བཟང་པོའི་རིགས། །
所有思考很好的有益的事好之类行为

སྦྱོར་བ་འཇམ་པོ་ཐབས་མཁས་འཕྲལ་གྱིས་བྱ། ། དེ་ལྟར་བྱས་ན་རང་གཞན་ཀུན་གྱི་དོན། །
温和善巧尽快做若那样也他们都的事

ཐམས་ཅད་བསམ་པ་ཇི་བཞིན་ལེགས་འགྲུབ་ཅིང་། ། བླ་མ་མཆོག་གསུམ་སྲུང་
所有按所想如愿完成喇嘛三宝护法神

མའི་ཚོགས་ཀྱིས། །མགོན་སྐྱབས་དཔུང་གཉེན་སྡོང་གྲོགས་མཛད་པར་འགྱུར། །

众保护同盟将成为

ཅེས་པ་འདི་ནི་ཆོས་སྡེ་ཆེན་པོ་བྱམས་པ་གླིང་གི་ཁྲི་རིན་པོ་ཆེ་སྤྲུལ་པའི་སྐུ་ངག་དབང་

这是大寺院强巴林的法台仁波切活佛阿旺

ཆོས་ཀྱི་རྒྱ་མཚོ་དཔལ་བཟང་པོས་བསྐུལ་བ་ལྟར། །འཇམ་དབྱངས་གོང་མའི་ལུང་གིས

曲吉嘉措贤德促使按照皇帝册封为

ཀུན་ཏིང་ཀོ་ཤྲི་ལྕང་སྐྱ་ཧུ་ཐོག་ཐུར་འབོད་པས་རྒྱལ་ཁབ་པེའི་ཅིང་གི་བོད་ཆོས་ལྷ

灌顶国师章嘉呼图克图称作首都北京的藏法庙

ཁང་དུ་སྦྱར་བའི་ཡི་གེ་པ་ནི་བློ་བཟང་ཚེ་རིང་ངོ་། །ཞེས་སོ། །ཁྲིར་བཞུགས་རིང་ལ

在所写执笔者洛桑才让赤巴期间

དགེ་འདུན་གྱི་འགྲིགས་ལམ་ཀུན་སྤྱོད་ཆོས་འཆད་ཉན་སོགས་གང་ཅི་ནས་བསྟན

僧众的纪律道德讲法等各方面佛法

པའི་གསོས་སུ་ཆེ་བ་མཛད་པས། །དགོན་ལུང་གི་བླ་མ་ལ་འཆད་ཉན་རྗེ་འདིའི་རིང་

的产生重大影响而郭隆的喇嘛讲法这位时那样

ལྟ་བུ་མ་བྱུང་ཞེས་ཀུན་གྱིས་གླེང་བར་བྱེད་དོ། །གཞུང་ལུགས་གསེར་གྱི་སྒོ་འཕར་བརྒྱ་ཕྱེ་ནས། །

未有都在议论理论金门百扇

ཐུབ་བསྟན་འཛད་མེད་ནོར་བུའི་བང་མཛོད་ལས། །ཉིན་བཞིན་ལེགས

打开后佛法无穷宝藏中每天

བཤད་དགའ་སྟོན་འགྱེད་བཞིན་དུ། །མཁས་པས་བཏེགས་པའི་ཁྲི་ལ་མངའ་དབང་བསྒྱུར། །

格西喜宴设正学者举起的宝座

དེ་ཚེ་ཁྱོད་གསུང་ལེགས་བཤད་རྒྱ་མཚོ་ཆེར། །བགྲང་ཡས་བློ

显势力此时您格言大海中无数聪明学子

གསལ་ངུར་པའི་ཚོགས་ཞུགས་ཏེ། །ལུང་རིགས་མགྲིན་པའི་རྫ་རྔ་ཁྲོལ་བ་ཡིས། །

黄鸭群游入教理声之腰鼓发响佛与

སྲས་བཅས་རྒྱལ་བ་དགྱེས་པའི་འཛུམ་ཞལ་བཞད། །ཁྱོད་དྲུང་ཆོས་ཀྱི་འདུན་ས་དེར། །

菩萨喜悦之笑脸盛开足下法的会场那儿

ཤཱཀྱའི་སྲས་ཚོགས་འདུས་པ་ཡི། །བློ་གྲོས་མདངས་ཀྱིས་ནམ་མཁའ་ཡང་། །

释迦之子僧众聚集智慧色彩把天空离贪

ཆགས་བྲལ་ངུར་སྨྲིག་གོས་ཀྱིས་ཁྱབ། །ལེགས་བཤད་གཏམ་གྱིས་མགྲིན་པ་ཡོངས་གང་བློ

袈裟穿教言把咽喉充满

གསལ་ཁུ་བྱུག་གཞོན་ནུའི་ཚོགས། །ཉིན་རེ་བཞིན་ཡང་ཟབ་རྒྱས་ཆོས་ཀྱི་སྒྲ་དབྱངས

智慧小杜鹃群每天也深广法的歌声

ལྷང་ལྷང་སྒྲོགས་པ་ཡིས། །སྙིགས་མའི་བ་མོ་ཆར་དུ་བབས་པའི་མི་བཟད་དུས
朗朗发出五浊的霜如雨浊世
ཀྱི་མཐའ་འདིར་ཡང་། །ཐུབ་བསྟན་དབྱར་གྱི་ལང་ཚོ་ཉམས་མེད་མཛད་འདི་ངེས
尽头这时佛法夏的色彩不衰这必是
པར་བསྔགས་བྱའི་ཡུལ། །ཆོ་འཕྲུལ་སྨོན་ལམ་ཆེན་མོའི་སྐབས་ཞིག །
可赞扬大神变节期间有一次寺院的
དགོན་པའི་ནང་རྟེན་རང་རྒྱལ་ཕྱག་མཛུབ་མར་གྲགས་པའི་བྱམས་པའི་སྐུ་བྱིན་ཅན་དེ་དབུ
神像独觉手指佛的弥勒佛像灵验的那个枕边
རྫས་སུ་གདན་དྲངས་ནས་མཆོད་པས། །ནུབ་ཞིག་མནལ་སད་པ་ན་སྐུ་བརྙན་དེས
放在后供奉一晚醒来佛像小声
གསུང་ཕྲ་མོ་ཞིག་གིས་འབྱུང་འགྱུར་གྱི་ལུང་བསྟན་མང་པོ་ཞིག་གསུང་གི་འདུག་པ་
讲述未来预言许多正在讲的
རྣམས་མ་བརྗེད་པར་བྱས་ཏེ་ཕྱི་ཉིན་ཟིན་བྲིས་སུ་འདེབས་པའང་མཛད། །
那些无遗留地次日记笔记这是在
དོན་འདི་ནི་བདར་ཚིགས་མ་ལས། །སྙན་འཇེབས་མ་ཕམ་སྤྲུལ་གསུང་གིས། །སྣོད་བཅུད་ཕྱིས
《格言体秘传》说美妙弥勒化身预言情器世间未来
འབྱུང་གསལ་བར་མཛད། །ཅེས་པའོ། །ཁྲི་པ་མཛད་རིང་ལ་དད་འབུལ་གྱི་དངོས་པོ་
显明赤巴担任期间募化物品
གང་བྱུང་ཐམས་ཅད་ཕྱོགས་གཅིག་ཏུ་བསྡོམས་པས་རྒྱུ་རྐྱེན་སྦྱར་ཏེ། །འདུ་ཁང་ཆེན
所有集中后大经堂
མོའི་ལོགས་རིས་སུ་སངས་རྒྱས་ཀྱི་རྣམ་ཐར་དཔག་བསམ་འཁྲི་ཤིང་ལྟར་བཞེངས། །
墙上佛本身故事按照绘画
དེ་ཡང་མིག་རྫུར་མཛེས་ཚོས་ཙམ་དུ་མ་སོང་བའི་ཞིབ་ཆ་གང་ཐོན་མཛད་ཅིང་། །
那也不仅成为尽可能
སངས་རྒྱས་བྱང་སེམས་ཀྱི་སྐུ་བརྙན་གང་ཡིན་ཐམས་ཅད་ལ་གསེར་བཏུལ་མ་འབབ་
佛陀菩萨的画像所有纯金粉
ཞིག་གསོལ་བ་སོགས་ཚོགས་རྒྱ་གང་ཆེ་ཡོང་བ་མཛད་པས། །ཕྱིས་སུ་ལྕང་སྐྱ་ཐམས
用善业尽可能大做后来章嘉大师
ཅད་མཁྱེན་པ་ཡབ་སྲས་ཀྱིས་གཟིགས་ནས་བསྔགས་བརྗོད་ཀྱང་མཛད། །
师徒见赞扬于是
དེ་ནས་རྡོ་རྗེ་འཆང་ངག་དབང་བློ་བཟང་ཆོས་ལྡན་དང་། །ཀུན་མཁྱེན་འཇམ་དབྱངས་བཞད་པ། །
金刚持阿旺洛桑曲丹嘉木样协巴

ཆུ་བཟང་རིན་པོ་ཆེ་རྣམ་གསུམ་གདན་དྲངས་ནས་རབ་གནས་ཀྱི་ཆོ་ག་རྒྱས་པར་གནང་། །

却藏活佛三位邀请大开光仪式举行

དེ་དུས་འབུལ་བ་དང་སྟོན་མོ་སོགས་ཀྱང་རྒྱ་ཆེ་ལ་ཕྱམ་མཐོ་བ་མཛད། །

那时供品宴会隆重盛大

རྗེ་བཙུན་དམ་པ་རྣམ་གསུམ་བཀའ་བགྲོས་ཐོག་ནས་དགོན་ལུང་དུ་རྒྱུད་གྲྭ་ཞིག་ཀྱང་

三位贤哲共同商谈郭隆寺在密宗学院

གསར་དུ་བཙུགས། ། སྐབས་ཤིག་བསམ་ཡས་སུ་མནལ་ལམ་དུ་བྱུང་བའི་གནས་གཞི་

新建一次桑耶寺梦中所见地点

དེ་བཙལ་བར་དགོངས་ནས། ། ཕྱོགས་འགའ་ཞིག་ཏུ་ཐེབས་པས། ། ལན་ཅིག་བྲང་དཀར་ཟེར་

那个寻找一些地方去一次

བའི་ས་ཆ་ར་ཁྲོད་པ་རྒན་པོ་ཞིག་ཡོད་པ་དེས་གདན་དྲངས། །

张嘎儿地修行僧老人一位有那个邀请对他说

ཁོ་བ་ལ་འདི་ཕྱོགས་སུ་རི་ཁྲོད་ཀྱི་གནས་བབ་འབྱེལ་མཚུངས་པ་འདུ་ཨེ་ཡོད་བཀའ་འདྲི

这边如此的修行地有否询问

གནང་བ་ལ། ། ཆོས་བཟང་ཟེར་བ་སྔོན་ཀརྨ་རོལ་པའི་རྡོ་རྗེ་བཞུགས་ཤིང་། ། བར་

却藏叫以前噶玛乳必多杰坐过以后

སྐབས་སུ་ས་སྐྱའི་དགོན་པ་ཞིག་ཀྱང་ཆགས་པའི་གནས་དེ་འདྲ་བ་ཞིག་ཡོད་ཅེས་ཞུས། །

萨迦派寺院一座建过那样地方有说道

འོ་ན་དེར་ཅིས་ཀྱང་འགྲོ་གསུང་ནས་འཕྲལ་དུ་ཐེབས་པས། ། ལམ་དུ་འོ་མ་སྟོད་གང་

那一定要去说完马上启程途中一桶牛奶

ཁུར་བ་ཞིག་དང་ཐུག་པས་རྟེན་འབྲེལ་བཟང་པོ་འགྲིགས། ། གནས་དེར་སླེབ་མ་ཐག

背着人遇见顺缘好的吻合到达那地方

རི་དང་ལུང་བའི་དབྱིབས་སོགས་གཟིགས་པས་སྔར་ཀྱི་རྨི་ལམ་དུ་བྱུང་བ་དེ་ཁ་རང་

山势山沟形式等见到以前的梦中地那个

དུ་འདུག་གསུང་ཐུགས་ཤིན་ཏུ་དགྱེས། ། ཆབ་གཏོར་ཞིག་གཏོང་བ་གནང་བར། །

正是说很高心水食子一次供神虽然

དེ་དུས་ཟླ་བ་དྲུག་པའི་ནང་ཡིན་ཀྱང་ཆུ་སྦྱིན་བསྒྲེང་བའི་ཆུ་ལ་ཆབ་རོམ་མཆོད་རྟེན

六月期间但抛洒的水冰体塔形状

གྱི་དབྱིབས་འདྲ་བ་ཞིག་ཆགས་པས་དེ་ན་ཚོགས་པ་ཀུན་ཀྱང་ངོ་མཚར་བར་གྱུར། །

一座成那里人群都感惊讶

དེ་ནས་མི་རིང་བར་གནས་དེར་གཟིམས་གཤགས་ཆུང་ངུ་ཞིག་གསར་བསྐྲུན་མཛད། །

此后不久那里住处小的一座新建

ངེས་པར་ཚེ་བློས་བཏང་གི་སྡོམ་བརྩོན་རི་ཁྲོད་པ་བདུན་ཙམ་ཀྱང་འདུས། །

彻底今世舍弃持戒者山人七名也聚集师徒们

དཔོན་སློབ་རྣམས་ཉིད་ངང་འཛིན་གྱི་དགའ་བདེས་དུས་འདའ་བར་མཛད་ཅིང་། །

禅定的喜悦享受尊者他

རྗེ་ཉིད་ཀྱིས་དཔལ་རྡོ་རྗེ་འཇིགས་བྱེད་ཞལ་ཕྱག་ཡོངས་སུ་རྫོགས་པ་དང་། ། སངས་རྒྱས་སུམ

吉祥大威德金刚脸手完全三十五位佛

ཅུ་སོ་ལྔ། ། འཕགས་པའི་གནས་བརྟན་ཆེན་པོ་བཅུ་དྲུག་གི་ཞལ་གཟིགས། །

圣十六罗汉亲见道行

ཐུགས་དམ་ཉམས་རྟོགས་དབྱར་མཚོ་ལྟར་རྒྱས་པར་གྱུར་པས་ཕྱིས་སུ་རྒྱ་ནག་ཏུ་ཐེབས

证悟夏潮般增长后来内地到

ནས་ཀྱང་། ། ཆོས་བཟང་རི་ཁྲོད་དུ་དེ་ཁའི་ཡུ་མཐུད་ཀྱིས་སྒྲུབ་པ་རྒྱུན་རིང་ཙམ་བྱེད

却藏山那里继续较长时间修炼能够

རྒྱུ་བྱུང་ན་ལེགས་པོ་ཡོང་རྒྱུ་ཡིན་པ་ལ་ཞེས་ཡང་ཡང་གསུང་། ། དེར་བཞུགས་སྐབས

多好就这样经常说在那里时

དཔའ་བོ་བྲམ་ཟེའི་གཟུགས་ཅན་སྲིན་དུ་ཁྲོས་པའི་རྣམ་པ་ཅན་ཞིག་ཡང་ཡང་

勇士婆罗门形状愤怒姿态一位多次

གཟིགས་པས་ཕྱིས་སུ་ཀུན་སྤངས་ཆེན་པོ་ཚང་གི་སློབ་ཚུང་བས་བསྐུལ་བ་བཞིན་དེའི་

见到后来大修行者家学徒促使按照其

གཏོར་ཆོག་ཀྱང་མཛད་དེ་སྒྲུབ་སྡེའི་སྲུང་མར་བཀའ་བསྒོས་པའི་དབང་གིས་དེང་སང་ཡང་

仪轨写禅院的护法神封为所以现在

སྐབས་དུ་མར་འཕྲིན་ལས་སྒྲུབ་པའི་རྟགས་མཚན་ཀུན་ལ་མངོན་སུམ་དུ་སྣང་བ་འདི་ཡོ། །

多次事业完成灵验对大家如实现县

ཡང་སྐབས་ཞིག་གཞི་བདག་ཆེན་པོ་སེང་མཐོ་འཁོར་དང་བཅས

又一次大土地神桑托和眷属

པས་ཀྱང་རང་གཟུགས་བསྟན་ནས་འཕྲིན་ལས་སྒྲུབ་པར་ལས་བླང་བས་མངོན་རྟོགས་ཞལ

显示原型并为他服务许诺以证悟

གཟིགས་ལྟར་གྱི་བསངས་མཆོད་ཀྱི་ཆོག་ཡང་མཛད། ། མཆོད་སྒྲུ་གུ་བཀྲ་བའི་རི་ཡི་སྤུལ། །

和观感祭祀仪轨写出绿玉幼苗

མང་ཐོས་དམ་པས་བསྟེན་འོས་དབེན་གནས་སུ། ། ཆོས་བརྒྱད་གཡེང་བའི་

满山间多闻贤者居住处八风

བདུད་ལས་རྣམ་རྒྱལ་བའི། ། ཡང་དག་སྒྲུབ་པའི་རྒྱལ་མཚན་བརྟན་པོར་བཙུགས། །

放逸邪魔战胜的正确修炼宝幢坚固

ཐབས་ཤེས་ཟུང་འཇུག་ལམ་བཟང་བདུད་རྩིའི་རོ། །ཉིན་བཞིན་གསོལ

竖立智悲双运善道甘露味每天享用

བས་རྟོགས་པའི་ཁམས་བརྟས་ཤིང་། །ཤེས་རབ་མཆོག་གི་བསམ་གཏན་པའོ་ཞེས། །

证悟增长高尚智慧禅定者

བསྟོད་བསྔགས་རིན་ཆེན་དོ་ཤལ་མགུལ་དུ་བཞེས། །གཉུག་མ་འོད་གསལ་ཕྱག་རྒྱ་ཆེན

赞颂珍宝置顶上本性光明大手印

པོའི་ངང་། །ལྡང་འཇུག་སྒྲིབ་པ་ཉུབ་པར་མཉལ་བ་ལས། །སློང་ཕྱིར་བདེ་བར

状态出入定迷执睡眠为了善逝

གཤེགས་པ་སུམ་ཅུ་ལྔ། །འཕགས་པའི་འཁོར་དང་བཅས་ཏེ་ཁྱོད་བྱུང་ཐོན། །

佛陀三十五位贤者随从一起您足下来

མང་ཐོས་གདམས་པར་ཤར་བའི་ཉམས་ལེན་གྱི། །བདུད་རྩིའི་རོ་ལ་ངོམས་པ་མེད་འཐུང་བའི། །

多闻教诲化为修炼的甘露味不满足

དྲང་སྲོང་བརྟུལ་ཞུགས་འཛིན་པ་དུ་མ་ཡིས། །དབེན་པའི་རི་སུལ་དཔལ་དང་ལྡན་པར་བྱས། །

仙人持戒者许多幽静的山间祥瑞

ཡང་སྐབས་ཤིག་དགོན་ལུང་གི་ཁྲི་པ་ཆུ་བཟང་རིན་པོ་ཆེའི་ཞལ་ནས། །

变成又一次郭隆寺的赤巴却藏仁波切

དེང་སང་མི་འགའ་ཞིག་གིས་ངེད་ལ་བསམ་སྦྱོར་ལོག་པ་འཆང་བ་འདུག་པས། །

说现在少数人对我恶意持

ཁྱོད་ཀྱིས་སྲུང་མ་རྣམས་ལ་གཉེར་གཏད་དྲག་པོ་ཞིག་མཛོད་གསུང་བ་ལྟར། །

您诸护法神嘱托严厉做一次按所言

རྗེ་འདིས་དཔལ་ལྡན་ལྷ་མོ་དང་། །རྒྱལ་པོ་པེ་ཧར། །གནས་བདག་འོད་ལྡན་རྒྱ་མཚོ

尊者吉祥天母白哈王地方神额丹嘉措

རྣམས་ཀྱི་མགོན་ཁང་དུ་སྐུ་དངོས་ཀྱིས་ཕྱིན་ནས་ཕྱག་མཚན་དགྲ་སྟ་རེ་ཕུལ་ཞིང་

等神殿亲自去用具战斧

བླ་མའི་སྐུ་དགྲ་ཡལ་བར་མི་གཏོང་བའི་གཉེར་གཏད་དྲག་ཏུ་མཛད། །

上师的怨敌不要放过嘱托强烈特别是

ཁྱད་པར་དུ་པེ་ཧར་གྱི་སྐུ་བརྙན་ཞིག་ཡོད་པ་ལ་སྐུ་གཟན་གྱིས་བརྙེག་པར་མཛད་ཅིང་། །

白哈尔神像一尊披肩鞭笞并求神

འཕྲིན་བཅོལ་ཟིལ་ཆེ་བ་ཞིག་མཛད་པས། །མ་འགྱངས་པར་དམ་ཉམས་ཁ་ཤས་སྨྱོས་ཏེ་རང་

严厉一次做没多久一些疯癫

གི་སྤྱོད་ཚུལ་དང་། །ངན་བསྒྲིས་གང་བྱས་ཐམས་ཅད་ཁར་འདོན་པ་ཞིག་བྱུང་། །

所作和奸计主动说出

ལྕང་སྐྱ་ཐམས་ཅད་མཁྱེན་པ་སྐུ་གོང་མའི་གཟུགས་སྐུ་ཆོས་དབྱིངས་སུ་བསྡུས་ཏེ་སྐུ

章嘉大师圆寂而

གདུང་རིན་པོ་ཆེ་དགོན་ལུང་དུ་གདན་དྲངས་པར། ། དད་གུས་ཆེན་པོས་མཆོད་འབུལ

遗体郭隆寺迎请时虔信地供奉

སོགས་མཛད་པར་མནལ་ལམ་དུ་བམ་རིལ་བཟའ་བ་སོགས་དངོས་གྲུབ་ཁྱད་པར་

梦中吃全尸等成就特殊的

ཅན་འགྲུབ་པའི་མཚན་མ་བརྟན་པོ་རྙེད། ། ཚུལ་དེ་ཡང་བརྡའ་ཚིགས་མ་ལས། །

可得的征兆可信发生这也在《秘传》中说:舍利

རིང་བསྲེལ་གྱི་ཞུར་བརྩོན་པའི་ཚེ། ། བམ་རིལ་བཟའ་སོགས་མཆོག་ལྟས་གསལ། །

供奉勤勉时吃全尸等吉兆显

ཞེས་པའོ། ། དུས་ཚིགས་མ་ངེས་ཀྱང་། ། དགོན་ལུང་དུ་བཞུགས་སྐབས་ཞིག་གཡེར་

时期不确定郭隆寺期间一次耶尔雄

གཞོང་སྔགས་རམས་པ་འཇམ་དབྱངས་བློ་གྲོས་ཕེབས་པར། ། ཕན་ཚུན་ཆོས་བཀའ་

密宗学者迦木央罗来到相互交流佛学

ཅི་རིགས་གནང་རེས་མཛད་ཅིང་། ། ཡང་སྒོམ་པའི་རྣལ་འབྱོར་པ་རྟོགས་ལྡན

理论又隐居瑜伽僧得道者

ཨ་ཡུའི་མཚན་ལས། ། མ་ཅིག་ལས་བརྒྱུད་པའི་ཟབ་མོ་གཅོད་ཀྱི་གདམས་ངག་རྣམས

阿玉师从玛久兰卓传承精深断行教诫诸

ཀྱང་གསན་པར་མཛད། ། དེ་ནས་འཇམ་དབྱངས་གོང་མ་བདེ་སྐྱིད་རྒྱལ་པོའི་

接受于是康熙皇帝幸福王

བཀས་རྒྱ་ནག་ཕོ་བྲང་དུ་གདན་དྲངས། ། གོང་མ་ཆེན་པོ་དང་མཇལ་ཁྲད་མཛད

邀请内地宫殿邀请到大皇帝迎接

པས་ཐུགས་དགྱེས་ཚོར་ཆེན་པོས་ཧུ་ཐོག་ཐུ་ཆེ་བའི་ལུགས་སྲོལ་ལྟར་གྱི་ཕོག་དང་

非常欢喜地大呼图克图定规报酬

གནང་སྦྱིན་སོགས་མཛད། ། རེ་ཞིག་ཤར་གྱི་ལྷ་ཁང་སེར་པོར་བཞུགས། ། སྐབས་ཞིག

奖赏等暂时东边黄庙住一次

རྒྱལ་དབང་དྲུག་པའི་སྐུའི་ཡང་སྲིད་ལི་ཐང་དུ་འཁྲུངས་ནས་ཙོང་ཁའི་སྐུ་འབུམ་དུ

六世达赖的转世灵童理塘出生宗喀塔尔寺在

བཞུགས་པ་བོད་དུ་གདན་དྲངས་ནས་གདན་སར་འཁོད་དང་། །

坐的迎请西藏并入寺坐床

པཎ་ཆེན་ཐམས་ཅད་མཁྱེན་པ་ཆེན་པོར། ། གོང་མའི་གསེར་ཡིག་སྐྱེལ་བའི་མི་སྣའི་

班禅大师(对)皇帝的宣旨钦差主要人物

གཙོ་བོར་རྗེ་འདི་ཉིད་དང་། །སྐུ་ཟླ་ལ་རབ་འབྱམས་པ་བློ་བཟང་ཚུལ་ཁྲིམས་བཅས

这位随从大学者洛桑慈成一起

འགྲོ་དགོས་ཀྱི་བཀའ་ཕེབས་པ་བཞིན། །རྒྱ་ལམ་བརྒྱུད་ནས་ཟི་ལིང་དུ་བྱོན། །འདི་

要去命令下达经大路到达西宁这时

སྐབས་རིན་ཆེན་གཏེར་འབུམ་དུ་བཞུགས་ཞག་མཛད་པའི་མཚན་མོ་མནལ་ལམ་དུ

任钦德尔本在夜宿时晚上梦里

ཡི་དྭགས་མང་པོ་ཞིག་སྤྱན་སྔར་དུ་འོང་། །ངེད་རྣམས་དགོན་ལུང་གི་གྲྭ་རྒན་འགའ་ཞིག་ཡིན། །

许多饿鬼来到面前我们郭隆寺老和尚

དགེ་འདུན་གྱི་ཟས་ལ་བག་མེད་དུ་ལོངས་སྤྱད་པས་འདི་འདྲར་གྱུར། །

僧众的贪婪而模样如此变成

དགོན་ལུང་དུ་བཟའ་བཏང་སྟེར་མཁན་འགའ་ཞིག་འདུག་ཀྱང་། །གླིང་གསེབ་ཏུ་ཁྱི་

郭隆寺食物发放者几个但寺院里

མང་བས་འགྲོ་མི་ནུས་པ་འདུག །ཁྱེད་ཀྱིས་ཁོང་ཚོ་ལ་གསུང་ནས། །བཟའ་བཏང་སྦྱིན

狗太多去不成您他们讲食物发放者

མཁན་ཚོས་དགོན་པའི་གླིང་ལས་ཁད་རིང་ཙམ་དུ་སྐྱེལ་འདུག་རོགས་གནང་ཞེས་ཞུ་བ་བྱུང་། །

寺院较远地方他们送到这样

དེ་ཐུགས་ལ་བཞག་ནས་བོད་དུ་ཀུན་སྤངས་མཉམ་བཞག་པ་ལ། །

请求放在心里西藏以舍弃一切定心针对他们

དེ་རྣམས་ལ་དམིགས་ནས་གཏོར་མ་བརྒྱ་ཙ་དང་། །ཆུ་སྦྱིན་སོགས་གཏོང་རྒྱུའི་ཐེབས་ཀྱི་དངོས

百余食子水施等所需资本

པོ་ཕོན་ཆེ་བ་གནང་སྐད། །ཟི་ལིང་ནས་རིམ་གྱིས་བཀས་མངགས་པའི་ལྷོ་བྱང་གི་ཅང

大批给予西宁从先后派的南北两大将军

ཇུན་ཆེན་པོ་གཉིས། །གོང་མའི་བློན་ཆེན་ཨ་ཏ་ཧ་ཏ་སོགས་རྒྱའི་མི་དྲག་མང་པོ་དང་། །

皇帝的大臣阿达哈达等汉族官员许多

ཧལ་ཧ་དོན་གྲུབ་ཝང་། །གུང་ཚེ་རིང་ནོར་བུ་སོགས་ཧལ་ཁའི་དཔོན་ཁག ཨེ་བྲུས་པེའི་

库伦东珠王公才让诺布等库伦官员额伟贝勒

ལེ། །ཆིང་ཝང་བློ་བཟང་བསྟན་འཛིན་སོགས་མཚོ་སྔོན་གྱི་རྒྱལ་རིགས་བཅུ་གཉིས། །

亲王洛桑丹增等青海官员十三名

རྒྱ་སོག་གི་དམག་ཁྲི་ཕྲག་དུ་མ་དང་བཅས་བྱང་ལམ་བརྒྱུད་དེ་བྱོན། །

汉蒙的几万军队一起经北路出发在长江边

འབྲི་ཆུ་ནས་གོང་ས་ཐམས་ཅད་མཁྱེན་པའི་ཞབས་རྗེས་ཟིན་ནས་ལྷན་དུ་བྱོན། །གོང་ས་རིན་པོ་

高贵的达赖喇嘛赶上一起达赖喇嘛

ཆེ་ཐོག་མར་མཇལ་སྐབས་ནོར་བུ་ཆུ་ཤེལ་གྱི་ཕྲེང་བ་ཁྱད་མཚར་ཞིག་ཕུལ་བ་

首次拜见时宝石水晶的念珠稀有的一串献

འཕགས་པ་སྤྱན་རས་གཟིགས་ཀྱི་ཕྱག་མཚན་དང་མཐུན་པས་རྟེན་འབྲེལ་ཕུན་སུམ་

观世音的法器相同征兆祥瑞

ཚོགས་པ་འགྲིགས། །དེ་དུས་བོད་དུ་རྒྱལ་པོ་ལྷ་བཟང་བཀྲོངས་ནས་ཇུན་གར་བས

出现那时西藏王拉藏汗杀害后准噶尔

འཛིན་བདག་བྱེད་སྐབས་ཡིན་ཀྱང་རྒྱལ་བའི་དབང་པོ་ཆིབས་ཀྱི་ཁ་ལོ་བསྒྱུར་བ་དང་

执政时期达赖喇嘛到来一同

སྟབས་གཅིག་ཏུ་དམག་དཔུང་ཆེན་པོ་བརྟེགས་པའི་གཟི་བརྗིད་མ་བཟོད་པར་ཇུན་

一批军队大压境威严所摄准噶尔

གར་བ་རང་ཡུལ་དུ་བྲོས། །རྒྱལ་བའི་དབང་པོ་དང་། །རྗེ་འདི་ཉིད་རྣམས་འབོག

原地逃走达赖喇嘛与尊者众人布

ཟེར་བའི་ས་ཆར་བཞུགས་ཞག་མཛད་པའི་མཚན་མོ་ཞིག་ཇུན་གར་བའི་དམག་ཇག

叫地方宿营晚上准噶尔军队偷袭

རྒྱུག་ལན་ཁ་ཤས་བྱས་ཀྱང་སྐྱག་ཅི་ཡང་མ་ཐེབ། །མཚན་མོ་ཞིག་རྟ་དྲེལ་ཁ་ཤས

几次但未得逞一个晚上丢失几匹马

བོར་ནས་མ་རྙེད་པ་ལ་ལུང་སྟོང་ཞིག་ཏུ་གཡེར་ཁའི་སྒྲ་སིལ་སིལ་སྒྲོགས་པ་ཐོས། །

未找到空谷中听到铃铛声

ཞིབ་ཏུ་ཉན་པས་འབྲོང་ས་ཡུལ་ན་དུང་སྐྱོང་མར་གྲགས་པའི་ཀླུ་མོ་ཞིག་གི་གཟུགས་བརྙན

仔细听故乡东琼玛龙女的形象

གཡེར་ཁ་མང་པོ་བཏགས་པ་ཞིག་ཡོད་པ་དེའི་གཡེར་ཁའི་སྐད་དང་འདྲ་བས་སྒྲ

铃铛装饰许多有的她的铃铛声相似去

དེ་སྒྲོགས་སར་བཙལ་བས་རྟ་དྲེལ་རྣམས་རྙེད། །ཕྱིས་རྒྱ་ནག་ཏུ་ཕྱིར་ཕེབས་སྐབས

声音发出地寻找骡马找到后来回内地时

ཀླུ་མོ་དེ་ལ་གདུགས་ལེགས་པ་ཞིག་གནང་བས། །པོ་མོ་མི་ཞིག་གི་ཕོག་ཏུ་བབས་ཏེ། །

龙女送伞一把她某人的附体

ཕེབས་སྐྱེལ་དུ་སོང་ཚུལ་དང་། །རྟ་དྲེལ་བོར་བ་རྣམས་བསྟན་ཚུལ་སོགས་ལབ་འདུག

有关参与送行骡马那些指示等讲出

དེ་ནས་དབུས་གཙང་དུ་བདེ་བར་ཕྱག་ཕེབས། །ཀྭགོང་ས་ཐམས་ཅད་མཁྱེན་པ་

于是卫藏顺利到达遍知的达赖喇嘛

ཁྲིར་བཀོད། །པཎ་ཆེན་མཆོག་ལ་ཀྭགོང་ནས་གནང་བའི་གསེར་ཡིག་སོགས་ཕུལ་ཏེ་

坐床班禅对皇帝颁发金书等献出

མགོན་མེད་ཀྱི་བོད་ཡུལ་༧རྒྱལ་བ་ཡབ་སྲས་གཉིས་ཀྱི་མགོན་དང་བཅས་པར་མཛད་དོ། །

无依靠的西藏达赖师徒二人的成为佑主

ཚུལ་འདི་ནི་༧གོང་ས་ལྔ་པ་ཆེན་པོའི་རྣམ་ཐར་ཡང་གསང་རྒྱ་ཅན་ལས་ལུང་

这是在《五世达赖绝密传记》中

བསྟན་ཏོ། །དེ་ཉིད་ལས། །མེ་ཏོག་པདྨའི་ཁ་དེ་ཟླ་བས་འབྱེད། །གནམ་སྟོང་མུན་པའི་

预言的:其中说:莲花开放月光晦日黑暗夜

སྣག་ཏུ་ཉི་མ་འཆར། །འདམ་ཁྲོད་ནོར་བུ་རྒྱལ་མཚན་ཏོག་ཏུ་འགོད། །

照阳光泥中宝石胜幡顶放东方汉地

ཤར་ཕྱོགས་རྒྱ་ནག་ཡུལ་གྱི་དུག་མཚོ་དེ། །འཕྱུར་བའི་ཀློང་ས་ནས་སྨན་གྱི་རོ་ཞིག་བྲོ། །

那毒海泛滥漩涡散发药香

ཞེས་པའི་ཚིགས་རྐང་དང་པོ་གསུམ་གྱིས། །རྒྱལ་དབང་ཡིད་བཞིན་གྱི་ནོར་བུ་མཐའ་འཁོབ་ཀྱི་

第一至三行意思说达赖如意宝边地

འདམ་ཁྲོད་ནས་གདན་དྲངས་ཏེ་བོད་གངས་ཅན་གྱི་ཆོས་སྲིད་རྒྱལ་མཚན་གྱི་ཏོག

泥沼邀请西藏的政教宝幢顶部

ཏུ་འགོད་པ་དང་། །དེ་གོང་དུས་ཟིང་སོགས་ཀྱིས་བོད་ཡུལ་སྡུག་བསྔལ

以前乱世等藏区苦难黑暗

གྱི་མུན་པར་ཚུད་ཀྱང་དེ་ནས་བཟུང་རྒྱལ་བ་ཡབ་སྲས་ཀྱི་ཐུགས་རྗེས་བདེ་སྐྱིད་ཀྱི་ཉི

陷入从此达赖师徒关怀将升起幸福

མ་འཆར་བ་དང་། །རྒྱལ་བའི་འཕྲིན་ལས་ཀྱི་གེགས་བྱེད་རྣམས་ཀྱང་དེའི་གྲོགས་སུ

的太阳佛德事业制造障碍者们变为有利条件者

འགྲོ་བ་རྣམས་ལུང་བསྟན་ཅིང་། །རྐང་པ་ཕྱི་མ་གཉིས་ཀྱིས། །རྒྱ་དམག་དུག་མཚོ་ལྟ་བུ

预言后两行意思是毒海似地清军

དབུས་སུ་འཕྱུར་བའི་ཀློང་ནས། །བོད་ཀྱི་བསྟན་སྲིད་ལ་སྨན་པའི་ཐབས་མཁས་ཀྱི

西藏涨溢的漩涡中西藏政教有利的善巧

མཛད་པ་སྨན་གྱི་རོ་ལྟ་བུ་བྲོ་བར་བྱེད་པ་རྗེ་བཙུན་བླ་མ་འདི་ཉིད་ལུང་བསྟན་པ་ཡིན་ནོ། །

功业药味散发这位尊贵的喇嘛预言

དེ་ནས་རྒྱལ་བ་ཡབ་སྲས་ཀྱིས་གཙོ་བྱས་པའི་སྐྱེས་ཆེན་དམ་པ་རྣམས་ལ་འབུལ་བ་དང་། །

是于是达赖师徒为主的高僧贤哲们礼物

སེ་འབྲས་དགེ་གསུམ། །བཀྲ་ཤིས་ལྷུན་པོ། །རྒྱུད་སྟོད་སྨད། །མངའ་རིས་སོགས

色哲甘三大寺扎什伦布寺上下密院阿里等地

དགེ་ལུགས་པའི་དགོན་ཁག་སྤྱུབ་ཏེ་ཕལ་ཆེ་བ་དང་། །ལྷ་ས་སྨོན་ལམ་དང་བཅས

格鲁派寺院密部大多数拉萨祈愿大法会等

བར་མང་འགྱེད་སོགས་ཤིན་ཏུ་རྒྱ་ཆེ་བ་མཛད། ། འབྲས་སྤུངས་ལྷ་དབང་གླིང་དུ་སྐལ

布施非常大举行哲蚌拉旺林有缘

ལྡན་གྱི་སློབ་མ་སྟོང་ཕྲག་ལྷག་ཙམ་ལ་དཔལ་རྡོ་རྗེ་འཇིགས་བྱེད་ཆེན་པོ་ལྷ་བཅུ་གསུམ་མའི་

的学徒千余名对大威德金刚十三尊

དབང་བཞི་ཡོངས་སུ་རྫོགས་པ་དང་། ། གཞན་ཡང་། ། ཕྱིས་སུ་དགའ་ལྡན་ཁྲིར་ཕེབས་ཅིང་། །

四灌顶全部另外后来甘丹赤巴

གོང་ས་ཐམས་ཅད་མཁྱེན་པའི་ཡོངས་འཛིན་དུ་གྱུར་པ་ཁྲི་ཆེན་ངག་མཆོག་པ་དང་། །

担任达赖喇嘛成为经师的大赤巴

ལ་མོ་དཔོན་སློབ་ནམ་བཟང་བ། ། རྒྱུད་པ་དཔོན་སློབ་ཤེས་རབ་རྒྱ་མཚོ། །

阿却巴和拉姆上师南桑瓦密宗上师西热嘉措

བསམ་བློ་མི་ཕྲུང་སོགས་བླ་ཆེན་དང་། ། དགེ་བཤེས་དུ་མས་ཀྱང་ཆོས་བཀའ་ཅི

三木罗童等大师诸多格西也教诲

རིགས་གསན་པར་མཛད། ། འདི་དུས་ལ་མོ་ཆོས་སྐྱོང་། ། གནས་ཆུང་། ། བསམ་ཡས་པ་སོགས

各种听讲过此时拉姆护法乃穷桑耶寺护法

ཀྱིས་ཀྱང་གུས་པའི་རྣམ་འགྱུར་དང་། ། ཕྱིས་འབྱུང་གི་ལུང་འགའ་ཞིག་ཀྱང་ཕུལ་འདུག། །

等也显示恭敬将来的预言几则也

སྡེ་པ་སྟག་རྩེ་བ་ལ་ཇུན་གར་བས་བདག་རྐྱེན་བྱས་ཁྲུལ་གྱིས། །

发过第巴达孜哇准噶尔赏赐之名西藏的

བོད་ཀྱི་སྡེ་སྲིད་དུ་བསྐོས་པ། ། བློ་ཆུང་རྣམས་ཀྱིས་ཕན་བཏགས་པ། །

第巴委任无知者给予的好处终究大祸患

ནམ་ཞིག་གནོད་པ་ཆེན་པོར་འགྱུར། ། ཞེས་པ་ལྟར་ལ་གོང་མའི་ཁྲིམས་ཀྱིས་ཐོག་པར། །

变成正如皇帝犯法该法王认为达孜

རྗེ་འདི་ཉིད་ཀྱིས་སྟག་རྩེ་བ་དགེ་ལུགས་པའི་སྦྱིན་བདག་རྫ་མ་ནག་པོ་ཚོས་མདོག་མི་འགྱུར་

巴格鲁派的施主黑陶罐颜色不变可靠的

བའི་ཁུངས་མ་ཡིན་པས་སྲུ་སྲོག་ཐར་བ་ཞིག་གནང་ཨེ་ཐུབ་ཀྱི་མཛད་ཁུལ་ཐུགས་ཁུར་གང་དྲག

保住性命能否办法深切关注尽力

གནང་འདུག་ཀྱང་། ། ལས་ཀྱི་རྣམ་པར་སྨིན་པ་བཅོས་སུ་མ་དམིགས་པར་གསུང་བ་

但是业力如此无法改变讲的

ལྷུར་ཕན་སྙིབས་ཆེར་མ་བྱུང་བས་ཐུགས་ངལ་ཤིན་ཏུ་ཆེ་བ་མཛད་དོ། །

无结果悲伤非常

རྗེ་ཉིད་ཀྱི་འབྲལ་སྒང་གི་ཐུབ་པའི་སྐུ། །

该法王的常佩戴佛像

དོན་གལ་ཆེ་བ་འགའ་ཞིག་ལ་གསོལ་བ་བཏབ་ན་དངོས་དང་། ། རྨི་ལམ་ཅི་རིགས

紧要关头祈祷真实梦境任一

པར་ལྷང་དོར་སྟོན་པ་ཞིག་ཡོད་པ་ལྷ་ས་ནས་རྐུན་པོས་ཁྱེར་བས། ། ཐུགས་ངལ

指明舍取一尊有拉萨被盗非常焦虑

ཤིན་ཏུ་ཆེ་བ་མཛད་པར། ། རྒྱལ་སྲས་རིན་པོ་ཆེ་དང་། ། གྲུབ་དབང་སེམས་དཔའ་སྤྲུལ

佛子仁波切成就者菩萨活佛

སྐུ་གཉིས་ཀྱིས། ། ཀླུ་འདམ། ། ཛེ་ཁྱིམས་སོགས་ལས་གྲུབ་པའི་སྐུ་བརྙན་བྱིན་ཅན་འགའ་

两人龙泥赤金等做成的神像灵验的几尊

ཞིག་གནང་ཞིང་ཐུགས་གསོས་མཛད། ། སེམས་དཔའ་རིན་པོ་ཆེས། ། ཁྱེད་དེ་ལ་ཐུགས

赠送安慰菩萨仁波切说您对此担心

ཁྲལ་མཛད་མི་དགོས། ། སྐུ་བརྙན་དེ་སླར་ཕྱག་ཏུ་འཁོར་འོང་ཞེས་ལུང་བསྟན་པ་ལྟར། །

不要神像那个物归原主这样预言

ཕྱིས་པེ་ཅིང་དུ། ། རྒྱལ་སྲས་བཅུ་བདུན་པ་ལ་བོད་ནས་བླ་དཔོན་འགའ་ཞིག་གིས

后来北京十七皇子对西藏僧官几个

རྟེན་ཆས་སུ་སྤྲིངས་པའི་སྐུ་བརྙན་ཁ་ཤས་རྗེ་ཉིད་ལ་གཟིགས་རྟགས་འབུལ་བར་ཁྱེར་

供品而寄来的佛像该法王观赏礼物带来的

བྱུང་བའི་ཁྲོད་ན་སྔར་གྱི་སྐུ་བརྙན་དེ་འདུག་པ་ངོས་ཟིན། ། ཝང་ཆེན་པོ་ལ་སྐུ་བརྙན

其中认出他以前的那尊佛像向大王索要

དེ་བསླང་བར། ། ཁོས་འདི་བླ་མས་སློང་ལུགས་ཀྱིས་ཁྱད་འཕགས་ཞིག་ཡིན་ངེས་པས། །

他想喇嘛要的必定珍贵

ངེད་རང་གིས་མཆོད་རྒྱུ་ཡིན་ཟེར་ནས་སྟེར་མ་འདོད། ། དེ་ནུབ་ཁོ་ལ་ཆོ་འཕྲུལ་འགའ་

我自己要供奉他说不愿意赠送那天晚上对他几次神变

ཞིག་བྱུང་བས་རྣམ་རྟོག་ཟློས་ཏེ་ཕྱི་ཉིན་སྐུ་འདྲ་འབུལ་དུ་བཏང་འདུག ། འདི་ཕྱིས་སུ

产生疑虑而次日神像献来这后来

དངུལ་གདུང་མཆོད་རྟེན་གྱི་ནང་འཇུག་ཏུ་བཞུགས་སོ། ། དེ་ནས་རྒྱ་ནག་ཏུ་ཕྱིར་ཐེབས། །

银灵塔的作为内藏放入于是回到内地

གོང་མ་བདེ་སྐྱིད་རྒྱལ་པོ་ཞིང་བརྗེས་ཤིང་། ། ཡུང་ཏེང་རྒྱལ་སར་འཁོད་པ་དང་

康熙皇帝驾崩雍正皇帝继位

མཇལ་ཕྲད་མཛད་པར། ། གོང་མ་ཆེན་པོས་དགྱེས་ཚོར་ཤིན་ཏུ་ཆེ་བ་མཛད་ཅིང་། །

接见皇帝很高心地

བོད་ཀྱི་གནས་ཚུལ་སོགས་ཀྱི་བཀའ་འདྲི་ཞིབ་པར་གནང་བ་སོ་སོ་ལ། ། བོད་ཀྱི་གཞུང

西藏情况等详细询问各个方面西藏的政教

བསྟན་ལ་རྒྱུར་ཕན་སླེབས་སུ་འགྱུར་ངེས་ཀྱི་ཞུ་ལན་གནང་སྙིང་ཐུལ། ། མི་རིང་བར་བླ

声誉有益的将会切实地答复不久喇

མ་སེར་མོ་པ་རྣམས་ལ་ལུགས་གཉིས་ཀྱི་བསླབ་བྱ་ལེགས་པར་སྩོལ་བའི་ཐམ་ཀ་བླ

嘛僧众对政教两制的传授教诲的印章喇嘛

མར་བསྐོ་བཞག་མཛད་ནས། ། ཙནྡན་ཇོ་བོའི་ལྷ་ཁང་དུ་བཞུགས། ། རྒྱལ་ཕྲན་བྱེ་བའི་

委任为玥檀佛殿坐无数邦国的

རལ་པའི་ཅོད་པན་ལ། ། བཀའ་ལུང་གོམ་པ་འགོད་པའི་མི་ཡི་ལྷས། །

宝冠上圣旨脚步天子奉为导师的

འདྲེན་པར་བཀུར་བའི་ཨུཏྤལ་དཀར་པོའི་ཕྲེང་། ། དུས་དེར་ཁྱོད་ལས་གཞན་ལ་འོས་མ་གྱུར། །

白莲花环那时除了您他人不合适

ས་ཡི་འཁོར་འདེགས་བཀར་བརྟགས་ཉི་འོད་དང་། ། མགོན་ཁྱོད་ཆོས་ཀྱི་བདུད་རྩིའི་

大皇帝圣旨阳光佑主您佛法的甘露

བཅུད་ལེན་གཉིས། ། ཟུང་དུ་འབྲེལ་བས་བསྟན་དང་འགྲོ་བ་ཡི། ། བདེ་སྐྱིད་པད་ཚལ

精华取二结合法与众生幸福花园

བཞད་འདི་བསྔགས་བྱའི་ཡུལ། ། སྐབས་ཤིག་སོས་ཀ་ཆར་ཤིན་ཏུ་དཀོན་པས། །

盛开这赞颂境一次初春雨水非常缺其他

གྲུབ་མཐའ་གཞན་ཕྱོགས་ཀྱི་བླ་མ་འགའ་ཞིག་དང་ཧྭ་ཤང་། ། དོའུ་སི་སོགས་ཀྱིས་ཀྱང་ཁོ

教派方面的喇嘛几位和和尚道士等也以

རང་ཚོའི་ལུགས་ཀྱི་ཆར་འབེབས་ཅི་ཙམ་བྱས་ཀྱང་ཆར་མ་ཐོབ་པས། ། གོང་མ་ཆེན་པོས

他们的方式降雨怎么也未降雨皇帝

རྗེ་འདི་ལ་ཆར་འབེབས་དགོས་ཚུལ་གྱི་བཀའ་ཕེབས་པ་བཞིན། ། ཕོ་བྲང་ཆེན་པོ་དང་ཧ་ཅང་

对尊者降雨的关于命令按照大宫殿

ཐག་མི་རིང་བ་ན་ཐང་ཤན་ཟེར་བའི་སྨན་ཆུ་དང་ཆུ་མིག་ཁ་ཤས་ཤིག་ཡོད་པ་དེར་ཕེབས། །

不远的唐山叫做温泉几眼泉水有

ཀླུ་བུམ་སྦ་བར་མཛད་ཅིང་། ། ཞབས་ཕྱི་པ་མང་པས་དམིགས་བརྩེ་མ་དང་། །

那里去埋下龙瓶众侍从念诵宗喀巴颂词

རྗེ་རང་ཉིད་ཀྱིས་དཔལ་རྡོ་རྗེ་འཇིགས་བྱེད་ཆེན་པོའི་སྒོ་ནས་ཆར་འབེབས་མཛད་པས་མི་རིང་བར་

尊者以大威德金刚仪式降雨

ཆར་གྱི་རྒྱུན་བཟང་པོ་ཡུལ་ཕྱོགས་ཐམས་ཅད་ལ་ཁྱབ་པ་ཉིན་ཞག་གསུམ་ཙམ་གྱི་རིང་ལ་བབས། །

不久到处下起雨水三昼夜不休

གོང་མ་ཆེན་པོ་ཐུགས་ཤིན་ཏུ་དགྱེས་པས་བཀའ་བཟང་པོ་དང་། །

皇帝非常高兴地

དྲི་བཟང་གི་ཏྲི་འཕྲུར། ། གོས་ཆེན་རིགས་དུ་མ་སོགས་གནང་སྦྱིན་བསྩལ། །

诏命并香料多种绸缎等赏赐

དེ་དུས་ཆུ་མིག་གི་དབུས་སུ་བུམ་པ་བཞག་པ་ལ་མཚན་མོ་སྦྲུལ་དཀར་

那时泉水中央放置的宝瓶上夜晚两条白蛇

པོ་གཉིས་ཀྱིས་དཀྲིས་ནས་འདུག་པ་དང་། ། ནམ་ལངས་པ་ན་ཆུ་མིག་གི་ནང་དུ

缠绕天亮时泉水中进入

ཞུགས་འགྲོ་བ་ཀུན་གྱིས་མཐོང་། ། དེ་གོང་དཔྱིད་ཁ་ནས་ཞབས་ཕྱི་པ་རྣམས་ལ་ཁྱེད

都见到之前春季起对侍从们说你们现在开始念诵宗喀巴

ཚོས་ད་ལྟ་དམིགས་བརྩེ་མ་འབུམ་གཉེར་རེ་ཅིས་ཀྱང་འགྲོ་བ་གྱིས། ། སླར་དགོས་པ་

颂词每人十万次将来有需要

ཞིག་ཡོད་ཅེས་མ་འོངས་པ་མཁྱེན་པའི་གསུང་ཀྱང་ཐོན་འདུག ། གཞན་ཡང་མཚོ

此类预言也讲到了另外又青海

སྔོན་གྱི་དཔོན་པོ་སྦྲ་ནོག་ཐུ་རྗེ་འདི་ཉིད་རྒྱ་ནག་ཏུ་མ་ཐེབས་གོང་སྦྱིན་བདག་ཡིན་པས། །

的官员吾修特尊者内地未去前施主

དབུས་ནས་ཕྱིར་ཐེབས་སྐབས་ཟི་ལིང་དུ་ཅིས་ཀྱང་མཇལ་ཕྲད་བྱེད་དགོས

卫藏回来时西宁必定会见要

ཞེས་ནན་ཏན་ཆེན་པོ་མཛད་ཀྱང་། ། པོ་ནོག་ཐུ་ལས་ཀྱིས་ཉོངས་བས་མཇལ་བར་མ

这样强调再三但吾修特业力未来拜见

ཡོང་བ་ལ་ཐུགས་མ་རངས་པའི་རྣམ་པས། ། ཁོད་རེས་ང་ལ་ཐུག་ན་སྲོག་ལ་མི་སྐྱོན་

对此不高兴说他这次见我保住性命

ཙམ་ཡོང་རྒྱུ་ཡིན་པ་ལ་ཞེས་གསུངས་པ་ཡང་། ། མི་རིང་བར་དུས་ཟིང་གི་རྐྱེན་གྱིས

能够这样说但不久后叛乱由于

དཔོན་པོ་དེ་རྐྱེན་ལམ་དུ་འགྲོ་བ་གཟིགས་པ་ཡིན་འདུག་ཅིང་། ། དེ་འདྲའི་རིགས

那官员死去预见是此类

གཞན་ཡང་མང་ངོ་། ། སྐབས་ཞིག་མཚོ་སྔོན་གྱི་དཔོན་པོ་བསྟན་འཛིན་ཆིང་ཝང་ལ

其它很多一次青海官员丹津亲王对

གོང་མའི་སྙན་བསྐུར་ཤིན་ཏུ་ཆེ་བ། ། ཁོས་བསོད་ནམས་ཀྱིས་མ་འཚུན་པར། །

皇帝关照非常他福气没有狗屋顶

ཁྱི་ཁང་སྟེང་དུ་ཐོན་ན་གནམ་གྱི་སྐར་མ་ལ་བསྙེགས་པའི་དཔེ་བཞིན་རྒྱ་ལ་ངོ་ལོག་རྩིས་ཟིན

上星星攀比比喻汉人背叛准备三角

ཆེང་ཟེར་བའི་རྒྱ་མཁར་ཆུང་དུ་ཞིག་སོག་དམག་གིས་གཏོར་བ་སོགས་དུས་ཟིང་བསླངས། །

城叫汉族小镇蒙古兵摧毁等挑起战乱

དེ་དུས་བཙན་པོ་དགོན་གྱི་སོག་པོའི་གྲྭ་པ་ས་ཆེན་རབ་འབྱམས་པ་ཟེར་བས་ཁོ་རང་

那时赞波寺的蒙古僧侣萨钦格西将自己

གི་རིགས་གཏོགས་ཀྱི་གྲྭ་བ་མང་པོ་ཁྲིད་ནས་སོག་པོའི་དམག་རོགས་ལ་ཕྱིན་པ་དང་། །

所属许多僧侣带领去协助蒙古军

ཡང་དེ་ཀའི་གྲྭ་བ་ཀམ་ཆགས་ཆེ་བ་མང་པོ་ཟེན་ཆེང་དུ་ནོར་རྫས་ལེན་པར་

那里许多贪婪僧侣抢劫财物其中

སོང་བ་འགའ་ཞིག་རྒྱ་དམག་གིས་བཟུང་བས། ། སྔར་ཡང་དེ་དུས་ཨ་མདོའི་དགོན་

几个被汉军抓获原本就那时安多的一些寺院

ཆེན་འགའ་ཞིག་གིས་ཆོས་སྲིད་གང་ལའང་མི་འཚམ་པའི་བྱ་བ་ངན་པ་མང་པོ་དང་། །

对政教不利的很多坏事

ཁྱད་པར་དུ་སོག་པོའི་ཤེད་བཟུང་ནས། ། རྒྱ་ལ་རྩིས་མེད་མང་དུ་བྱས་པ་སོགས

特别是依靠蒙古军势力无视朝廷之类作为

མཐའ་གཞུགས་རང་ཕྱིམ་བརྣག་བྱེད་ཀྱི་མེ་ཆང་སྔ་མོ་ནས་བཙས་ཡོད་པ། །

最终毁灭自己的火种早已埋下此次

དེ་རིས་སེ་ཆེན་རབ་འབྱམས་པ་སོགས་ཀྱི་བྱེད་པ་ངན་པའི་རླུང་གིས་ཆེས་ཆེར་སྦར་བའི་མེ་

萨钦格西等的恶行的风吹燃的火焰

དེས་ཉེས་པ་ཡོད་མེད་མང་པོ་ཞིག་ལ་ཐོག་སྟེ། ། འཇམ་དབྱངས་ས་པཎ་གྱིས། །

殃及许多无罪者萨班言愚者行为

བླུན་པོ་རེ་རེའི་བྱེད་པ་ཡིས། ། རྒྱལ་ཁམས་ཀུན་ལ་སྡུག་བསྔལ་འབྱུང་། །

使天下陷入苦难害母者之作为

མ་ལ་གནོད་ཀྱིས་བྱེད་པ་ཡིས། ། ཤཱཀྱའི་རིགས་རྣམས་ཕུང་ལ་ཕྱོས། ། ཞེས་གསུངས་པ་ལྟར། །

释迦族遭殃就像主要

གཙོ་བོར་གསེར་ཁོག་དགོན་དང་། ། དེའི་ཞར་ལ་དགོན་ལུང་སོགས་ཨ་མདོའི་དགོན་ཆེ་ཆུང་

随后郭隆寺等安多地区大小许多

མང་པོ་ཞིག་རྒྱ་དམག་གིས་གཏོར། ། གཙུག་ལག་ཁང་དང་སྦྱིལ་པོ་རྣམས་མེར་བསྲེགས། །

寺院毁坏经堂僧舍焚烧

ཆུ་བཟང་རིན་པོ་ཆེ་དང་། ། འདན་མ་གྲུབ་ཆེན། ། ཨ་ཆི་ཐུ་ནོ་མོན་ཧན་སོགས་སྐྱེས་ཆེན་

却藏仁波切丹麻成就者阿奇图诺门汗等高僧

དམ་པ་མང་པོ་བཀྲོང་། ། རྒྱའི་རྒྱལ་པོའི་དུས་སུ་ལུང་ལས་ཀྱིས་མཐོ་བའི་ཟེ་ཡོན་བཅུ

许多杀害御准的十三座寺院

གསུམ་གྱི་ནང་སོ་འགའ་ཞིག་ཁྲིམས་སྨུན་དུ་བཙུག། ། རབ་བྱུང་གི་རྟགས་ཆ་ལུགས

的总管入狱僧侣服装也没有留下

འཛིན་པ་ཙམ་ཡང་མེད་པར་བྱས། ། འདི་དུས་༧གོང་མ་ཆེན་པོའི་བཀས། ། བདག་གི་རྡོ་
这时大皇帝下旨我的
རྗེ་སློབ་དཔོན་ལྕང་སྐྱ་གུ་ཤྲི་ཆེན་པོའི་སྤྲུལ་སྐུ་ཟི་ལིང་གི་སའི་ཆ་དགོན་ལུང་དུ་ཡོད་པས། །
金刚上师章嘉大国师的转世灵童西宁附近郭隆寺
དམག་འཁྲུགས་ཀྱི་ནང་དུ་སྐུ་ལ་ཉམས་ཉེས་མེད་པར་ཅིས་ཀྱང་འདིར་གདན་
战乱中安然无恙地必须迎接到这里
དྲངས་ཤིག་ཅེས་དམག་འདྲེན་པའི་གཙོ་བོ་ཡོའུ་ཧང་ཇུན་དང་། ། ཉེན་གུང་སོགས་ལ
这样军队主帅岳将军年公等对
བཀའ་བབས་པ་བཞིན། ། དམག་དཔོན་གཉིས་ཀྱིས་གདན་དྲངས་ནས་པེ་ཅིང་དུ་འབྱོར། །
命令按照两位将军迎接到北京
ཙན་དན་ཇོ་བོར་རྗེ་འདི་ཉིད་དང་མཇལ་འཕྲད་མཛད་པས་མ་བུ་ཡུན་རིང་
玥檀佛殿尊师会见如母子久别重逢非常
སྟོང་བ་ཕྲད་པ་ལས་ཀྱང་ལྷག་པའི་དགྱེས་ཚོར་བསམ་གྱིས་མི་ཁྱབ་པ་བྱུང་འདུག གོང་མ
高兴大皇帝
ཆེན་པོ་དང་མཇལ་ཕྲད་མཛད་རྒྱུའི་དོ་ཁུར་ཐམས་ཅད་རྗེ་ཉིད་ཀྱིས་མཛད་ནས། །
接见礼仪一切尊者安排
གོང་མ་ཆེན་པོ་ཙན་དན་ཇོ་བོར་ཕྱིན་པ་དང་མཇལ་ཕྲད་མཛད་པས། །
大皇帝玥檀佛殿去会见朕
རྒྱལ་པོ་འདི་ཉིད་སྔོར་བསྟན་པ་བསྟན་འཛིན་ལ་གུས་འདུད་ལྷུར་ལེན་པ་མཛད་ཅིང་། །
向来佛教人士尊敬爱戴
ཁྱད་པར་ལྕང་སྐྱ་གོང་མ་ལས་ཟབ་རྒྱས་ཆོས་ཀྱི་རྣམ་གྲངས་མང་དུ་གསན་པ་དང་། །
特别是章嘉前世从接受法很多且
རྒྱལ་པོའི་གདན་སར་བཞུགས་རྒྱུའི་རྟེན་འབྲེལ་དུ་དགོངས་ནས་ལྕང་སྐྱ་གོང་མ་ལ
朕当日继位因缘赠送前世章嘉
སེང་ཁྲི་ཞིག་ཕུལ་ནས་སྨོན་ལམ་མཛད་པའི་འབྲས་བུ་ཐོག་ཏུ་ཁེལ་བ་སོགས་ཀྱི་
一台许愿如愿等原因
དབང་གིས་མཆོག་སྤྲུལ་རིན་པོ་ཆེ་གཟིགས་མ་ཐག་ནས་སྐུ་གོང་མ་རྗེས་སུ་དྲན་པས
见到灵童忆起前世而流泪
སྤྱན་ཆབ་བཤིལ་ཤིང་། ། སྤྲུལ་སྐུ་རིན་པོ་ཆེར་དད་གུས་ཤིན་ཏུ་ཆེ་བའི་རྣམ་པ་མངོན་
对活佛仁波切尊敬很大显示
མཚན་ཅན་མཛད་དོ། ། ཨེམ་ཙོན་འདིའི་ཡུལ་གྲུའི་ཀུན་གསལ་ངོགས། ། ས་བདག་བསོད་
啊中原大地的苍穹下皇帝福泽的星光大

ནམས་གོ་ལའི་ལམ་ཡངས་པོར། ། འཕགས་ཆེན་ཉི་ཟླ་ཟུང་གིས་རྣམ་རྩེན་པས། །

道上圣人日月一对在升腾

འགྲོ་ལ་ཕན་བདེའི་སྣང་བ་ཅི་ཡང་རྒྱས། ། རྒྱ་གཏེར་བཞི་ཡི་འོག་པག་སྟོད་འཆང་བའི། །

众人安康光芒照四海之带松系的

གསེར་ལྡན་ཝོར་ཡུག་བཅས་པའི་སྒེག་འཆང་མ། ། འཕྲིན་ལས་ཀ་ཙ་ལིནྡྷའི་གོས་ཟུང་གིས། །

连绵大地娇艳女事业彩绸之双衣

ཅི་ཡང་ཀླུབ་པའི་འཛེ་སྒེག་རྣམ་པར་འཛིན། ། ཕྱོགས་ལས་རྣམ་རྒྱལ་བློ

任意穿着娇艳态一切胜利

བཟང་རིང་ལུགས་ཀྱི། ། རྒྱལ་མཚན་བརྟན་པོར་བཙུགས་ཞེས་དགེ་བའི་གཏམ། །

洛桑理论胜利幢坚固立这样妙语

མཐའ་དབུས་བསྟན་འཛིན་ཡོངས་ཀྱི་རྣ་བ་ལ། ། མཐིང་གི་ཨུཏྤལ་བཞིན་དུ་རྣམ་པར་

各处守持佛法者都耳边蓝黑青莲花像鲜艳美

མཛེས། ། དེ་ནས་རྗེ་འདིའི་ཐུགས་དགོངས་ལ། ། མདོ་སྨད་དུ་བསྟན་པའི་གེགས་ཆགས

于是尊者心里多麦地区佛法打击

ཆེན་པོ་བྱུང་བ་འདི་ལ་ཕན་ཐོགས་པ་ཞིག་བདག་ཡོན་ལ་རག་ལས་འདུག་པས་སྲོག

大对此帮助我只有依赖舍命

ལ་ཐུག་ཀྱང་། ། གོང་མ་ཆེན་པོར་ཐབས་མཁས་ཀྱིས་ཞུ་བ་ཞིག་བྱེད་སྙམ་དུ་དགོངས་ནས། །

也大皇帝善巧地请求一次想到

ཐོག་མར་ཞག་བདུན་གྱི་རིང་སྐུ་མཚམས་མཛད་ནས་རྗེའི་དབུ་སྐྲ་ཚང་མ་ནང་འཇུག་ཏུ

首先七夜时间闭门修行大师头发藏的

བཞུགས་པའི་སྐུ་བརྙན་བྱིན་ཅན་ཞིག་ཡོད་པ་ལ་མཆོད་པ་ཕུལ་ཞིང་གསོལ་བ་བཏབ་པས། །

佛像灵验的一尊供奉祈祷

སྐུ་བརྙན་དེ་ཉིད་སྐུ་དངོས་སུ་གྱུར་པ་ལྟ་བུས་གསུང་བྱོན་པ། །

佛像那个真实变为像讲到喂

ཀྱེ་ཀྱེ་སྙིང་སྟོབས་ཆེན་པོ་ལེགས། ། མད་དུ་བྱུང་བའི་སྤྱོད་ཚུལ་ལེགས། ། ཆོས་འཛིན་པ་ནི་

勇气大善极好行为善持佛法是

ཟླ་དང་བྲལ། ། ཞེས་སོགས་བསྔགས་བརྗོད་དང་ལུང་བསྟན་འགའ་ཞིག་གནང་བས

无比的等等赞扬预言一些给予

ཐུགས་ལ་དང་བ་དང་དགའ་སྤྲོ་དབྱར་མཚོ་བཞིན་རྒྱས། ། དེ་ནས་མི་རིང་བར་ལྕང་

内心信心喜乐夏潮般增长于是不久后章嘉

སྐྱ་མཆོག་སྤྲུལ་རིན་པོ་ཆེ་དང་རྗེ་འདི་བ་རྣམ་གཉིས་བཀའ་བགྲོས་ཐོག་ནས། །

活佛的灵童仁波切与尊者二位协商根据大皇

གོང་མ་ཆེན་པོར་མདོ་སྨད་ཀྱི་དགོན་པ་རྣམས་གསར་འཛུགས་བྱེད་རྒྱུའི་སྙན་སྒྲོན་ཐབས

帝多买地区寺院重建有关陈述巧妙地

མཁས་ཀྱིས་ཞུ་བ་མཛད་པས། ། དགོན་ལུང་པ་རྣམས་རེ་ཞིག་རི་ཁྲོད་གསུམ་དུ་འདུག

请求后郭隆寺僧众暂时三处山中住下

རྒྱུའི་བཀའ་ཕེབས་ཀྱང་། ། གསེར་ཁོག་གསར་འཛུགས་ཀྱི་བཀའ་མ་ཕེབས་པ་ལ་རྗེ་

命令但色科寺重建的命令没得到对尊者

འདིའི་ཡང་བསྐྱར་གྱིས་ཞུ་བ་ཐབས་མཁས་མཛད་པས། ། ཁོང་ཚོ་ཡང་ཕུན་ཚོགས

又重新请求巧妙地他们也沟里

ལུང་པར་བསྡད་ཆོག་པའི་བཀའ་ཕེབས། ། དེ་ལྟར་དྲིན་གྱིས་བསྐྱངས་པར་མཛད་མོད་ཀྱང་། །

居住命令下这样给他们施恩

ཁོ་རང་ཚོས་ནི། ། ས་པཎ་གྱིས། ། གཞུང་ངན་གཞན་གྱི་བཀའ་དྲིན་ལས། ། བྱུང་བ་རང་གི

但是他们是如萨班言政府坏别的恩情中

ཆེ་བར་བསྒོམ། ། ཀླུ་ཡིས་འབད་ནས་ཕབ་པའི་ཆར། ། ཞིང་པ་རང་གི་དཔལ་དུ་རྩི། །

产生自己的功劳龙神努力所降雨农夫认为其福分

ཞེས་གསུང་བའི་དཔེ་བཞིན་བྱེད་པ་འདུག། ། ལོ་ཤས་ཀྱི་རིང་དེ་ཀའི་མཇུག་ལ། །

这样讲的比喻在几年这样以后

སླར་ཡང་ཐབས་མཁས་ཀྱིས་ཞུ་བ་དང་མཛད་སྒོ་གང་ཟབ་གནང་བས་དགོན་པ

又巧妙地请求多方努力后两座寺院

གཉིས་ཀ་སྔར་གྱི་གནས་སུ་གཞི་བཟུང་ཆོག་པ་དང་། ། འདུ་ཁང་དང་གཙུག་ལག་ཁང་

可以原址上重建并且经堂和神殿

གྲྭ་ཤག་རྣམས་དང་བཅས་པ་རྒྱལ་པོའི་མཛོད་ནས་གསར་འཛུགས་བྱེད་པ་དང་། །

僧舍都包括国库投资重建而且

ལྷ་སྡེ་བར་བཞེས་པ་རྣམས་ཀྱི་དོད་པོ་ལ་ལོ་རེ་བཞིན་མཛོད་ནས་ཕོགས་སྐལ་བླང་ཆོག

寺庙部众没收的补偿每年从国库领取

པ་བཅས་ཀྱི་བཀའ་ཕེབས་པས། ། རྗེ་ཉིད་ཀྱི་དགོངས་བཞེད་མཐར་ཕྱིན་པ་འགྲུབ། །

包括的指示接到尊者的愿望圆满完成

སྡེ་དགོན་འཛིན་པ་ལྟ་ཅི་སྨོས་རབ་བྱུང་གི་རྟགས་ཆ་ལུགས་ཙམ་ཡང་བཟུང་མི་ཆོག་པར། །

寺院护持何况僧侣的特征也留不准

སེར་མོ་པ་རྣམས་ཀྱང་ཁྱིམ་པའི་ཆ་ལུགས་སུ་གནས་དགོས་པ་བྱུང་བའི་སྐབས་དེ་ལྟ་བུར། །

僧侣们也俗人的形象以需要发生时期

ཆོས་སྡེ་ཆེ་ཆུང་ཁག་དུ་མ་ཞིག་གསར་འཛུགས་བྱེད་རྒྱུ་བྱུང་བ་ནི་རྗེ་འདི་པོ་ནའི་བཀའ་དྲིན་ཡིན་པས། །

那样的能够大小寺院重建是尊者

གཟྲ་བོའི་སྣ་དང་ལྡན་པ་རྣམས་ཀྱིས་ཤེས་པར་བྱོས་ལ་ཕན་བཏགས་དྲིན་དུ་ཆོར་བར་གྱིས་ཤིག། །

恩情是公正的思想具有要知道

གང་དང་གང་དུ་རྒུད་པའི་གནས། །དེ་དང་དེ་ཡི་བཀྲ་ཤིས་སྩོ། །

嘉惠知恩应该何处衰败地

མཆོག་ཏུ་བསྒྱུར་བྱེད་རིག་སྔགས་ནི། །དྲང་སྲོང་ཆེན་པོ་ཁྱོད་ཀྱིས་གྲུབ། །

那和那是吉利为尽美变使咒语仙人大您

དུག་ཟོས་ཉེན་པའི་བུ་ལ་མས་བརྩེ་བས། །དེ་སྲིད་བྲེལ་བས་བརྟབ་པོར་གྱུར་པ་གང་། །

已修成服毒害命子对母亲爱怜为他着急仓皇

ཁྱོད་ཀྱིས་འགྲོ་སྐད་རིངས་ཤིང་བརྟུན་པ་ཡི། །གནན་བག་ཕེབས་བདེ་བར་གཉིད་ལོག་མཚུངས། །

成为谁您为民迅速勤奋而旁边安心快乐

ལུས་ཅན་འཁོར་བའི་འཁྲུལ་འཁོར་ལ། །དབང་མེད་ཁོན་ར་ཆགས་མོད་ཀྱི། །

睡如众生轮回的转动无法绝对

ཁྱོད་ཀྱང་འགྲོ་བའི་དོན་གྱི་སྐད། །ཆགས་པས་རྟག་ཏུ་འཁོར་ཞིང་བཞུགས། །

恋然而您也众生的事为了贪恋常转而坐

གང་ཡང་འགྲོ་བ་ལས་ཉོན་གྱིས། །དབང་མེད་ཉིད་དུ་གྱུར་པ་དང་། །

任何人们业力被不能自主变成

ཁྱོད་ཉིད་སྙིང་རྗེ་ཆེན་པོས་ཀྱང་། །འཁྲུན་པ་བཞིན་དུ་གཞན་དབང་བྱས། །

您的大慈悲也比就像被动变为轮回

འགྲོ་བ་སྡུག་བསྔལ་རྣམ་གསུམ་གྱིས། །རྟག་ཏུ་མནར་བར་གྱུར་པ་དང་། །ཁྱོད་ཀྱང་ཐུགས

苦难三种把常折磨将您也慈悲的

རྗེའི་གཞན་དབང་གིས། །ཐུགས་ངལ་གྱུར་བ་དག་ཀྱང་ངོ། །རྒུད་པའི་ཚ་གདུང་ཀུན

依他而灰心变等也会衰落炎热都

སྐྱབས་པའི། །ཐུགས་རྗེ་མ་བྱ་རྒྱས་པའི་གདུགས། །སགསུམ་བླན་རྟག་འཁོར་བ། །

保护着悲心孔雀展开的伞三界之上常转动

ཟླ་མེད་ཁྱོད་ལ་ཕྱག་བགྱིའོ། །སྔ་མོ་དགོན་ལུང་དུ་རྒྱུད་གྲྭ་གསར་འཛུགས་བྱེད་སྐབས

无敌您象顶礼早先郭隆寺密宗院新建时

རྗེ་འཇམ་དབྱངས་བཞད་པའི་རྡོ་རྗེས་ད་ལྟ་ངེད་རང་རྣམས་ཀྱིས་རྒྱུད་པ་གྲྭ་ཚང་འདི་འཛུགས། །

尊者嘉木样协巴多杰现在我们密宗院

སླར་ཉམས་ཆག་ཞིག་གི་སྐབས་སུ་ཁྱེད་རང་གིས་འཛུགས་དགོས

这建再灾害一次时候你自己建要

ཞེས་རྗེ་འདི་པ་ལམ་འོངས་པ་མཁྱེན་པའི་གསུང་བྱོན་པ་ཐུགས་ལ་དགོངས་ནས། །

这样尊师对未来预言的说过心里想起而

དགོན་ལུང་དུ་རྒྱུད་གྲྭ་གསར་འཛུགས་བྱེད་རྒྱུའི་བཀའ་རྒྱ་དང་འཛིན་ཐེབས་རྣམས

郭隆密院新建要做的命令和资本等

གནང་བ་བཞིན་བཙུགས་པར། ། འཇིགས་བྱེད་ཀྱི་བློས་བསླངས། ། སྟོད་གཡོགས། །

给的按照建立大威德的塑像披肩下衣

སྨད་གཡོགས། ། རིགས་ལྔ། ། གཙུག་ཏོར་དང་བཅས་པ་གྲུས་མཚུངས་བརྒྱ་རྩ་བརྒྱད། །

五佛冠发髻包括同样一百零八

བདག་འཇུག་སོགས་ལ་ཉེ་བར་མཁོ་བའི་ཡོ་བྱད་རྣམས་མ་ཚང་བ་མེད་པ་གནང་སྦྱིན་མཛད། །

自入等急需工具无不齐全赏赐

སྐབས་ཞིག་རྒྱ་ནག་ཏུ་ས་གཡོས་ཆེན་པོ་འཇིགས་སུ་རུང་བ་བྱུང་སྟེ། །

有一次内地大地震发生家园

ཁང་ཁྱིམ་མང་པོ་ཞིག་རལ་དུ་གྱུར། ། སྐྱེ་བོ་བརྒྱ་ཕྲག་དུ་མ་ཐེབ་འོག་ཏུ་ནོན་པ་སོགས་ཆེ

许多废墟变几百人埋入废墟等灾异

འཕྲུལ་ཤིན་ཏུ་ཆེ་བ་ཞིག་བྱུང་བར། ། གོང་མ་ཆེན་པོ་ཡང་ཐུགས་ཅུང་ཟད་འཚབ་

很大发生大皇帝也心里一些着急

པའི་རྣམ་པས་རྗེ་འདི་པ་དང་ལྷན་དུ་གཟིམ་ཁང་གཅིག་ཏུ་ས་གཡོས་མ་ཞི་བར་དུ

表现尊者和一起卧室同一个地震未平息直到

བཞུགས་པ་མཛད་ཅིང་། ། ཁྱེད་རང་གམ་དུ་ཡོད་པས་ངེད་སེམས་བདེ་བ་འདུག་ཅེས

坐并你我身边在比较安心这样

ཐུགས་རྩེ་གཏད་པའི་གསུང་ཡང་སྩོལ། ། ཡང་ཉིན་གཅིག་གློ་བུར་དུ་མུན་པ་འཐིབ་

相信的说又一天突然间黑暗笼罩

ཅིང་འབྲུག་གི་སྒྲ་དང་གློག་འཁྱུག་པ་དང་བཅས་འཇིགས་སུ་རུང་བའི་སྤྲིན་ནག་པོ་

电闪雷鸣可怕的乌云密布

འཁྲུགས་པ་ལས་ཆབ་ཀྱི་གོང་བུ་འཁྱིལ་པ་ཕོར་པ་ཙམ་གྱི་སེར་བའི་རྒྱུན་དྲག་པོ་

水的球形结成碗大的冰雹连续剧烈

བབས་པས་ལོ་ཏོག་དང་སྲོག་ཆགས་ཕྲ་མོ་ལྟ་ཅི་སྨོས། ། ཁང་ཁྱིམ་གྱི་སོ་ཕག་རྣམས

下起庄稼和小生物不用说房屋的砖等

ཀྱང་དུམ་བུར་བཤིགས་ཅིང་མི་དང་སྲོག་ཆགས་མང་པོ་ཡང་བཀུམ། ། ཅུང་ཟད་ཡུན

也成碎片人畜死伤很多较短时

ཐུང་བ་མ་གཏོགས་གྲོང་ཁྱེར་སྟོང་བ་ལ་ཆབ་ཞིག་ཀྱང་བྱུང་འདུག། ། སྔར་གྱི་དམག་

不然城市空变成一次也发生过以前的将军

དཔོན་ཉེན་གྱུང་ཡང་རེ་ཞིག་གོང་མའི་གཟིགས་པ་ཆེན་པོས་བསྐྱངས་ཀྱང་། །

年羹尧暂且皇帝的重视厚爱但不久

མ་འགྱངས་པར་རང་གི་བྱས་པའི་ལས་ཀྱི་རྣམ་སྨིན་དུས་སུ་བདོ་བས་ཁྲིམས་ཀྱི་ཆད་པས

后自己的过错业力报应时机成熟法的处罚

གསོན་པོར་མེར་བསྲེགས་ཏེ་འཆི་བའི་སྡུག་བསྔལ་ཉམས་སུ་མྱོང་འདུག་གོ། །

活活烧死死亡的痛苦体验到了地下

ས་འོག་གནས་པའི་ལྷ་ཆེན་ཉི་མའི་བུ། ། ས་སྟེང་བསྟན་ལ་གནོད་པའི་དགྲར་ཁྲོས་པས། །

居住的大神太阳子地上佛法害的敌对怒大地

ས་ཆེན་ཡོམ་ཡོམ་ཆེམ་ཆེམ་གཡོ་བྱས་ཏེ། ། ས་གསུམ་འབྱུང་པོའི་དམག་ཚོགས་རིངས

晃晃隆隆动摇三界魔鬼军队迅速

པར་བསྐུལ། ། སྟོབས་ལྡན་དེ་ཡི་དཔུང་གི་རྒྱ་གཏེར་རབ་ཏུ་ཁྲོས་པའི་འཐོར་རླུང་དྲག

派大力士的军队大海非常愤怒风暴剧烈

པོས་གཡོས་ཤིང་འཁྲུགས་པ་ལས། ། མ་རངས་གད་མོ་ཁྲབ་འཇིག་ཁྲོས་པའི་ཇ་སྒྲ

摇翻滚不满笑声罗聋罗生气的鼓声

དང་མཚུངས་ཧུར་ཧུར་རྒོད་བས་ས་གཞི་རལ་ཞིང་རི་བོ་དུམ་བུར་འགས་པ་བཞིན། །

一般哄哄发笑大地破裂高山开裂小块一样

ཧུ་མཚོན་པ་དན་དཀྲིགས་པས་ཉི་ཟླའི་སྣང་བ་འགོག་བྱས་གྱུ་ཚོམ་གོམ་སྟབས

兵器飞幡密布日月光遮住草率步伐

ཀྱིས་བསླང་རྡུལ་འཚུབ་མི་བཟད་འཐིབ་པའི་མུན་པར་འདྲེས། ། བལྟ་བར་མི་བཟོད

引起尘暴难忍弥漫黑暗看不敢

འོད་ཟེར་འཁྱུགས་ལྡན་སྣ་ཚོགས་མཚོན་ཆའི་འཁྲུལ་འཁོར་རབ་ཏུ་འཛིངས་ཤིང་རྡོ

光芒闪耀各类兵器的组合非常密

རྡོའི་མདའ་ཆར་སྟོང་ཕྲག་དུས་གཅིག་འབབས། ། དེ་ཚེ་བརྟན་པའི་ཡིད་ཅན་སྐྱེ་བོ་ཡང་། །

金刚之箭如雨数千同时下那时坚定众生人们

སྙིང་གི་མྱ་ངན་དབུགས་དང་ལྡན་ཅིག་ཏུ། ། མགྲིན་པའི་ཕུག་ན་མདོན་པར་

胸中悲痛气连在一起咽喉的最里面极小

འདར་བཞིན་དུ། ། སྐྲག་པའི་མིག་རྩ་རིག་རིག་ཉིད་དུ་བལྟས། ། འཇིག་རྟེན

发抖正在恐惧的眼神耽耽观世间

དྲེགས་པས་རྨོངས་རྣམས་ལ། ། འཇིག་པའི་བསྐལ་པ་མངོན་སུམ་དུ། ། འཇིག་རྟེན་འདི

傲慢沉迷诸坏劫真实的世界这个

ཧུ་མངོན་བསྟན་ནས། ། འཇིག་རྟེན་ཕ་རོལ་ཉམ་ངར་ཁྲིད། ། སྐྱེ་བོ་གྲངས་ཀྱིས་མི་ཆོད་པ། །

清楚的指示彼岸世界悲惨带领人无数的

ས་འོག་སོང་ལ་ཡང་མོད། ། བསྟན་ལ་གཤེ་བའི་སྡིག་གློན་ལ། ། ལྟད་མོ་འདི་འདྲ

地下去对可怕佛法对损害的暴宦观相此类

འོས་པ་ཉིད། ། རང་གིས་བསགས་པའི་འབྲས་བུ་ལུས་འདི་ཡིས། ། ཚ་དམྱལ་མངོན

值得自己造业的果此身对热地狱真实地

སུམ་མྱོང་བ་འདི་རྟོགས་ལ། ། ཕྱིན་ཆད་བསྟན་ལ་སྡང་བར་མ་བྱེད་ཅེས། ། འཇམ་དབྱངས

体会看后将来佛法敌意不要文殊

མི་ཡི་རྗེ་བོས་བཀའ་ཆོས་བསྩལ། ། དབྱར་ཀའི་སྐབས་ཞིག་ཕོ་བྲང་ནང་དུ་ཚ་བ་ཆེ

大皇帝预言经法夏季一次皇宫里炎热

བས་སྐྱིད་མོས་ཚལ་དུ་ཧོག་གསུང་བའི་བཀའ་ཕེབས་བས། ། ལྕང་སྐྱ་སྤྲུལ་སྐུ་རིན་པོ་ཆེ

园林中来讲的命令下章嘉活佛仁波切

དང་རྗེ་འདི་པ་གཉིས་གོང་མའི་མེ་ཏོག་ལྡུམ་རར་བཞུགས། ། དེར་བཞུགས་རིང་ལ

和尊者二位皇帝的花园里坐此间

གོང་མ་རང་གི་གསོལ་ཐབ་ནས་གསོལ་བའི་རིགས་ཐམས་ཅད་གནང་ཞིང་། །

皇帝自己的厨房食物种类一切赐给湖

མཚོ་དང་། ། རྫིང་དང་། ། འབབ་ཆུ་དང་། ། མེ་ཏོག་སྣ་ཚོགས་པའི་ཚལ་དང་། །

池流水花各种树林草坪

སྤང་སྟོངས་དང་། ། བསིལ་ཁང་སོགས་གང་བཞེད་པའི་གནས་སུ་བག་ཡངས་སུ་ཕྱིན་ཆོག་པ་མཛད། །

凉亭等所想的地方安逸地去可以

གོང་མ་ཆེན་པོས་རྗེ་འདི་པ་ལ་མཚན་མོ་གཟིམས་པ་མལ་ཆ་དང་། ། སེང་གོས་ཀྱི་གུར། །

大皇帝尊者夜晚的卧具纱帐

ཉིན་མོ་མནབ་རྒྱུའི་མནབ་བཟའ་སྣ་ཚོགས་པ། ། ཞབས་ཕྱི་རྣམས་ལ་ཡང་གོ

白天衣物各种侍从们也身份

བབས་དང་བསྟུན་པའི་གོས་སྟན་སོགས་རྣམ་གྲངས་མང་བ་གནང་སྦྱིན་མཛད། །

按照衣褥等种类很多赏赐此间

དེར་བཞུགས་རིང་ལ་ལྕང་སྐྱ་རིན་པོ་ཆེར་ལུང་དང་རྗེས་གནང་། ། དབང་ཁྲིད་སོགས

章嘉仁波切传经许诺灌顶等

བཀའ་ཆོས་ཟབ་མོ་རྣམས་བུམ་པ་གང་བྱའི་ཚུལ་དུ་འབུལ་བར་མཛད། ། བླ་མེད་ཡེ

师法深广满瓶倾泻的方式传授无上智慧

ཤེས་བདུད་རྩི་འགྲོ་ཀུན་ལ། ། སྙོམས་པར་སྦྱིན་ཞེས་ཞལ་གྱིས་མ་འཆེས་སམ། །

甘露众生都均等授这样未许诺否？深奥

ཟབ་གསང་རྡོ་རྗེའི་གདམས་པའི་སྙིང་ནོར་ཀུན། ། སྲས་ཀྱི་ཐུ་བོ་གཅིག་པུར་གཏད་འདི་ཅི། །

金刚教诲核心都弟子主要唯一传这

ཡབ་རྗེ་བླ་མའི་མཁྱེན་རབ་རིན་ཆེན་བང་མཛོད་ཆེ་ལས་གང་ལ་ཅི་དགའི་

为何祖师上师智慧珍宝大库中谁所需

ལེགས་པ་བཤད་ཀྱི། །དགའ་སྟོན་འབྱུང་བ་རྫོགས་ལྡན་སྤྲིན་ལས་འདོད་དགུའི་ཆར་

格言的喜宴出现圆满时云中如意一切雨

བཞིན་དངོས་པོའི་གཤིས་ལ་ངོ་མཚར་ཅེ། །དེ་བས་བཤེས་གཉེན་ཡིད་བཞིན་ནོར་

一样事物本性神奇有因此恩师如意宝的

བུའི་མཚན་ཉིད་ཤེས་ནས་བསམ་སྦྱོར་རྒྱལ་མཚན་རྩེར་མཆོད་པའི། །རྒྱལ་སྲས་དེད་

本性知道思想行为宝幢顶上供奉佛子舵手

དཔོན་མཁས་པའི་རྣམ་ཐར་འབའ་ཞིག་ས་གསུམ་ངོ་མཚར་ཀུན་གྱི་སྙིང་པོ་ཉིད། །

智者传记只三界神奇一切的精华

སྐབས་ཤིག་གོང་མའི་བཀའ་ལས། །ཐུའུ་བཀྭན་ཧུ་ཐོག་ཐུ་ཁྱོད་སྔར་བླ་མ་མཚན་ཉིད་

有一次皇帝的诏书说土观呼图克图你本来喇嘛合格

དང་ལྡན་པ་ཡིན། །སྐུ་ངོས་སུ་ངེད་ཀྱི་ཕྱག་གཡོག་བསྒྲུབ་ནས་ལོ་མང་དུ་སོང་ངེད་ཀྱི་

是亲自我的侍从做多年我的

སེམས་ཟིན་པ་ཡིན་པས་ཁྱོད་ལ་གཟེངས་བསྟོད་བྱ་དགོས་གསུང་ནས། །

心意理解是对你赞扬应该说静修禅师

ཇིང་ཟིའུ་ཆན་ཞི་ཞེས་རྣམ་དག་བསླབ་ལྡན་གྱི་སློབ་དཔོན་དུ་བསྔགས་པའི་ཆེ་མོ་དང་། །

叫纯洁学处有的导师被誉为官阶

ཐམ་ཀ་སོགས་གནང་། །དེ་དུས་འཇའ་ས་གསེར་ཡིག་གནང་བ་ནི་འདི་ལྟར་རོ། །

印章等赐给那时诏书圣旨赐给如下

ཧྭང་ཏིའི་བཀའ། །པོ་བྲང་གི་བླ་མ་སེར་མོ་པ་རྣམས་ལ་ལུགས་གཉིས་ཀྱི་བསླབ་བྱ་

皇帝诏曰宫殿的喇嘛僧侣们二制的教诲

ལེགས་པར་སློབ་པའི་ཛ་སག་ཏྲ་བླ་མ་ཐུའུ་བཀྭན་ཧུ་ཐོག་ཐུ་ལ་བསྒོ་བ། །

很好学习的扎萨克大喇嘛土观呼图克图对说

སངས་རྒྱས་ཀྱི་བསྟན་པ་རིན་པོ་ཆེ་ནི། །ཐོག་མར་འཕགས་པའི་ཡུལ་དང་། །

佛陀的正法仁波切是首先印度地区

དེ་ནས་མ་ཧཱ་ཙི་ན་དང་། །ཧྲ་ཏའི་ཡུལ་དུ་དར་ལ། །ལུས་ཅན་

于是大支那吐蕃地区在兴众生

ཐམས་ཅད་ཀྱི་སྡུག་བསྔལ་སེལ་བ་དང་བདེ་བ་ཐམས་ཅད་འབྱུང་བའི་གཞི་གཅིག་

都苦难消除快乐一切产生的根源唯一

པུ་ཡིན་པས། །གང་སུ་དག་བསྟན་པ་རིན་པོ་ཆེ་སྡེ་སྣོད་གསུམ་གྱི་འཆད་ཉན་དང་། །

是谁佛法仁波切三藏的讲授

བསླབ་པ་གསུམ་གྱི་ཉམས་ལེན་གྱི་སྒོ་ནས་འཛིན་ཅིང་སྤེལ་བར་བྱེད་པ་རྣམས་ལ

三学处的修习的方式护持并发展使得

བཀུར་སྟི་དང་གཟེངས་བསྟོད་བྱེད་པ་ནི་ས་སྐྱོང་ཆེན་པོ་རྣམས་ཀྱི་ལུགས་སྲོལ་ཡིན། །
恭敬赞颂是大皇帝们的规矩
ཐུའུ་བཀྭན་ཧུ་ཐོག་ཐུ་ཁྱོད་རང་བཞིན་བཟང་ཞིང་། །ལྷག་པའི་བསམ་པ་རྣམ
是土观呼图克图您本性好善衷心忠诚
པར་དག་པ་དང་། །ལུང་རྟོགས་ཀྱི་ཡོན་ཏན་ལ་དབང་འབྱོར་བའི་སྐྱེས་བུ་དམ་པ་ཡིན་ཞིང་། །
教法的知识精通的贤哲君子是
ཁྱད་པར་དུ་ངེད་ཀྱི་ཕྱག་གཡོག་སྒྲུབ་ནས་ལོ་མང་སོང་ཡང་། །སྐྱོ་ལ་མེད་པར་མ་ཟད། །
特别是朕的侍从做多年也忧劳没有
དད་པ་དང་ཡིད་ཆེས་སོགས་གོང་འཕེལ་དུ་གྱུར་འདུག་པ་བཅས་གཟེངས
而且信仰坚定等增加变味已经连赞颂
བསྟོད་བྱ་བ་སྐབས་སུ་བབས་པས། །ཁྱོད་ལ་ཇིང་ཟེའུ་ཆན་ཞིའི་ལུང་ལས་བྱིན་པ་ཡིན། །
表彰做时候已经成熟您对静修禅师职业赐予
ཁྱོད་ཀྱིས་ཀྱང་ངེད་ཀྱི་བཀའ་དྲིན་རྗེས་སུ་དྲན་པས་བསྟན་པའི་བྱ་བ་ལ་སྐྱོ་ངལ་མེད
您也我的恩情回忆佛法事业任劳任怨
པ་མཛོད། །རིགས་ཅན་གསུམ་གྱི་གང་ཟག་ལས་ཐེག་པ་ཆུང་ངུ་ལ་མོས་པ་རྣམས་ཀྱང་། །
三根器的人中小乘信服者
ཐབས་ཀྱིས་བཀྲི་བར་བྱས་ཏེ་ཐེག་པ་མཆོག་ལ་འགོད་པ་དང་། །ཕལ་པ་རྣམས
也善于引领大乘升入普通人
ཀྱང་དམ་པའི་རྗེས་སུ་སློབ་པ་ལ་བཀྲི་མཁས་མཛོད་ལ། །ངེད་ཀྱི་ཡབ་མེས་རྣམས་ཀྱི
也贤者向学习引导善于做我的祖辈们的
དགོངས་པ་དང་། །ངེད་རང་གི་བསམ་པ་བཞིན་དུ་བསྟན་པ་རིན་པོ་ཆེ་གོང་ནས
思想和我本人想法依照佛法更加发展
གོང་འཕེལ་དུ་འགྱུར་བའི་ཐབས་ཚུལ་ལ་སྒོ་གསུམ་བརྩོན་པར་མཛོད། །ཆེད་དུ་བཀའ་ཕབ་པ་ཡིན། །
变成的方法对三门努力要专门
ཡུང་ཀྲིང་དགུང་ལོ་བཅུ་གཉིས་པའི་ཟླ་ཚེས་ལ། །ཞེས་རྒྱ་ཡིག་དང་། །
下令是雍正年十二月这样汉文
མན་ཇུའུ་ཡི་གེ། །བོད་ཡིག་གསུམ་ཀ་ཡོད་པའི་བཀའ་བཟང་པོའི་གསེར་ཡིག་གནང་། །
满文藏文三种有的命令好的圣旨
ཏཱ་ཆིང་གི་རྒྱལ་རབས་འདི་ལ་བླམ་སེར་མོ་བའི་ཁྲོད་དུ་ཆན་ཞིའི་བཀའ་ཐམ
赐给大清朝这对喇嘛僧人当中禅师印章
གནང་བའི་ཐོག་མ་རང་འདི་ཡིན་པ་འདུག། །དེང་དུས་ཕལ་པའི་བསྟོད་ཚིག་མེ་ཏོག་འཕྲེང་། །
赐给的首次这是现在普通赞颂花环

རྒྱན་དུ་ཐོགས་ཏེ་དགའ་གར་བྱེད་ན། ། སབདག་ལུང་གི་རིན་ཆེན་དོ་ཤལ་ནི། །
装扮而喜悦舞蹈皇帝命令珍宝
གཅིག་ཏུ་ཁྱོད་ལ་འོས་སུ་གྱུར་ཀྱང་སྲིད། ། གཞན་དུ་མཁའ་ཁྱབ་རྒྱལ་བས
项链是专门您适合或许另外遍空佛陀
དབྱངས་གཅིག་གིས། ། འཇིག་རྟེན་གསུམ་གྱི་མགོན་དུ་མངའ་གསོལ་ན། ། འཁོར་བའི་
异口同声地三界的佑主封为轮回
སྐྱེ་བོའི་བསྔགས་ཚིག་བྲག་ཆའི་དབྱངས། ། ཁྱོད་ལ་ངོ་མཚར་གནས་སུ་འོས་མ་ཡིན། །
人的颂词回向声音你对奇妙处不可
འོན་ཀྱང་འཇིག་རྟེན་སྐྱེ་བོ་རྣམས། ། ས་ཡི་བདག་པོའི་རྗེས་སུ་འབྲང་། ། དེ་ཕྱིར་དེ་དག
但是世间人们皇帝后面跟因此那些
རྗེས་བཟུང་ཆེད། ། སྐྱོང་བསྟེན་བཀུར་བདག་གིར་བཞེས། ། དུས་མཚམས་རྣམསསམ
接受摄持皇帝服侍取为己有时期不定
ངེས་ཀྱང་སྔ་ཕྱིར་གོང་མ་ཆེན་པོས་གནང་སྦྱིན་དང་། ། བདག་རྐྱེན་དགྱེས་མ་ལས་ཟུར་
先后大皇帝赏赐奖赏普通另外
དུ་ཁྱད་པར་བ་མང་དུ་མཛད་དེ། ། ཕ་ནག་གི་དྭ་ཧུ་རྒྱལ་པོ་ཉིད་དང་སྐུ་ཉེའི་ཕང་ཆེ་བ
特别的许多发黑狐裘衣王本人亲属王公
རྣམས་མ་གཏོགས་གཞན་གྱིས་གྱོན་མི་ཆོག་པ་ལ་རྗེ་འདི་ཉིད་ལ་རྒྱལ་པོ་རང་ཉིད་ཀྱི་
们除了别人穿不得的该尊者对皇帝自己
མནབ་འཕྲོའི་ཕ་ནག་གི་དྭ་ཧུ་དངུལ་སྲང་བདུན་བརྒྱ་རེ་བ་ཞིག་གནང་ཞིང་། །
穿过的黑狐裘衣银两七百美赐给汉族
རྒྱའི་ལུགས་སྲོལ་ལ་ཁ་དོག་སེར་པོ་འདི་རྒྱལ་པོའི་ཚོན་སྐལ་ཡིན་པས་བཞུགས་སྟན་སེར་
风俗对黄色这皇帝的颜色是坐褥黄色
པོ་རྒྱལ་པོ་རང་ཉིད་མ་གཏོགས་སུས་ཀྱང་བཏིང་མི་ཆོག་པ་ལ། ། རྗེ་འདི་བ་ལ། །
皇上自己除了谁也铺不能该尊者对里面
ནང་དུ་བཞུགས་སྐབས་བཏིང་རྒྱུའི་བཞུགས་སྟན་སེར་པོ་གསེར་འབྲུག་དགུ་ཡོད་པ་དང་། །
坐时铺的坐褥黄色的金龙九有的
སྙེལ་འཐོལ་གསེར་འབྲུག་ཅན། ། ཕན་ཚུན་དུ་ཐེབས་སྐབས་ཁྱེར་རྒྱུའི་གདན་གསེར་
金龙枕头互相走时可拿的垫黄色
གྱི་འབྲུག་ཆེན་ཅན་སེར་པོ་སོགས་གནང་ནས་གཞན་ལས་ཁྱད་ཐོན་པ་མཛད། །
金龙等赐你比别人区别对待
སྐབས་ཤིག་རྒྱལ་པོ་རང་ཉིད་ཀྱིས་བཞེས་འཕྲོའི་སྐུ་རགས་པདྨ་ར་ག་ཆེན་པོ་བཞི་དང་། །
又一次皇帝自己用过的腰带大红宝石四个

རྡོ་རྗེ་ཕ་ལམ་ཆེ་བ་ཕྲན་སྒྲོས་ཙམ་བརྒྱ་ལྷག་གིས་སྤྲས་པ། ། རིན་ཐང་བརྩིས་ན། །

大小钻石百余颗价值计算银两

དངུལ་སྲང་ཁྲི་ཕྲག་ཙམ་རེ་བ་ཞིག་ཀྱང་གནང་སྦྱིན་མཛད་འདུག་དེས་མཚོན་པའི་སྔ་ཕྱི་དུ

上万的一条也赐给过诸如此类先后

མར་གསེར་དངུལ་སོགས་རིན་པོ་ཆེའི་རིགས། ། གོས་དར། ། རིན་པོ་ཆེའི་སྒྲུབ་པ་བཟོ་

多次金银等珍宝的绸缎宝贵的物品造型

དང་དབྱིབས་མི་འདྲ་བ་འཇིག་རྟེན་ན་དཀོན་ཞིང་རིན་ཐང་ཆེ་བ་དུ་མས་མཚོན། །

不同的世上稀有价值高的许多

མདོར་ན་ཐུགས་ལ་བཏགས་པའི་གནང་རྫས་ཀ་ནོམ་པ་བསྩལ་བར་མཛད་པ་ཆེས

总之关怀备至礼物丰富赐给很多

མང་ཀྱང་དེ་ཐམས་ཅད་ཀྱིས་མི་ལང་། ། སྐབས་ཤིག་ལྷོ་ཕྱོགས་ཀྱི་རྒྱུད་དུ་བྱུང་བའི་

那些说不清一次南方地区来到

ཏོའུ་ཤིར་གྲགས་པའི་རྒྱའི་བོན་པོ་ཞིག་ཁྲིམས་ལ་སྦྱར་བས། ། ཁོ་མི་མ་ཡིན་མཐུ་སྟོབས

道士称为汉族的一个处罚他非人大威势

ཆེ་བ་ཞིག་ཏུ་སྐྱེས་པ་ཡིན་ནམ། ། གང་ལྟར་ཡང་རྒྱལ་པོའི་མནལ་ལམ་དུ་ཡང་

化为或者不管怎样皇帝的梦里多次

ཡང་འོང་བ་སོགས་འཚུབ་ཆ་ཤིན་ཏུ་ཆེ་བ་བྱུང་བར། ། རྗེ་འདི་བ་ལ་ཕན་པའི་བཅོས

出现危机非常大产生该尊者对有利的

ཐབས་བྱེད་དགོས་ཚུལ་གྱི་བཀའ་གསང་སྟབས་ཀྱིས་བྱུང་བ་ལ། ། ཕོ་བྲང་ནང་མ་ཞིག

要做的命令秘密地发来宫殿密室中

ཏུ་རྡོ་རྗེ་འཇིགས་བྱེད་ཀྱི་སྦྱིན་བསྲེགས་མཛད་པས། ། དེ་ནུབ་ནས་བཟུང་སྟེ་ཆོ་འཕྲུལ

大威德金刚的烧供做后那晚开始幻觉

རྣམས་རང་སར་ཞི། ། རྒྱལ་པོའི་བཀའ་ལས་ངེད་རང་གར་བསྡད་པར་བླ་མ་ཁྱེད

消失皇帝的命令说我在哪儿喇嘛你

བཞུགས་ན་ལེགས་པ་འདུག་ཀྱང་རྒྱལ་སྲིད་ཀྱི་ལུགས་སྲོལ་བསྐྱངས་དགོས་པ་འདིས

坐很好但国法规矩保持要这

མི་བདེ་བ་འདུག ། ང་ཁྱེད་ཀྱི་སྐུ་བརྙན་ཞིག་བཞེངས་ནས་ངེད་རང་འདུག་སར་

不方便我你的画像一副画出我的居处

མཆོད་དགོས་གསུང་ནས། ། རྒྱའི་རི་མོ་མཁན་དྷ་ཞིན་ཞིག་གཏོང་བ་གནང་ནས་ཞལ

供奉讲后汉族画室一位派来面容

རས་སོགས་ཉམས་ཤིན་ཏུ་དོད་པའི་ཐང་ཀ་ཆེ་བ་གཉིས་བཞེངས་པའི། ། གཅིག་རྒྱལ

等形象逼真的大唐卡两幅画了一副皇帝

པོའི་གཟིམས་ཁང་དུ་མཆོད་པར་མཛད་པ་དེང་སང་ཀྱང་ཡོད། ། གཅིག་རྗེ་ཉིད་ལ

的寝室供奉现在也在一副尊者

གནང་བ་དེང་སང་ཆོས་བཟང་རི་ཁྲོད་དུ་བཞུགས་པ་འདི་ཡིན། ། རྒྱལ་སྲས་བཅུ

赐给现在却藏山间供奉的这尊十七皇子

བདུན་པ་ཁེང་ཟི་ཆིང་དབང་ཞེས་བྱ་བ་གསུང་རབ་ལ་བློ་གྲོས་ཀྱི་འཇུག་པ་ཡངས་ཤིང་། །

长寿亲王叫做经文对智慧宽大且

རྙིང་མ་ལ་ཤིན་ཏུ་མོས་པ་ཞིག་ཡོད་པ་དེས་གཡོ་འཁྲུལ་གྱིས་དགེ་ལུགས་པ་མིང་

宁玛派很信奉一位那个狡诈格鲁派名字

ཙམ་ཡང་མི་གྲག་པ་ཞིག་བྱེད་རྩིས་ཀྱིས། ། རྒྱལ་པོ་ལ་ཞུས་ནས། ། བོད་དབུས་གཙང་

也听不到准备皇帝对请求卫藏

ནས་ཞྭ་དམར་ནག་གི་བླ་མ་ཀརྨ་པའི་རང་ལུགས་ལས་རྙིང་མ་ལ་ལྷག་པར་སྦྱངས་པ་

从红黑帽的喇嘛噶玛巴教派比宁玛对特别熟悉的

གཉིས་གདན་དྲངས་པ་ལ། ། རྗེ་འདིས་དམ་ཅན་ཆོས་ཀྱི་རྒྱལ་པོ་ལས་ལ་བསྐུལ་ཞིང་། །

两位请来的该尊者阎魔护法的法事对迫使

མངོན་སྤྱོད་ཀྱི་ལས་འགའ་ཞིག་ཀྱང་མཛད་པར་གྲགས་ལ། ། གང་ལྟར་ཡང་མི་རིང་

威猛法一些也做而不管怎样不久后

བར་བླ་མ་གཉིས་ཀྱི་གཅིག་ཟི་ལིང་དང་གཅིག་ཞི་ནན་ཕུ་ནས་གྲོངས། །

两位喇嘛的一位西宁另外一位西安死亡那时该师

དེ་དུས་རྗེ་འདི་པ་ལ་དམ་ཅན་ཆོས་ཀྱི་རྒྱལ་པོས་ལས་གྲུབ་པའི་རྟགས་མཚན་གསལ་བར་

对阎魔护法事完成的征兆明显地

མནལ་ལམ་དུ་བྱུང་འདུག། ། བླ་མ་དེ་གཉིས་པེའི་ཅིང་དུ་འབྱོར་ཚེ་ཞང་ཆེན་པོ་སྒྲུ

在梦中发现喇嘛那两位北京达到大王权势大

དབང་ཤིན་ཏུ་ཆེ་བ་དང་བཅས་རི་བོ་དགེ་ལྡན་པའི་གཞུང་བསྟན་ལ་རྒྱལ་གནོད

山格鲁派的教法危害严重

ཚབས་ཆེ་ཙམ་ཡོང་ངེས་སུ་འདུག་ཀྱང་། ། བླ་མ་འདི་གཅིག་པུས་དགེ་ལུགས་པའི་

必将产生但这位喇嘛唯一格鲁派的

བསྟན་པའི་སྲོག་བཟུང་བར་འདུག ཚུལ་འདིས་ཀྱང་རི་བོ་དགེ་ལྡན་པ་ལ་ཞེན་པོ

佛法命脉保持住这也格鲁派对笃信

རུས་དང་ལྡན་པ་རྣམས་དགའ་བར་གྱིས་ཤིག། ། སྐབས་འདིར་ཚིགས་སུ་བཅད་པ་བརྗོད་པ། །

骨气有高兴应该此时格律诗写过

འདི་ན་རང་རང་འདོད་པས་བཏགས་པ་ཡིན། ། ཆོས་ལུགས་ཚོང་འདུས

在这各自所想规定而教派集市

ཟོང་ལྟར་གྲངས་མང་ཀྱང་། ། མདོ་སྔགས་ལྟ་སྤྱོད་འཁྲུལ་མེད་འཐད་ལྡན་གྱི། །
货物如数量多但显密见行无误公认的唯一佛
ཆིག་སྒྲ་ཐུབ་པ་དགེ་ལྡན་པ་ལས་སྲུ། ། ཐུབ་པའི་བསྟན་པའི་སྲོག་འདི་འགག་གྱུར་ན། །
释迦格鲁派除了释迦正法命堵塞如空声
སྟོང་སྐད་བད་ཁམ་རླུང་གིས་སྤྲོས་པ་ཡི། ། ཆོས་ལུགས་ཕལ་ཆེར་དབུགས་བྲལ་ཁོག་པ་བཞིན། །
夸张风用吹起来教派大多如空气
བླུན་པོ་བྱ་ཁྱིའི་དགའ་སྟོན་ཙམ་དུ་ཟད། ། དེ་ཕྱིར་ལུགས་བཟང་རིན་ཆེན་ཤིང་རྟ་ཆེ། །
般愚人鸟狗喜宴仅仅是因此正法珍宝
ལྟ་བ་ངན་པའི་གཡང་སར་མངོན་ཕྱོགས་པ། ། དཔའ་བོ་ཁྱོད་ཉིད་གཅིག
大木车邪见的悬崖明倾向英雄您唯一
པུའི་སྟོབས་ཤུགས་ཀྱིས། ། ཡང་དག་ལམ་དུ་ཁ་ལོ་བསྒྱུར་འདི་རྨད། ། ལོ་མང་སྒྲུབ་པའི་
势力用来正确路上方向转入这好多年修炼的
ཁང་པར་མ་ཡིབ་ཅིང་། ། རཀྵའི་ཕྲེང་གོག་ཟད་པར་མ་མཉེས་ལ། ། རིང་པོར་སྐྱེས་པའི་
屋里未藏而果核念珠破损没揉搓长生的长出的
རལ་ཁྱུར་མི་རྔོམས་ཀྱང་། ། ནུས་ལྡན་སྔགས་འཆང་རྩེར་སོན་འདི་ངོ་མཚར། །
发髻负担不夸耀但有法力咒师至高这神奇身上
ལུས་ལ་རྫས་ངན་འབྲལ་མེད་འཆང་། ། ངག་ནས་སྔགས་ངན་ཆད་མེད་བཟླ། །
毒物不离持口中邪咒不断念心中邪念
ཡིད་ལ་བསམ་ངན་རྟག་འགྲོགས་པའི། ། ངན་དགུ་འཛོམ་པའི་སྔགས་གཟུགས་མང་། །
常伴的万恶齐聚的伪密宗师多外表
ཕྱི་རུ་བག་ཡོད་ཉན་ཐོས་སྤྱོད་པར་ལྡན། ། ནང་དུ་གསང་སྔགས་ཏིང་འཛིན་མར་མེ་གསལ། །
严肃声闻修习有内部密宗禅定油灯明
ནམ་ཡང་ལས་འབྲས་ཁྱད་དུ་མི་གསོད་པའི། ། དགེ་ལྡན་སྔགས་འཆང་འདི་འདྲར་སུ་མི་དད། །
永远业果不轻视格丹咒师这样谁
ཕྱོགས་ལྷུང་མུན་པས་མ་སྒྲིབ་པར། ། དག་སྣང་མིག་གིས་བལྟ་ཤེས་ན། །
不敬派系黑暗未遮净相眼睛看知
སྣ་ཚོགས་གྲུབ་མཐའི་ཁྱད་ཆོས་ཀྱི། ། ངོ་མཚར་རི་མོ་མཐོང་སྲིད་ཀྱང་། ། རྒྱལ་བའི་གསུང་
各种教派的净相神奇图案看见可能佛陀的正法
རབ་དབང་བཞག་སྟེ། ། ལུང་དང་རིགས་པས་བརྟགས་དཔྱད་ཚེ། ། བློ་བཟང་རྒྱལ
置证教和理辩论时洛桑佛的
བའི་རིང་ལུགས་ལས། ། གཞན་ལ་གུས་པ་ལྷོད་པར་གྱུར། ། འོན་ཀྱང་དུས་ཀྱི་འགྱུར་བ
理论除了其它对敬仰松懈已经但是世代的变化

མི་བཟང་བས། །ཡབ་རྗེ་བླ་མའི་ཐུགས་ཀྱི་བཅུད་ལྡང་བའི། །ལེགས་བཤད་གླེགས་བམ
不好而上师喇嘛思想的精华汲取格言经书
ཐལ་ཆེར་རྡུལ་ཁྲོད་དུ། །གཡོ་མེད་ངལ་བསོར་བསྡི་འདི་མཆིམ་དཀྲུ། །ལེགས་བཤད
大多灰尘中不动休息这流泪格言
གཏམ་དང་རྣམ་ཐར་གཙང་མ་སོགས། །གཞན་ལས་ཁྱད་པར་འཕགས་ཆོས་མི་ཤེས་པར། །
佛语传记等其它比起特别殊胜特色不知
ཞྭ་མདོག་ཙམ་ལས་གཏན་ཚིགས་གཞན་མེད་ན། །ཨུད་ཀྱིས་སྙེམས་ཀྱང་བྲག
帽色仅从外根据其它无也回响
ཆའི་དབྱངས་སུ་ཟད། །ཀྱེ་མ་བསྟན་འཛིན་ཐལ་ཆེར་ཤིང་བལ་བཞིན། །ཆོས་བརྒྱད
声仅仅是哎呀守持佛教者大多柳絮一般八世风
རླུང་གིས་མཐའ་དབུས་ཀུན་ཏུ་བདས། །བཤད་སྒྲུབ་ཆོས་ཀྱི་རྒྱལ་མཚན་འཁྱེད་ཕྱོགས་ཀྱང་། །
将各处处处驱逐讲修法的宝幢倾斜
སྙིང་སྟོབས་དཔུང་བས་འདེགས་པ་ཉི་སྐར་ཙམ། །དུས་འདིར་མཛད་བཟང་བདུད
勇气肩膀托起日星般这时善业甘露的
རྩིའི་བཅུད། །ཕན་བདེ་རོ་བརྒྱའི་སྙིང་པོ་ཡིས། །ཀུན་ལ་དགེ་ལེགས་སྲོག་སྟེར་བའི། །
精华利乐百味的精神用来一切妙善命赐给的
སྙིགས་མའི་མགོན་ཁྱོད་ལ་ཕྱག་འཚལ། །སྐབས་ཤིག་སྐུ་ཁམས་ཅུང་ཟད་བསྙེལ་ཞིང་། །
浊世的佑主向您致敬一次福体一点病情并
ཕྱི་ནང་ཀུན་ཏུ་འཚུབ་ཆ་ཆེ་བ་ཞིག་བྱུང་བས། །རྗེ་རང་ཉིད་ཀྱིས་སྒྲུ་འཚམས་དམ
内外到处大危机发生尊者自己以修行闭关
པར་བཅད་དེ། །ལྷ་མོ་ཤམ་ཤའི་སྔོན་ནས་རྨི་ལམ་བརྟགས་པ་ཞིག་མཛད་པར། །
而女神夏玛娜以…梦占一次后前世
སྐུ་ཚེ་སྔོན་མ་རྒྱ་གར་དུ་སྐྱེ་བ་བཞེས་པ་འགའ་ཞིག་དང་། །བོད་དུ་མ་ཅིག་ལབ་སྒྲོན་གྱི
印度在转世一些和藏区在玛拉普忠时期
དུས་ཐོང་སྨྱོན་བསམ་འགྲུབ་དང་། །གཞན་ཡང་དཔལ་ལྡན་ས་སྐྱའི་རིང་ལུགས
通人三木智和另有具德萨迦教派
འཛིན་པའི་སྐྱེས་བུ་དམ་པ་མང་པོ་ཞིག་ཏུ་སྐུ་སྐྱེ་བ་བཞེས་པ་དང་། །རྗེ་འདུལ་ནག
守持者贤者许多转生及尊者斗那巴
པར་སྐུ་འཁྲུངས་པ་དང་། །ཡང་རྒྱལ་པོ་ཆེན་པོ་ཞིག་ཏུ་སྐུ་སྐྱེ་བ་བཞེས་པའི་དུས་སུ
转生为又大国王一个转生的时候
གྲོགས་ངན་སོགས་རྐྱེན་དུ་མ་ཞིག་གི་དབང་གིས་མི་དགེ་བའི་ལས་སྟོབས་ཆེན་
恶趣等原因诸多的因不善的业造

བསགས་པ་དང་། །ཡང་རྒྱའི་ཡིག་མཁན་ཞིག་ཏུ་འཁྲུངས་པ་སོགས་གསལ་བར་བྱུང་། །

又汉人的缮写者一名生为等显示

སྔར་གྱི་སྡིག་སྦྱོང་བས་ལ་དཔལ་རྡོ་རྗེ་འཇིགས་བྱེད་དང་། །མི་འཁྲུགས་པའི་སྐུ་མང་དུ

以前的净罪为大威德和不动佛像许多

བཞེངས་ན་ཕན་པར་དགོངས་ཏེ། །འཇིགས་བྱེད་ལྷ་བཅུ་གསུམ་མའི་བློས་བསླངས

建造有利想且大威德十三尊神的雕像

གསེར་ཟངས་སོགས་ལས་གྲུབ་པ་ཚར་བཞི་དང་། །མི་འཁྲུགས་པའི་སྐུ་ཆེ་བ་ལྔ་དང་། །

金铜等用造四次不动佛的大像五尊

གཞན་ཡང་སྐུ་བརྙན་ཆུང་བ་མང་དུ་བཞེངས་པ་མཛད་ཅིང་། །དེ་དག་གི་གཟུངས་ཀྱི་ཁ་བྱང་དུ །

另外小佛像很多建造并那些的陀罗尼的

སྡིག་སྒྲིབ་ཉེས་ལྟུང་སྤྱི་དང་ཁྱད་པར་དུ། །མཆོག་གསུམ་རྟེན་བཤིགས

名牌在罪障堕罪总的特别是三宝圣物毁坏

དཀོར་འཕྲོག་དམ་པ་བཀྲོངས། །དབང་མེད་བཅིངས་བརྡེག་བསད་བསྐྲད་མཐུ་བྱས་སོགས། །

信财抢劫杀贤者无权者捆绑打杀驱赶诛杀

ཉེས་ལྟུང་ཚོགས་ཀུན་མྱུར་དུ་བྱང་གྱུར་ཅིག། །ཅེས་ལྷུགས་རྩོམ་མཛད་པས་ཤེས་ནུས་སོ། །

等堕罪一切都迅速清净愿这样作品写从

དགོན་ལུང་དུ་ཕུལ་བའི་འཇིགས་བྱེད་ཀྱི་བློས་བསླངས་འདི་རབ་

能知郭隆寺赐给的大威德像这个开光

གནས་མཛད་སྐབས་འོད་དཀར་པོ་ཟླ་བའི་དཀྱིལ་འཁོར་ལྟ་བུ་ཞིག་ཐིམ་པ་ཉེ་

时白光月亮的圆月般的一束渗入周围

འཁོར་ན་ཡོད་པ་མང་པོས་ཀྱང་མཐོང་འདུག། །སྐྱབས་མགོན་ཐམས་ཅད་མཁྱེན་པ་

有的许多也看见了佑主遍知的

ལྕང་སྐྱ་མཆོག་སྤྲུལ་རིན་པོ་ཆེ་དང་། །གནམ་བསྐོས་གོང་མ་ཆེན་པོ་

章嘉胜应身仁波切天子大皇帝

མཆོད་ཡོན་ཟུང་དུ་འབྲེལ་བ་ལ་བརྟེན་ནས་དེང་སང་མཐའ་དབུས་ཀྱི་བསྟན་པ་

供施结合依靠现在各处的佛法

བསྟན་འཛིན་སྐྱེ་འགྲོ་ཐམས་ཅད་གང་གི་ཐུགས་རྗེ་ཁོ་ནས་བདེ་ཞིང་སྐྱིད་པར་

佛学家有情众生一切他的慈悲心唯一快乐

གནས་པ་འདི་ལྟ་བུའི་རྟེན་འབྲེལ་གྱི་སྒོ་འཕར་འགྲིགས་པའི་ཐོག་མ་ཡང་རྗེ་འདིའི་

生活如此的缘起的门融洽首次也该尊者

མཛད་ཕྲིན་ཀྱི་སྐོང་ཁོན་ལས་བྱུང་བ་ཡིན་ཞིང་། །གཞན་ཡང་། །རྗེ་འཇམ་དབྱངས

事业的界绝对产生是且另外嘉木样协巴尊者

བཞད་པ་རང་གི་རྩ་བའི་བླམ་ཡིན་པ་དང་། ། མཁས་གྲུབ་གཉིས་འཛོམ་གྱི་བསྟན

自己的根本上师是贤哲二聚的佛法的

པའི་མངའ་བདག་ཆེན་པོར་གྱུར་བ་བཅས། ། གཞན་ཕན་འཕྲིན་ལས་ཀྱི་ཞབས་འདེགས

大主人成为等利他事业的服务

སུ་འགྱུར་བར་དགོངས་ནས། ། གོང་མ་བདག་པོ་ཆེན་པོར་ཞུ་སྣ་མཛད་དེ

成为而想大皇帝主人引荐人作

བསྟན་པ་འཛིན་ཅིང་སྤེལ་བར་བྱེད་པ་ཨེ་རྡེ་ནི་ནོ་མིན་ཧན་ཞེས་པའི་ཆོ་ལོ་དང་། །

佛法守持者发展使额尔德尼诺门汗称为官阶

བཀའ་ཐམ་སོགས་ཀྱིས་གཟེངས་བསྟོད་མཛད། ། དེ་མཚུངས་རྩ་བཟང་རིན་པོ་ཆེར་

印记等用表彰同样却藏仁波切

ཁ་ཅིན་ཏུ་ཐུ་ས་ལ་ཆི་ནོ་མིན་ཧན་ཞེས་པའི་ཆོ་ལོ་དང་བཀའ་ཐམ་གནང་པ་སོགས། །

喀锦都图萨拉克奇和诺门汗叫的官阶印章赐给等

མདོར་ན་རྗེ་འདི་དང་གོང་མ་ཆེན་པོ་མཆོད་ཡོན་དུ་གྱུར་བའི་འབྲེལ་བ་ལ་བརྟེན

总之该尊者和大皇帝供施成为关系依靠

ནས། ། མདོ་དབུས་གཙང་གསུམ་དང་། ། ཆེན་པོ་ཧོར་གྱི་རྒྱལ་ཁམས་རྣམས་སུ་རྒྱལ

而多卫藏三地坝大蒙古领域各处达赖

བ་ཡབ་སྲས་ཀྱིས་གཙོ་བའི་བསྟན་འཛིན་གྱི་སྐྱེས་ཆེན་དམ་པ་དུ་མ་ཞིག་གིས་གཞན་

师徒为主的守持佛法者大德贤者许多利他

ཕན་འཕྲིན་ལས་ཀྱི་སྒོ་འཕར་ཡངས་པོར་ཕྱེས་ཤིང་། ། ཙུན་གར་གྱིས་ལྷ་བཟང་ཧན

事业的门扉宽阔并准噶尔把拉藏汗

བཀྲོངས་ནས་སྡེ་སྲིད་སྟག་རྩེ་བོད་ཀྱི་དཔོན་པོར་བསྐོས་སྐབས་དང་། །

杀害后第斯达孜西藏的官员任命时大清巴图

ཧས་ཆེང་བླ་ཐུར་བཀའ་བློན་རྣམས་ཀྱིས་སྙིག་གསོད་བྱས་པ་སོགས་སྔ་ཕྱིར་བོད་ཀྱི་རང་ཚུགས

鲁噶伦们暗杀等先后西藏的自立

མ་ཐུབ་པའི་སྐབས་དུ་མར་ཡང་། ། རྗེ་འདིས་གོང་མ་ཆེན་པོར་ཐབས་མཁས་ཀྱིས་ཞུ་

未能的时候多次也该尊师大皇帝向善巧的请

པ་དང་མཛད་སྒོ་གང་ཟབ་ལ་བརྟེན་ནས། ། གཞུང་སདགའ་ལྡན་ཕོ་བྲང་གི་བསྟན

措施切实运用政府甘丹颇章的法政

སྲིད་གྲུབ་རྩ་ཉམས་པར་དེང་སང་བར་དུ་གནས་པ་འདི་བྱུང་བ་ཡིན་པས། །

枝节未损直到现在出现是因为智者

བློ་དང་ལྡན་པ་རྣམས་ཀྱིས་སྐྱེས་ཆེན་དམ་པ་རྣམས་ཀྱིས་ཐབས་མཁས་ཀྱིས་སྤྱོད་པ་ནི་ངོ་མཚར

们大德贤者们的善巧行为是奇迹

རྨད་དུ་བྱུང་བར་རིགས་པར་བྱའོ། ། གཞན་ཡང་། ། ཏིའི་ཤྲཱི ། ཀོ་ཤྲཱི ། ཚན་ཤྲཱི་གསུམ་ནི་རྒྱལ

神奇应知另外帝师国师禅师三是国政

སྲིད་ཆེན་པོའི་མིང་གནང་ལུགས་ཡིན་པས། ། འབངས་ཀྱི་མིས་གཞན་ལ་དེ་འདྲའི་ཆོ

大任命是因为普通人等对那样的官阶

ལོ་སྣེར་མི་རུང་ནའང་། ། སྡེ་པ་ཁང་ཆེན་ནས་ཐུགས་རྒྱུས་མེད་ཀྱིས། ། བཙན་པོ་ནོ་མིན

不可加而第巴康济鼐心里不了解而赞布诺门汗

ཧན་གཞུང་གི་ཞལ་ཆེར་ཕེབས་སྐབས། ། ཏཱ་ཀོ་ཤྲཱིའི་ཆོ་ལོ་གནང་བ། ། བཙན་པོ་བས་

政府去时大国师赐给赞布

གོང་མར་མཇལ་སྐབས། ། གོང་མས་ཁྱོད་ལ་བོད་དུ་མིང་དང་ཆོ་ལོ་ཅི་ཟེར་ཞེས་བཀའ

皇帝拜见时皇帝你对西藏官位叫什么问

འདྲི་ཕེབས་པར། ། ཏཱ་ཀོ་ཤྲཱིའི་ཆོ་ལོ་ཡོད་ཚུལ་ཞུས་པས། ། གོང་མ་ཆེན་པོ་ཐུགས་མ

后来大国师官阶有讲后大皇帝心里

དགྱེས་པའི་རྣམ་པས་བཀའ་འགངས་ལྷི་བ་འགའ་ཕེབས་པར། ། རྗེ་བཙུན་དམ་པ

不高兴样子斥责严厉的一些下来该尊者

འདི་ཉིད་ཀྱིས། ། སོག་སྐད་ལ་ཆོས་བསྒྱུར་བའི་ལོ་ཙཱ་བའི་མིང་ལ་གུ་ཤྲཱི་ཟེར་བས། །

把蒙语经翻译译师名叫国师

བཙན་པོ་པ་འདི་ཡང་བསྒྱུར་དཀའ་རབ་ཤེས་པས། ། ཏཱ་གུ་ཤྲཱི་ཟེར་བ་ཙམ་ལས། །

赞布这也翻译很难知道大国师叫仅除了大国

རྒྱལ་སྲིད་ཆེན་པོའི་ལུགས་ཀྱི་ཏཱ་ཀོ་ཤྲཱི་ཟེར་བ་མིན་ཞེས་ཞུ་མཁས་མཛད་པས། ། གོང་མའི་

政规矩的大国师叫不是这也讲后善巧大皇帝

དགོངས་འཚོམ་ཀྱང་སེལ། ། དེ་ལྟ་བུའི་མཛད་པའི་ཆ་ཤས་ཕྲ་མོ་རེས་ཀྱང་ཅི་བྱ་གཏོལ

怒气也消除如此的作为部分少许一点也无可奈何

མེད་ཀྱི་ཐུག་རྡུག་གི་གྲོག་མོར་སླེབས་པ་དག་དབུགས་ཕྱུང་བ་ཆེས་དུ་མ་ཡོད་ཀྱང་

的尽头深谷到达安慰极其许多但

མང་དུ་སྤྲོ་བར་དགོས་པ་མ་མཆིས་སོ། ། གཞན་ཕན་འཕྲིན་ལས་སྦྲང་རྩི་མངར་པོའི་བཅུད། །

多讲述必要没有利人事业蜂蜜香甜的

མཁས་བཙུན་གྲུབ་པའི་སྙན་གྲགས་དྲི་བསུང་དང་། ། ལྷན་ཅིག་འཕྱུལ་བའི་

精华贤誓成就美誉香味一起散发的

འདབ་སྟོང་འཛུམ་པ་འདི། ། བསྟན་འཛིན་ཨུཏྤལ་གཞན་གྱིས་འགྲན་ནུས་མིན། །

千叶含笑开放持法者青莲其它不能比

བསྡུ་བཞིའི་སྤྲིན་གྱི་མེ་ཏོག་དང་འགྲོགས་པའི། ། འཕྲིན་ལས་དབྱར་དུ་སྐྱེས་པ་འདི་མེད་ན། །

四摄法云的花伴随事业雷声这

གངས་ལྗོངས་ནགས་འདིའི་བསྟན་འཛིན་མདོངས་མཐའི་ཚོགས། ། ཆེན་
无雪域林这个的持法者孔雀群大
པོའི་མང་ལ་ཁུར་འཛིན་པ་ཅི་ཡིས་བྱེད། ། མཛད་པའི་ཆ་ཤས་ཙམ་རེས་ཀྱང་། །
怀胎负担怀从何而来事业的部分小一点也别人
གཞན་གྱི་གདུང་བ་སེལ་བྱེད་པ། ། རྡོ་རྗེ་རིན་ཆེན་ཉི་མ་དང་། ། སྨན་གྱི་ལྗོན་པ་ཇི་བཞིན་ནོ། །
的苦闷消除金刚珍宝太阳和药的树恰似
ཁྲེལ་གཞུང་མེད་པའི་སྐྱེ་བོ་དག ། ཆང་ལན་ཆུ་ཡི་དཔེ་འཛིན་ཀྱང་། ། རྟོག་པ་མེད་པར་
无愧的人们以水还洒的比喻成但意识无而
ནོར་བུ་ལས། ། དགོས་འདོད་འབྱུང་འདི་ཁྱོད་ཀྱི་དཔེ། ། གནའ་དུས་འཐབ་རྩོད་རལ་
宝石中如意得这您的比喻古时斗争宝剑
གྲིའི་འཁོར་ལོ་ནི། ། རྟག་པར་འཁོར་བས་འགྲོ་བའི་བདེ་སྐྱིད་སྲོག ། དུམ་བུར་གཙོད་པ
的轮是经常转动众生幸福命小块砍断
ལྷ་ལས་ཀན་གྱི་ཡུལ། ། དེང་དུས་འཆི་མེད་གྲོང་དུ་གནས་འགྱུར་པ། ། འདི་ནི་གང་
神处境当今天界在居住将这是他的
གི་ཐུགས་རྗེ་ཡི། ། རིག་སྔགས་ཡོན་འདི་མཐུ་འོ་ཞེས། ། དྲང་སྲོང་ལྷ་ཡི་བླ་མ་དེའི། །
慈悲的明咒只是神力说仙人神喇嘛那个恩情
བཀའ་དྲིན་རྗེས་སུ་སེམས་པའི་རིགས། ། སྐབས་ཤིག་སྒྲུབ་བཅད་རྒྱ་རྒྱུན་རིང་ཙམ
后来回忆应该一次闭关修行长时间比较
བཞུགས་པས་བསྐྱེད་རྫོགས་ཀྱི་རྟོགས་པ་སྤྱང་དུ་གྱུར་ཅིང་། ། མཚམས་ནང་དེར་དཔའ་
坐因生圆次第的觉悟精通并修行期间勇士的
བོའི་སྟོན་མོ་ཞིག་མཛད་པས་ཡེ་ཤེས་ཀྱི་ཕྱག་རྒྱ་དང་སྙོམས་པའི་འཇུག་པའི་བདེ་
宴一次做因智慧的手印母和禅定快乐
བའི་ཡེ་ཤེས་མོས་པ་ཡིད་བྱེད་ཀྱིས་བསྐྱངས་པས། ། ཐུགས་རྒྱུད་ལ་བདེ་ཆེན་གྱི་ཡེ་ཤེས
智慧信服作意保持而心识对极乐的圣智
ཁྱད་པར་ཅན་འཁྲུངས། ། དེ་མཐུས་དབང་གསུམ་པའི་ངོ་བོར་གྱུར་པའི་ལྷན་སྐྱེས་ཀྱི་
特殊的产生那个威驰第三灌顶的本质变为与生俱来的
ཡེ་ཤེས་སྨོན་ཡུལ་དུ་བྱེད་པ་ཞིག་བྱུང་སྟེ། ། རྣམ་ཐར་བརྡའ་ཚོགས་མ་ལས། །
智慧愿处为出现《格言体秘传》曰:宏伟
རྔམས་བརྗིད་ཕོ་བྲང་ཆེན་པོའི་དབུས། ། ཟུང་གཉིས་དང་པོའི་ལས་མཐུན་བསྩལ། །
大宫殿中央二双第一的同缘赠倒数
མས་བགྲངས་དབང་གཉིས་བཞི་པ་ཆོམ། ། རབ་བསྒྲུན་དཔའ་བོའི་དགའ་སྟོན་ཆེར། །
二灌顶第四大造勇士的喜宴

དབང་སྔོན་འདབ་ལྡན་ལྷ་ལམ་གསལ། །ལུས་སེམས་བདེས་ཚིམ་ཨེ་མ་ཧོ། །ཞེས་པ་སྟེ། །

帝青宝鸟空中明显身心满足真奇妙如此说

ཚིགས་བཅད་འདིའི་དོན་ལ་ད་དུང་ཞིབ་ཏུ་བརྟགས་ན་རྟོགས་པའི་ཡོན་ཏན་ཁྱད་

颂词这个的意义还详细思辨觉悟的本领特殊

པར་ཅན་བརྙེས་པའི་རྩལ་འགའ་ཞིག་ཀྱང་ཡོད་ཚོད་དུ་སྣང་ཡང་། །རྡོ་རྗེ་འཆང་ལྕང་

的成就表现一些也有可能显也金刚持

སྐྱ་རིན་པོ་ཆེའི་ཟིན་ཐོར་འདི་ལྟར་འཀོད་པ་མཛད་འདུག་གོ། །གཞན་ཡང་། །

章嘉仁波切的记录这样记录有另外最

ཆེས་གསང་བའི་རྣམ་པར་ཐར་པ་འགའ་ཞིག་རྡོ་རྗེ་འཆང་ལྕང་སྐྱ་རིན་པོ་ཆེར་དངོས་སུ

保密的传记有一些金刚持章嘉仁波切亲自

གསུང་འདུག་པ་རྡོ་རྗེ་འཆང་དེའི་ཞལ་ནས་བདག་གིས་ཐོས་མོད་ཀྱང་། །དེང་སང་གི་སྐྱེ

讲过的金刚持那位口中我听过但是现在的人们

བོ་མིག་དང་རྣ་བ་མེད་པ་རྣམས་ལ་ཐུན་མོང་དུ་བསྙད་ན་དགོས་པ་ལས་དགག་བྱ་ཆེ

眼和耳无对公开说后必定比害处大

བར་མཐོང་ནས་མ་བྲིས་སོ། །སྐུའི་སྐྱེ་བ་ཕྱི་མར་དག་པའི་ཞིང་ཁམས་ཞིག་ཏུ

看到后未写出身的来世净土一个在

གཤེགས་པའི་དགོངས་གཏད་ཀྱིས། །ཚད་མའི་སྐྱེས་བུ་འགའ་ཞིག་ལ་ཐུགས་དམ

善逝的心愿由于量大夫一些对善愿

བརྟགས་པ་ཞུས་པར། །སངས་རྒྱས་འོད་དཔག་མེད་ཀྱི་སྐུ་བཞེངས་པ་དང་། །

问卜请求无量光佛的像造以及禅定

བསམ་གཏན་ཉལ་སྒོམ་གྱི་མན་ངག་ཐུགས་དམ་དུ་བསྐུར་བ་སོགས་རྒྱུ་ཚོགས་ཚང་བར་

卧修的秘法誓愿修习等诸因缘具备

མཛད་ན། །དགོངས་བཞེད་བཞིན་བདེ་བ་ཅན་གྱི་ཞིང་ཁམས་སུ་སྐུའི་སྐྱེ་བ་བཞེས

若使意愿按照极乐的净土身转世

པར་ལུང་བསྟན་པ་བཞིན། །འོད་དཔག་མེད་ཀྱི་སྐུ་བརྙན་གར་བླུགས་མ་ཤིན་ཏུ་ཆེ་བ། །

预言按无量光佛的神像铸造很大的

འཁོར་སྤྱན་རས་གཟིགས་དང་མཐུ་ཆེན་ཐོབ་གཉིས་ཀྱི་ལྡེབས་སྐུ་དང་བཅས་པ། །བཞུགས་ཁྲི། །

伴神观世音和加持得到一尊的壁画包括

རྒྱབ་ཡོལ་སོགས་བཟོ་དབྱིབས་ཕུན་སུམ་ཚོགས་པ་དང་། །གཞན་ཡང་

宝座靠背等造型丰富多彩和又

འོད་དཔག་མེད་གཙོ་འཁོར་གསུམ་གྱི་སྐུ་བརྙན་མང་པོ་དང་། །བདེ་བ་ཅན་གྱི་ཞིང་

无量光佛主随从三的画像很多和极乐世界

བཀོད་ཀྱི་མདོ་གསེར་བཏུལ་མས་མང་དུ་བཞེངས་པ་སོགས་གྲུབ་པར་མཛད། །
的经金粉用许多写出等使完成大
ཆེན་པོ་ཧོར་གྱི་ཡུལ་ནས། །མཁར་སྔོན་ཤི་རེ་ཐུ་ཏུ་ཐོག་ཐུ། །ནས་ཆེ་ཐོ་ཡན་ཏུ་ཐོག་ཐུ། །
蒙古地区呼和浩特度力哥图呼图克图乃及托英呼图克图
ཛ་ཡ་པཎྜི་ཏ་སྤྲུལ་སྐུ། །ཞི་བ་སྤྲུལ་སྐུ། །དབང་ཆེན་ནོ་མིན་ཧན། །
咱雅班智达协哇活佛旺钦诺门汗
དུས་འཁོར་པཎྜི་ཏ་ཞབས་དྲུང་། །དགེ་ལེགས་ཆོས་རྗེ། །
丁科尔班智达格勒曲吉
དབྱངས་འཆར་བླ་མ་སོགས་ས་མཐར་བསྟན་པའི་ཁུར་བསྣམས་པའི་བླ་ཆེན་
央恰喇嘛等异地佛法的负担担起喇钦
དང་མཁས་པ་དུ་མས་ཀྱང་། །འགའ་ཞིག་ཞལ་སློབ་ཀྱི་གཙོ་བོ་དང་། །ཡ་ལས་ཆོས
智者很多也一些亲弟子主要及有的密法
འབྲེལ་ཙམ་གསན་པ་ཤིན་ཏུ་མང་། །པེའི་ཅིང་དུ་བཞུགས་རིང་ལ། །ཧར་ཆེན་དབང་
仅听受很多北京在期间喀喇沁王
ཡི་དམ་སྐྱབས་ཀྱིས་སྦྱིན་བདག་གི་མཐིལ་མཛད་ཅིང་། །གཞན་ཡང་ཧར་ཆེན་ཧོ་ཤོ
叶丹杰施主忠诚的另外喀喇沁
ལྔའི་ཇ་སག་དཔོན་པོ་རྣམས་དང་། །ཧོར་ཆེན་ནས་ཀྱང་། །དར་ཧན་ཆེན་དབང་། །
五个扎萨克官员们及喀喇沁也达汗亲王
འཆི་མེད་རྡོ་རྗེ་ཝང་། །ཐུ་ཤེ་ཐུ་ཝང་སོགས་དང་། །ཅོང་ཉིད་ཝང་། །པེའི་ལེ། །
奇美道杰王图谢图王等王贝勒吾措木
ཨུ་ཙུ་མུ་ཆེན་ཆེན་དབང་། །སོ་ཉིད་ཀྱི་ཝང་གཉིས་དང་པེའི་ལེ། །ཨོའུ་ཧན་བཀྲ་ཤིས་རབ་
亲王王二和贝勒
བརྟན་ཝང་སྤུན་རྣམས་ཀྱིས་ཀྱང་སྦྱིན་བདག་གི་གཙོ་བོ་མཛད། །མདོར་ན་དེ་དུས་ཆོ
王兄弟们也施主主要总之那时
ཆེན་བཞི་བཅུ་ཞེ་དགུ་དང་། །དར་ཆོ་ཆེན་པོ་བརྒྱད། །ཧལ་ཧ་ཆོ་བ་བདུན་སོགས་ཀྱི་ཝང་། །
内蒙四十九旗察哈尔八旗喀尔喀七部的
པེའི་ལེ། །པེའི་ཙེ། །གུང་སོགས་དཔོན་པོ་ཆེ་ཆུང་རྣམས་ལས་རྗེ་འདིའི་སྦྱིན
王贝勒贝子公等大小官员中该尊者施主
བདག་ཏུ་མ་གྱུར་པ་གཅིག་ཀྱང་མེད་དོ། །གཞན་ཡང་། །ཨོར་དུ་སུ་ནས། །
没成为一个也没有另外鄂尔多斯杭锦贝勒
ཧང་གིན་པེའི་ལི་སོགས་ཧོ་ཤོ་ལྔ་ཀའི་ཇ་སག་རྣམས་དང་། །ཨ་ལག་ཤའི་ཨ་པོ་ཝང་། །
等扎萨克们阿拉善王青海的

མཚོ་སྔོན་གྱི་སྦྲ་ཧོག་ཐུ་དང་། ། ཕེའི་ཟེ་བསྟན་པ། ། དཔོན་མོ་ཆོག་ལ་རྣམ་རྒྱལ། ། བློ་བཟང་ཆོས་

和贝斯丹巴女官曲拉南杰洛桑曲措

མཚོ་སོགས་ཀྱིས་ཀྱང་སྦྱིན་བདག་གི་མཐེལ་བྱས་ཤིང་། ། ཨ་ཕོ་ཕང་ལ་རིགས་བརྒྱུད་མེད་པ་ལ། །

等施主忠诚的做阿武王子嗣

རྡོ་རྗེ་འཇིགས་བྱེད་དང་འོད་ཟེར་ཅན་གཉིས་ཀྱི་སྒོ་ནས་སྲིད་སྒྲུབ་

无而大威德和光明女神两尊的方式求子

པའི་ཆོག་མཛད་པས་ད་ལྟའི་བློ་བཟང་རྡོ་རྗེ་ཅིན་ཝང་འདི་བྱུང་བ་སོགས་དེ་འདྲའི་

仪式做现在的洛桑道杰亲王这个出生等那样的

ལོ་རྒྱུས་ཆེས་མང་ཀྱང་མ་སྤྲོས་སོ། ། སྐབས་ཤིག་ལྕང་སྐྱ་མཆོག་སྤྲུལ་རིན་པོ་ཆེ་རྒྱལ་

历史很多但未叙述一次章嘉仁波切皇帝

པོ་བཀས་བླམ་རིན་པོ་ཆེ་མཁར་ཐང་ནས་བོད་དུ་གདན་འདྲེན་པར་འགྲོན་རྒྱུའི་སྒོ་དོད་པས། །

命令喇嘛仁波切噶唐从西藏邀请为要去的门

དམ་པ་འདིས་རྒྱང་རིང་པོར་སྐྱེལ་མ་མཛད་ཅིང་། ། ད་རང་རེ་དཔོན་སློབ་

开通这位贤者很长送行并现在我们师徒

ཚོ་འདིར་མཇལ་ཕྲད་མི་ཡོང་གསུང་ནས། ། ཕན་ཚུན་ཐུགས་འཁྲིང་བའི་རྣམ་པ་ཆེ་བ་

这里拜访不来说了互相依恋的样子

མཛད། ། དེ་ནས་རྗེ་འདིས་གོང་མ་ཆེན་པོར་རང་ཡུལ་དུ་འབྱོན་རྒྱུའི་དགོངས་པ་ཞུས་པར། །

于是该尊者大皇帝对家乡回到的请示

ཕེབས་ནས་ལོ་གཉིས་ཀྱི་རིང་བཞུགས་ཆོག་པའི་དགོངས་ཁྲོལ་བྱུང་། །

去了两年的时间坐可以获准回去

ཕེབས་པ་ལ་ཉེ་བ་ན། ། གོང་མའི་བཀའ་ལས། ། ང་རང་གི་ཐུའུ་བཀྭན་ཧུ་ཐོག་ཐུ་རང་

快要时皇帝的命令说我的土观呼图克图家乡回到

ཡུལ་དུ་འགྲོ་བ་ལ། ། ཆེན་པོར་འོས་པའི་ལུང་ལས་ཀྱིས་མངོན་པར་མཐོ་བ་ཞིག་བྱེད་དགོས་པས། །

大人适合的册封显著高的一次要做因

སྔོན་གྱི་ལུགས་སྲོལ་རྙིང་བའི་ཡི་གེ་ཀློག་ལ་རྒྱ་མཚན་ཞུས་ཤིག་ཅེས་བཀའ་བབས། །

以前的规矩旧的资料查看情况上报这样命令

བློན་པོ་རྣམས་ཀྱིས། ། སྔོན་གྱི་རྒྱའི་རྒྱལ་པོའི་རིང་ལ་བྱམས་ཆེན་ཆོས་རྗེ་སོགས་དང་། །

大臣们以前的明皇帝时代绛曲曲吉等

ཆིང་གི་རྒྱལ་རབས་འདི་ལ་གོང་མ་ལྔ་པ་ཆེན་པོ་སོགས་ལུགས་སྲོལ་ཆེ་ཆུང་གི་རིམ་པས། །

清朝这对五世达赖等规矩大小依次

ལམ་གྱི་ཞོན་ཁལ་གྲོ་བཅས། ། སྐྱེལ་མི་དཔོན་དང་དམག་མི། ། གཞན་ཡང་། །

途中坐骑驮畜食物等送行者官员军队另外帝师

ཏི་ཤྲི ། ཀོ་ཤྲི་དང་། ། ཚན་ཤྲི་གསུམ་གྱི་ལུང་ལས་ཀྱི་རྟགས་སྣ་ཚོགས་པ་འཛིན་རྒྱུའི་སྐོར་
国师禅师三个册封的名号各种带应该关于
རྣམས་ཞུ་རྩིས་ཀྱི་བར་དེར། ། གོང་མ་ཡུང་ཏེང་ཆེན་པོ་གནམ་ལ་གཤེགས་པས་ཞུ་
等上报准备时雍正皇帝驾崩而请求
པའི་ཇོ་མ་ཐོགས། ། དེ་རྗེས་ལྷ་སྲས་བཞི་པ་ཆེན་ལུང་རྒྱལ་པོ་ཁྲིར་བཞུགས་པ་དང་
未能后来四太子乾隆继位及
མཇལ་ཕྲད་མཛད་པས། ། ཡབ་རྒྱལ་པོའི་དུས་བཞིན། ། བཀུར་བཟོས་ལྷན་མེད་པ་མཛད། །
拜见后父王的时期一样尊崇无比
སླར་ཡང་རང་ཡུལ་དུ་ཕེབས་རྒྱུའི་དགོངས་པ་ཞུས་པར། ། ཡབ་རྒྱལ་པོ་ནི་
又家乡回去的请示而父王是
གནམ་ལ་གཤེགས། ། མཆོད་གནས་ཁྱེད་རང་ཡང་རང་ཡུལ་དུ་འགྲོ་བ་འདི་སེམས་ལ
升天应供处您自己家乡去这心里
མ་བབས་ཀྱང་། ། ད་རེས་ཡབ་རྒྱལ་པོས་དགོངས་པ་གནང་ཚར་འདུག་པས་དེ་བཞིན
不乐意但这次父王批准已经因那样
མཛོད་ལ། ། སླར་ཡབ་རྒྱལ་པོའི་བཀའ་དྲིན་རྗེས་སུ་སེམས་པས་ལོ་གཉིས་ཀྱི་མཚམས
做以后父王的恩情想两年后
ནས་ཅིས་ཀྱང་ཡོང་དགོས་ཞེས་བཀའ་ཕེབས་བཟང་པོ་དང་། ། ཡབ་རྒྱལ་པོས་ཁྱེད
一定回来这样命令下好父王你
ལ་གནང་རྒྱུའི་རྩིས་ཀྱིས་གྲ་བསྒྲིགས་མཛད་འདུག་པ་འདི་རྣམས་གནང་བ་ཡིན་ཞེས
对要赐的打算准备已做好这些赏赐是
ཤེལ་སྒྲུད་ཀྱི་རིགས་མང་པོ་ཞིག་དང་། ། རྒྱལ་པོ་རང་གིས་ཀྱང་། ། དངུལ་གོས་དར་ཡོ
玻璃器皿各类许多皇帝自己也银绸缎
བྱད་སྣ་ཚོགས་པ་ཕེབས་སྐྱེས་ཀྱི་ཚུལ་དུ་གནང་སྦྱིན་མཛད། ། སྐྱེལ་མི་ཅང་གྱུ་ཆེ་གཅིག་དང་། །
各类送礼的方式赏赐送行人员一名
དམག་མི་ཁ་ཤས། ། ཁལ་འགལ་བའི་དྲེའུ་བརྒྱད་ཅུ་བཅས་གནང་། །
士兵一些驮物的骡子八十只等那时尊者
དེ་སྐབས་རྗེ་ཉིད་ཀྱིས་ལྟགས་བཀོད་མཛད་ནས། ། སྐུ་གསུང་ཐུགས་རྟེན་མཆོད་རྫས་སོགས་ཁྱེར
本人安排做出身语意供品等可带
ཐུབ་པ་རྣམས་ཉེ་བསྡོག་གྱིས། ། གཞན་མ་རྣམས་ཀྱང་འཚོང་བ་དང་། །
的都收集而其它的也卖出别人送
གཞན་ལ་སྟེར་བ་སོགས་ཀྱིས་གཅིག་ཀྱང་མ་ལུས་པ་གྱིས་གསུང་བ་ལ། ། ཞབས་ཕྱི་པ་ཚོས། །
等一个不留地讲对侍从们说两年

ཕོ་གཉིས་ཀྱི་མཚམས་ནས་ཕྱིར་ཕེབས་རྒྱུ་ཡིན་པ་ལ་དེ་འདྲ་གནང་ནས་ཅི་བྱེད་ཞུས་པར། །

以后回来是那样做为何说时

ཁྱེད་ཚོས་ཅི་ཤེས་སླར་རྒྱ་ནག་ལ་ཡོང་དགོས་པ་མེད་ཅེས་གསུང་། ། དེ་དུས་ལྕང་སྐྱ་སྤྲུལ

你们知道什么再内地来没必要说那时章嘉仁波切

སྐུ་རིན་པོ་ཆེ་བོད་དུ་བཞུགས་པ་ལ། ། རྗེ་འདིས་ཞུ་ཡིག་ཕྱུལ་བའི་ནང་ན། །

在西藏该尊者书信寄得中家乡

རང་ཡུལ་དུ་ཕེབས་རྒྱུ་དང་། ། དེར་སླར་དུ་སྐུ་ཚེའི་འདུ་བྱེད་གཏོང་བ་སོགས་ཕྲལ་ཕུགས་ཀྱི

要去及在那里不久寿元舍弃等久暂的

བསླབ་སྟོན་མང་པོ་ཞིག་འདུག་ཅེས་སྤྲུལ་སྐུ་རིན་པོ་ཆེས་གསུང་བ་བདག་གིས་དངོས

教诲很多的这样活佛仁波切说的我亲自

སུ་ཐོས་སོ། ། དེ་ནས་པེའི་ཅིང་ནས་ཕྱག་བཏེགས་སྐབས་པེའི་ཅིང་གི་བླ་དཔོན

听到于是从北京启程那时北京的大小僧官

ཆེ་ཕྲ་ཐམས་ཅད་ཀྱིས་ཕེབས་སྐྱེལ་དང་། ། མདོ་ཁམས་ཀྱི་བླ་ཆེན་རྣམས་དང་། ། ཆོས་སྡེ

所有送行多康的拉钦们寺院

ཁག་ཆེ་ཆུང་། ། རྒྱ་སོག་གི་དཔོན་ཆེ་ཆུང་རྣམས་ཀྱིས་ཆིབས་བསུ་སོགས་སྤྲོས་པ་ཤིན

各大小汉蒙的大小官员们派遣迎客等排场很大

ཏུ་ཆེ་བ་བྱུང་འདུག ། རིམ་གྱིས་མདོ་སྨད་དུ་བྱོན། ། ཆོས་སྡེ་ཆེན་པོ་དགོན་ལུང་དུ་བདེ་

已到逐渐多麦来到大寺院郭隆寺平安地

བར་ཕྱག་ཕེབས་ཏེ་རེ་ཞིག་བླ་བྲང་ཆེན་མོར་བཞུགས། ། རྒྱ་ནས་ཕེབས་པའི་སྐུ་སྐྱོས་ཀྱི

到达而暂时大殿居住从内地来的

ཚུལ་དུ། ། ཆོས་སྡེ་ཆེན་པོ་དགོན་ལུང་གཙོ་བའི། ། མདོ་སྨད་ཀྱི་དགོན་ཆེ་ཆུང་། ། སྒྲུབ་སྡེ

方式大寺院郭隆为主多麦的大小寺院修院

རྣམས་ལ་མང་འགྱེད་སྤྱི་འཇོག་དང་། ། བླམ་ལས་སྡེ། ། ཟི་ལིང་སོགས་ཀྱི་རྒྱ་དཔོན་ཁག

各个布施供放喇嘛庙执事西宁等的大小汉族官僚

ཆེ་ཆུང་། ། མཚོ་སྔོན་པོའི་དཔོན་ཆེ་ཆུང་ཐམས་ཅད་ལ་གནང་སྦྱིན་གྱི་ངོམ་པས་ཚིམ

青海湖大小官员都赏赐丰富的满足

པར་མཛད་ཉིན་བཞིན་ཕྱོགས་ཀུན་ནས་དད་མོས་ཀྱིས་མཇལ་བར་འོངས་པའི་སྐྱ

使得每天到处从信仰而朝拜前来的僧俗

སེར་གྱི་ཚོགས་རྣམས་ལ་མཇལ་ཁ་ཕྱག་དབང་སོགས་གང་འདོད་དུ་བསྩལ་ཏེ་ཐམས

群众向朝见摩顶等尽力赐所有人

ཅད་ཀྱི་རྒྱུད་ལ་ཐར་བའི་ས་བོན་ཁྱད་པར་ཅན་བསྐྲུན་པར་མཛད་དོ། ། ཅུང་ཟད་ངལ

的心里解脱种子特别的造就已经一些休息

གསོ་མེད་པར་གླིང་བཞི་བསྐོར་ཡང་ངལ་བའི་སྐབས་ནི་སྲིད་མ་ཡིན། །འཕྱར་ཀ

没有四周转也劳累时不会是讥讽

གཏོང་དང་བསྟོད་པར་བྱེད་པ་གང་ལའང་ཉེ་རིང་མེད་པར་ཕན་གདགས་པ། །ཉིན

与赞扬任何也远近不分加惠太阳

མོའི་དབང་ཕྱུག་འདི་ལྟའི་ཡ་མཚན་འཛིན་པ་གཉིས་པ་འཛིག་རྟེན་འདི་ན་མེད། །

自在这样奇妙视为第二世上在这无

སྙིང་སྟོབས་ཆེ་ལྡན་རྒྱལ་སྲས་ཁྱོད་ཀྱི་རྣམ་པར་ཐར་པའང་དེ་དང་མཚུངས་པ་ཉིད། །

勇气大有佛子您的传记那和相同竟

ཨེམ་རྒྱལ་བསྟན་གསེར་གྱི་ཁང་བཟང་ཆེ། །བསླབ་གསུམ་བཻ་ཌཱུར་བ་གམ་མངོན་མཐོ་བ། །

佛法金屋好大三学琉璃台榭显高

ལུང་རིགས་ནོར་བུའི་རྟ་བབས་བཀྲའ་བའི་རྩེར། །བཤད་སྒྲུབ་ཆོས་ཀྱི་རྒྱལ

教证宝石牌坊饰顶讲修法的宝幢

མཚན་བསྒྲེངས་བྱས་ཏེ། །བཀྲ་ཤིས་ཛ་ཡབ་འབུམ་ཕྲག་དང་འགྲོགས་པའི། །

竖起而吉祥佛子十万伴随的教政

ཆོས་སྲིད་གདུགས་དཀར་ཕན་བདེའི་གྲིབ་བསིལ་ཅན། །ལྷག་བསམ་གསེར་གྱི་ཡུ་བས

白伞利乐阴凉处忠心金的柄

ཉེར་བཏེགས་ཏེ། །ས་གསུམ་བླ་ན་འཁོར་བའི་ངོ་མཚར་ལྟོས། །སྔོ་མོ་ཐུགས་དམ

举起三界轮转的奇妙请看早已誓愿

བརྟགས་པ་ལ་བབས་པ་བཞིན། །དགོན་ལུང་གི་རྒྱབ་རིའི་སྟེང་གི་གནས་ཞིག་ཏུ་སྐུ

求神所占像郭隆的后山上的一处在

ཚེའི་འདུ་བྱེད་གཏོང་བའི་ཐུགས་དགོངས་ཀྱིས། །དེར་གཟིམས་ཀ་ཤགས་ཞིག་གསར་

寿元舍弃思想而在那儿寝室一间新建

རྒྱག་བྱེད་རྒྱུའི་ལྟགས་བཀོད་སྟར་པའི་ཅིང་དུ་བཞུགས་སྐབས་ནས་གནང་ཡོད་འདུག་ཀྱང་། །

要指示以前北京期间从已有发

འདི་ཀའི་ཕྱག་གཡོག་པ་ཚོས་ལེ་ལོར་གྱིས་ལུས་འདུག་པར། །

这里侍从们懈怠呆在那里时那时冬季

དེ་དུས་དགུན་ཡིན་ཀྱང་། །གནས་དེར་གཟིམས་ཁང་རྩོལ་བ་ཆེན་པོས་མྱུར་དུ་བསྒྲུབ་པར་མཛད། །

虽然那里寝室努力大马上修建使

འདི་དུས་མཚོ་སྔོན་གྱི་དཔོན་པོ་ཞིག་གིས་སོག་གུར་ཞིག་འབུལ་རྒྱུ་ཁྱེར་ཡོང་བ། །

这时青海的一个官员蒙古包一顶送给拿来

གཟིམས་ཁང་གི་རར་སྐོར་དུ་ཕུག་ནས། །དེར་གདན་དྲངས་ཏེ་འབུལ་བ་སོགས་ཕུལ་བར། །

寝室的院子里搭起在那里邀请到赏赐等

ཞལ་ནས། །སྐུར་གྱི་དབྱིབས་སཙྪ་ལྟ་བུ་ཡོང་བས། །ད་སཙྪ་བྱེད་རན་པ་ཡིན

赠送说道：形状泥像如成现在泥像做适合是

འདུག་ཅེས་གསུང་། །དགུང་ལོང་བདུན་པ་མེ་འབྲུག་གི་ལོ་གསར་ཚེས་ཀྱི་ཟླ་བ་དང་

这样讲年龄五十七火龙的新年一月的

ཟླའི་ནང་དུ་བཀྲ་ཤིས་འཁྱིལ་དུ་རྗེ་འཇམ་དབྱངས་བཞད་པའི་སྐུ་གདུང་རིན་པོ་

内吉祥聚成在尊师嘉木样协巴遗体珍宝

ཆེར་མཆོད་པ་འབུལ་བར་སྲན་ཆིང་སྒོམ་པ་གཏོང་བ་གནང་། །དེ་དུས་ཁོ་ལ་ཁྱེད་

对供品献豆修习放那时对他您

བཀྲ་ཤིས་འཁྱིལ་དུ་སོང་ལ་ཟླ་བ་གཉིས་པའི་ཚེས་ལྔའི་ཉིན་རྗེ་འཇམ་དབྱངས

吉祥聚成在去月二的五日天尊师嘉木样协巴

བཞད་པ་ཞིང་གཞན་དུ་གཤེགས་པའི་དུས་ཆེན་ཡིན་པས། །དེ་ཉིན་སྐུ་གདུང་རིན་པོ་

佛王另外通行的节日是那天珍宝遗体

ཆེར་མཆོད་འབུལ་འགྲིགས་པ་གྱིས་དང་། །ངེད་རང་ཡང་དེ་ཉིན་འཕེན་པ་གཏོང་བ

对供奉准备做我自己也那天寿终

ཡིན་ཞེས་བཀའ་གནང་། །དེ་ནས་གཟིམས་ཁང་གསར་བར་ཕེབས་རྩིས་མཛད་པར། །

是这样赐教于是寝室新到去准备时

ད་དུང་ལས་འཁོར་མ་རྫོགས་པས་ཞག་གྲངས་མ་ཕེབས་ཀྱང་འགལ་བ་མེད་པ་འདྲ་ཞུས་པར། །

还未完成的圆数日没去也没问题好像说

ཁྱེད་ཚོས་ཅི་ཤེས། །ད་དུས་ཚོད་ཀྱི་གཏུགས་འདུག་ཞེས་གསུང་ནས་ནན་གྱིས

你们知道什么现在时间紧迫这样说后严肃地

ཕེབས་ཏེ་གཟིམས་གུར་ཕུག་ནས་བཞུགས། །སུམ་པ་མཁན་ཆེན་གྱིས། །བཞུགས་ཡུལ

去了睡帐篷搭起坐松巴大堪布说这里地处

འདི་ས་མཐོ་ཞིང་ལམ་རྩུབ་པས་ཡས་མས་སུ་ཕེབས་བཞུགས་ལ་མི་བདེ་བ་འདྲ་ཞུས་པར། །

高而路陡上下行动居住不便好像说

ད་ང་འགྲོ་འདུག་མང་པོ་བྱེད་དགོས་པ་མེད་གསུང་བ་དང་། །ང་འདིར་རུས་པ་

现我走动多不必要说而且我这儿骨灰

སྐྱེལ་དུ་འོང་པ་ཡིན། །འདིས་དཔྱད་ལེགས་པས་ཕྱི་རབས་ལ་ཕན་ཞེས་སོགས་སྔ་ཕྱིར་

送为来的这堪舆好后世有利等先后

ཞིང་གཞན་དུ་དགོངས་པ་གཏད་པའི་གསུང་མང་དུ་ཕེབས་འདུག་ཀྱང་སྐྱེ་རྒུའི་

佛土另外思想已定话许多讲了但众生的

བསོད་ནམས་ཀྱི་མཐུ་དམན་པས་བརྟན་བཞུགས་ཀྱི་གསོལ་འདེབས་འབུལ་མཁན

福田的小势力而念经祝寿的祈祷献者

སུ་ཡང་མ་བྱུང་འདུག ། གཉིས་པའི་ཚེས་བཞིའི་ཕྱི་དྲོ་ཞབས་ཕྱི་པ་རྣམས་ལ་གསུང་
谁也没有二月四日下午侍从们对遗命
འཕྲོའི་ཞལ་ཏ་རྒྱས་པ་མཛད་ཅིང་། ། སྐུ་མདུན་རང་ནས་ཇའི་གསོལ་རས་གནང་། །
教诲详细讲阁下自己茶的包碗布赐赠
ཞབས་ཕྱི་རྙིང་པ་ཏོར་སྐྱོང་ས་དོན་འགྲུབ་བཀྲ་ཤིས་ལ་བཞེས་འཕྲོའི་འཁུར་བ་ཞིག
侍从老多尔君东知扎西对余粮面饼一个
གནང་ནས། ། དཔོན་གྱིས་ངའི་གསོལ་ལྷག་ཟ་རྒྱུ་འདིས་ཚང་བ་ཡིན་གསུང་། །
给了你我的余食吃这已完是说那晚
དེ་ནུབ་ནམ་ཕྱེད་ཙམ་ནས་སྐུ་ཁམས་ཅུང་ཟད་བསྙེལ་བའི་ཚུལ་མཛད་པར། ། ཕྱག་གཡོག་པ་
半夜起法体一些病症有情况时随从们
རྣམས་ཀྱིས་མཚན་ཐོག་དེ་ཁར་ཚོགས་ཆེན་དུ་མང་ཇ་སོགས་བཏང་ནས་ཞབས
当晚即时大经堂中僧茶等施拜忏
བརྟན་སྐུ་རིམ་ཀྱང་སྒྲུབ། ། ཐོ་རངས་ཀྱི་དུས་སུ་དཔོན་སློབ་དགེ་འདུན་ཚང་མ་ཞབས
法事也做黎明的时候师徒僧众都
བརྟན་འབུལ་བར་ཡོང་ནས་འདོན་པ་ཚུགས་ཙམ་ན་སྐུ་ལུས་དྲང་པོར་བསྲང་སྟེ
长寿献来了念经一开始法体端正地延长而
ཐུགས་དམ་གྱི་ལུས་ནས་སྡུད་རིམ་གྱི་རྡོ་རྗེའི་རྣལ་འབྱོར་ཟབ་མོ་ལ་ཐུགས་གཏོལ
修持的方式收顺序金刚相应观行甚深对思想集中
བས་སྟོང་པ་གསུམ་རིམ་གྱིས་ཐིམ་པའི་མཐར་ཐམས་ཅད་སྟོང་པ་འོད་གསལ་བདེ་
而空三逐渐浸入最终一切空光音天大乐
ཆེན་ལྷན་ཅིག་སྐྱེས་པའི་ཡེ་ཤེས་ཆོས་ཀྱི་སྐུ་མངོན་དུ་མཛད་དོ། ། དེའི་ཚེ་ཆོས་ཀྱི་སྐུར་
俱生的智慧法的身实现于是法的身
མངོན་པར་བྱང་ཆུབ་པའི་རྟགས་སུ་ཕྱི་རོལ་དུ་ནམ་མཁའ་གཡའ་དག་པ་ལ་འཇའ་
现证菩提的征兆外面天空清澈上彩虹
འོད་རྣམ་པ་སྣ་ཚོགས་པ་དང་། ། ཁྱད་པར་དུ་འཇའ་ཚོན་སྣ་ལྔ་བ་ལྕགས་སྒྲོགས་ཀྱི་
各种各样的及特别是彩虹五种铁链的
དབྱིབས་ཅན་ལུ་གུ་བརྒྱུད་དུ་འབྲེལ་བ་ཞིག་བྱང་ནས་ལྷོར་རྒྱུག་པ་ཀུན་གྱིས་མཐོང་། །
形状的连绵不断地连接一道北从南延伸都看到
དེ་ལྟར་ཆོས་སྐུའི་ཐུགས་དམ་གྱི་ངང་དུ་ཞག་བདུན་ཐག་གཅིག་གི་རིང་བཞུགས་ཏེ། །
那样法身修持方式七夜一直的期间留而
འོད་གསལ་ཆོས་སྐུའི་རླུང་སེམས་ཙམ་ལས་གྲུབ་པའི་ཡེ་ཤེས་ཀྱི་སྐུ་རེ་ཞིག་པདྨ་བདེ་
光音天法身风心仅由组成的智慧的身暂时莲花

བ་ཅན་དུ་རྒྱལ་བ་འོད་དཔག་མེད་ཀྱི་དྲུང་དུ་གཤེགས་སོ། །རྣམ་པར་སྨིན་པའི་སྐུ

极乐世界佛陀无量光的跟前已去熟透身像

བརྙན་སྒྱུ་མའི་འཕྲུལ། །གཞན་སྣང་ཀ་ཤིའི་རས་དཀར་ལ་འཕོས་པའི། །

幻术计他观噶什白布上移到彩图

ཚོན་རིས་ཙམ་དེ་སྦྲུ་འཕྲིའི་ཤུན་པ་ལྟར། །མྱ་ངན་མུན་པའི་ཁང་བུར་བོར་ནས་ཀྱང་། །

仅那蛇的表皮般痛苦黑暗屋中丢了但身体

ཟོས་བཅས་ཟ་མ་ཏོག་ལས་རྣམ་གྲོལ་བའི། །དྲི་བྲལ་ཐུགས་ཀྱི་ཡིད་བཞིན་དབང་གི་རྒྱལ། །

盒子中得解脱纯洁思想的如意宝王

ཡེ་ཤེས་རྒྱས་པའི་འོད་ཀྱི་དཀྱིལ་འཁོར་བཅས། །པདྨ་བདེ་བ་ཅན་གྱི་ཞིང་དུ་གཤེགས། །

智慧增进的光环包括莲花极乐世界到

ཚངས་པའི་པིར་གྱིས་མངོན་བྲིས་རི་མོའི་གཟུགས། །བརྒྱ་བྱིན་ཚོན་གྱིས

去梵天用笔湿写画图画形帝释天用彩

བྱུགས་པས་ཡིད་འཕྲོག་པའི། །འཇའ་ཚོན་རྣམ་པར་བཀྲའ་བའི་ཕང་ཕུང་ཡང་། །

涂夺目彩虹色彩鲜艳团团也

ཀུས་ལྡན་མིག་ལ་བདུད་སྡེའི་གྲིབ་མ་བཞིན། །མཐོ་རིས་བུ་མོའི་ལག་པད་ཀྱིས་གཏོར་བའི། །

敬信眼里魔众的影子如天界女子手莲花用撒

ལྷ་ལམ་ཡངས་པ་འགོག་བྱེད་མེ་ཏོག་ཆར། །དྲི་ཞིམ་སྤུག་པོར་འབབས་པའང་འགྲོ་འདི་ཡི། །

的神路宽广遮住使得花雨香气浓下也

སྙིང་ལ་རྨ་མེད་འབྲུགས་པའི་མཚོན་ཆ་བཞིན། །དེ་ལྟར་ཚུར་མཐོང་སྐྱེ་བོ་མྱ་ངན་གྱིས། །

人们这心对无伤刺的武器一样那样观想人们

གདུང་ཀྱང་གནས་ལུགས་རང་ངོ་ཤེས་པ་རྣམས། །འོད་གསལ

痛苦地被迫也本质自性理会光音天

གཉུག་མའི་ངང་དུ་གླམ་དང་། །རང་སེམས་འདུ་འབྲལ་མེད་པས་ཡིད་བདེ་ཐོབ། །

固有的形式喇嘛及自心聚散无意乐得

དེ་ནས་སྒྱུ་འཕྲུལ་དྲྭ་བའི་སྐུར་མངོན་པར་བྱང་ཆུབ་ཟིན་པའི་རྟགས་སུ་ཤངས་བུག

于是幻化网身而现证菩提已经征兆鼻孔

གཡས་གཡོན་ནས་བྱང་སེམས་དཀར་དམར་གྱི་རྒྱུན་བབས་པ་སོགས་རྒྱུད་སྡེ་ནས

左右中菩提赤白的长流等续部中

བཤད་པ་བཞིན་འཁྲུལ་མེད་བྱུང་བ་ན། །སྐུ་གདུང་རིན་པོ་ཆེ་ཆས་སུ་གཞུགས་པ་

讲的如无误出现时珍贵遗体上装扮

སོགས་སུམ་པ་མཁན་རྡོ་རྗེ་འཆང་གིས་མཛད། །དེ་དུས་བཞུགས་མལ་དུ་ཞུན་ཐིགས

等松巴堪布金刚持做当时坐塌上舍利子

མཐེ་བོང་ཙམ་ཞིག་ཐེབས་འདུག་པ་སུམ་པ་རྡོ་རྗེ་འཆང་གིས་གཟིགས་མ་ཐག་བླངས

拇指大的一个产生松巴金刚持一看见拿来

སྟེ་ཞལ་དུ་གསོལ། །བྱིན་རླབས་དང་རྟེན་འབྲེལ་དེས་དེང་སང་ཚེ་རིང་ཞིང་འབྱོར་པ

口中吃神力和因缘现在长寿而财富

ཆེ་བ་འདི་བྱུང་ཞེས་མཁན་ཆེན་རང་གིས་གསུང་བ་ཐོས་སོ། །སྔར་སྐོར་ཞལ་བཞུགས

多出现堪钦自己说的听到了原来在世时

སྐབས་མཁན་ཆེན་རྡོ་རྗེ་འཆང་ལ་འགོལ་བ་ཞིག་གི་སྐབས་སུ་ངས་ཁྱེད་ལ་བཤད་རྒྱུ

堪钦金刚持对空闲一次时我你对说要

ཞིག་ཡོད་ཅེས་ལན་ཁ་ཤས་གསུང་བ། །སྐུ་གདུང་རིན་པོ་ཆེའི་ཞབས་ཕྱི་དགོས་ཚུལ

有个这样好几次讲的珍贵遗体的随从需要

གསུང་རྒྱུ་ཡིན་པ་འདུག་ཅེས་མཁན་ཆེན་རིན་པོ་ཆེས་གསུང་ངོ་། །དེ་ནས་ཆོས་སྡེ

要讲是将这样堪钦金刚持说于是大寺院

ཆེན་པོའི་ཁྲི་ཐོག་པ་ཡོངས་ཀྱི་དགེ་བའི་བཤེས་གཉེན་ཡང་ཆོས་རྗེ་གྲགས་པ་དཔལ

在职者所有的善师良友王曲吉扎巴华觉

འབྱོར་བས་སྐུ་གདུང་རིན་པོ་ཆེར་ཞུགས་འབུལ་མཛད། །དྲི་ཞིམ་པོའི་ངད་ལྡང་པ

珍贵遗体对火花举行香甜气息散发

སོགས་ཡ་མཚན་པའི་ལྟས་དུ་མ་བྱུང་། །ཞུགས་འབུལ་གྱི་སྐབས་སྤུར་ཁང་ནས་དུ་བ

等奇异的征兆许多发生火花的时候停尸处从烟雾

ལྟ་བུ་དཀར་པོ་ཞིག་དུམ་བུར་ཆད་དེ་དགོན་ལུང་གི་བྱང་ཕྱོགས་སུ་འགྲོ་བ་ཀུན་གྱིས

像白色一般切断郭隆寺的北方向飘去都

མཐོང་བས་སྤྲུལ་སྐུ་ཕྱོགས་དེར་འཕྱོན་པ་འདྲ་ཞེས་ཐམས་ཅད་ཀྱིས་གླེང་། །སྤུར་ཁང

看见灵童方向那个飘去好这样都议论停尸房

ཞལ་ཕྱེ་ནས་གདུང་རུས་རྣམས་གདན་དྲངས་བ་རིང་བསྲེལ་དུ་མ་དང་། །ལྷ་སྐུ་དང་ཡི

打开而遗骨都取出的舍利很多及神像和字迹

གེ་མང་པོ་གསལ་བར་བྱོན། །དེ་ནས་སྐུ་འབུམ། །དགོན་ལུང་། །བཙན་པོ། །

很多清晰于是塔尔寺郭隆寺赞波寺拉卜楞寺

བཀྲ་ཤིས་འཁྱིལ་སོགས་ཀྱིས་གཙོ་བའི་མདོ་ཁམས་ཀྱི་དགོན་སྡེ་ཆེ་ཆུང་ཐམས་ཅད་ལ་མང

等为主的多康的大小寺院所有对布施

འགྱེད་སོགས་དང་། །སྐྱེས་ཆེན་དམ་པ་དུམ་ལ་ཞུགས་བསྔོ་ཞུ་རྟེན་སོགས་གཟབ་རྒྱས་སུ་ཕུལ། །

等及贤者君子许多对回向文礼品等隆重

རིགས་དཔོན་ཆོས་རྗེ་བསྟན་དར་བས། །བོད་དབུས་གཙང་དུ་རྒྱལ་བ་ཡབ་སྲས་ལ་འབུལ་བ། །

献亲侄法王丹达尔藏卫藏在达赖师徒

སེར་འབྲས་དགེ་གསུམ། །རྒྱུད་སྟོད་སྨད་སོགས་དབུས་དང་། །བཀྲ་ཤིས་ལྷུན་པོ། །
对礼物色哲甘三寺上下密院等卫地和扎什伦
དཔལ་ཆོས། །སྟར་ཐང་སོགས་རྩང་ཁུལ་དང་། །ཆོས་འཁོར་རྒྱལ། །མངའ་རིས། །
布寺白阔寺纳塘寺等藏地区曲科杰寺阿里
དྭགས་པོ་གྲྭ་ཚང་། །འོན་ཆོས་སྡིངས་སོགས། །ལྷོ་ཁ་རྫོངས་ཀྱི་ཆོས་སྡེ་ཆེ་ཆུང་ཐམས་ཅད། །
塔布扎仓恩却当寺山南地区的大小寺院所有
མདོར་ན་དགེ་ལུགས་པའི་དགོན་སྒྲུབ་སྡེའི་རིགས་གང་ཡོད་དང་། །
总之格鲁派的寺院密宗院各类所有及拉萨的
ལྷ་སའི་སྨོན་ལམ་རྣམས་ལ་མང་འགྱེད་སོགས་དགོངས་རྫོགས་ཀྱི་རིམ་པ་ཤིན་ཏུ་སྨིན་རྒྱས
祈愿者们对布施等逝世的程序非常大的
སྒྲུབ་པར་མཛད། །རྒྱ་ནག་ནས་ཁ་ར་ཆིན་ཡང་ཡི་དམ་སྐྱབས་ཀྱིས་དངུལ་སྲང་སྟོང་
举办内地从喀喇沁郡王伊达木扎布白银一千两
ཕྲག་གཅིག་ཕུལ་བ་ལ་གཞི་བྱས་ཏེ། །དངུལ་གྱི་མཆོད་རྟེན་རིན་པོ་ཆེ་སྣ་ཚོགས་པའི་
献为基础银塔珍贵的各种
ཕྲ་རྒྱན་ཅན་ཆེ་འདོམ་དོ་ཙམ་པ་ཞིག་བཞེངས་ཏེ། །རིང་བསྲེལ་དང་། །གདུང་རུས
宝石有高二尺约一座修建舍利和遗骨
རྣམས་དང་། །སྔར་བོད་དུ་སྟོར་བ་ཕྱིས་སུ་ཕྱག་ཏུ་བྱུང་བའི་ཐུབ་དབང་གི་སྐུ་སོགས
等以前西藏失而复得的佛像等
རྗེ་ཉིད་ཀྱི་ཐུགས་དམ་རྟེན་གྱི་གཙོ་བོ་མང་པོ་དང་བཅས་ནང་གཟུགས་སུ་ཕུལ་ཏེ། །
尊者本人的誓愿圣物的主要很多包括内藏放入而
དགོན་ལུང་གི་རྒྱབ་རིའི་རྩེའི་གཟིམས་ཆུང་མཁའ་སྤྱོད་རྩེར་བཞུགས་སུ་གསོལ། །
郭隆寺后山顶上的小卧室空行顶入住让
གོང་མ་ཆེན་པོར་ཟི་ལིང་ཨམ་བན་བརྒྱུད་ནས་རྒྱ་མཚན་གྱི་ཡི་གེ་ཛ་ཟམ་ཐོག་ནས
大皇帝向西宁钦差通过情况的书信驿站经
ཕུལ་བས། །གོང་མའི་བཀས་མི་དྲག་ཁ་ཤས་བཅས་གཏོང་བ་གནང་ཞིང་། །
递奉皇命贵族一些包括派出且供施
མཆོད་འབུལ་སོགས་རྒྱ་ཆེ་བ་མཛད་འདུག་གོ། །དེ་ནི་རྣམ་ཐར་གྱི་དོན་བསྡུ་བར་བྱ་སྟེ། །
等大规模举办已现在传记内容概括一下
བཅོམ་ལྡན་འདས་མེ་རྟ་ལོར་འཁྲུངས་ནས་ལོ་ཉིས་སྟོང་ལྔ་བརྒྱ་དགུ་བཅུའི་དུས་སུ་རྗེ
世尊火马年诞生二千五百九十期间
བཙུན་དམ་པ་འདི་ཉིད་མདོ་ཁམས་སུ་རིགས་རུས་ཆོ་འབྲང་ཕུན་སུམ་ཚོགས་པར་
该尊者多康在姓氏母系血统富足显赫

སྐྱེ་བ་བཞེས་ཏེ་གཞོན་ནུ་ཉིད་ནས་བསྟན་པའི་སྒོར་ཞུགས། ། རིགས་ལམ་ཉེ་ཚེ་བ་ཙམ

转生为并少年起法门入理论少许

ལ་མི་ཚེ་ཧྲིལ་པོར་མགོ་སྨྱེས་སྨྱེས་སུ་བྱེད་པ་དང་མི་འདྲ་བར། ། མདོ་སྔགས་ཀྱི་གཞུང་

对一生中头脑迷茫不清成为和不同而显密的理论

ལུགས་ཆེན་མོ་རྣམས་དྲི་མ་མེད་པའི་རིགས་པས་གཏན་ལ་ཕབ་པའི་ཐོས་རྒྱ་ཆེན་པོ་མཛད། །

大诸离垢道路确定见闻大

དེ་ཡང་། ། དགེ་བཤེས་སྟོན་པའི་ཞལ་ནས། ། བསྟན་པ་ཐམས་ཅད་གྲུ་བཞི

又格西敦巴曰佛法一切道括四方

ལམ་གྱིས་འཁྱེར་ཤེས་པ་ངའི་བླ་མ་ཞེས་གསུང་བ་ལྟར་གོ་བ་ཕྱོགས་རེ་ཙམ་དང་རག

懂得我的喇嘛这样讲的就像理解局部和粗略

པ་ཙམ་རེ་ཚོག་ཤེས་པ་མ་ཡིན་པར། ། གསུང་རབ་འབྱམས་མཐའ་དག་གི་དོན་ལ

一些知足不是而经浩瀚一切的意对

ནང་བྱིན་ཚུད་པའི་ངེས་དོན་གྱི་མཁས་པའི་གོ་འཕང་བརྙེས་པས། ། ལྕང་སྐྱ་ཐམས

通达的真正的智者的地位获得而章嘉大师

ཅད་མཁྱེན་པས་ཀྱང་། ། རྗེ་ཐུའུ་བཀྭན་པ་དེ་ཉིད་ལ་གཞུང་ལུགས་ཆེན་མོ་རྣམས་ཀྱི

也尊者土观这位对诸大理论的

དོན་དྲི་གཏུགས་ཞུས་ན་གཞན་དང་མི་འདྲ་བའི་གོ་རྒྱུ་བཟང་པོ་ཞིག་གསུང་རྒྱུ་ཡོང

意义询问进行别人与不同的含义善一些讲会出现

གི་ཡོད། ། ཁྱད་པར་དུ། ། བྱམས་ཆོས། ། རིགས་ཚོགས། ། བསླབ་སྤྱོད་རྣམས་ལ་ཤིན་ཏུ

特别是慈氏论中观论律行等对非常

མཁས་པ་ཞིག་བཞུགས། ། ཞེས་བསྔགས་བརྗོད་ཡང་ཡང་མཛད་པའང་ཐོས་སོ། །

精通是这样赞颂多次也听到那样

དེ་ལྟར་ཐོས་པ་རྒྱ་མཚོའི་མཐར་སོན་ཀྱང་མཁས་པའི་ང་རྒྱལ་དང་རློམ་སེམས་ཡེ་མི་མཛད། །

听闻大海的彻底但智者的傲慢和自满从不做

ཤེས་ཚད་ཐམས་ཅད་ཁ་བཤད་ལ་ཁྱེར་ནས་རང་རྒྱུད་སྐམ་ཀྲིག་གེ་ལུས

所知都空谈对带着自心干巴巴地剩下

པའི་མཚན་ཉིད་ཀན་པོ་ལྟ་བུ་མ་ཡིན་པར། ། ཐོས་པའི་དོན་རྣམས་དབེན་པའི་གནས

的法相老人不像而听闻意义诸清净处

སུ་བླ་མའི་མན་ངག་བཞིན་རྒྱུད་ལ་སྦྱོར་བའི་ཉམས་ལེན་ཚད་ལྡན་མཛད་པས། །

喇嘛秘法按照心里应用修持正规进行

ཉམས་མྱོང་ཕལ་བ་བརྒྱ་སྟོང་གིས་ཀྱང་བསྒྲན་དུ་མེད་པའི། ། བྱང་ཆུབ་ཀྱི་སེམས་དང་། །

经验一般千百也无法比较菩提心及

དབུ་མའི་ལྟ་བ། ། བསྐྱེད་རྫོགས་ཀྱི་རྟོགས་པ་རྣམས་ཆོས་ནས་ཇི་སྐད་བཤད་པ་བཞིན

中观见生圆次第的觉悟诸佛经中怎样讲的如同

ཐུགས་རྒྱུད་ལ་འཁྲུངས། ། བློ་གསལ་དོན་གཉེར་བ་དུ་མ་ཡང་། ། ཟབ་མོ་ཡིན་པ་སྐད

心里产生聪明求学者许多也甚深所谓大道

པའི་མན་ངག་ཐར་ཐོར་ལྟ་བུ་མ་ཡིན་པར། ། གཞུང་ཆེན་མོའི་བཤད་པ། ། ཉམས་མྱོང་

窍门零散的那样不是巨著的讲解经验

དམར་འཁྲིད་སོགས་ཀྱི་འཆད་ཉན་བསྟན་པའི་གསོས་སུ་འགྱུར་ངེས་པ་མཛད། །

直观教授等教诲听闻正法的增添变成为

སྦྱིན་བདག་སྟོབས་འབྱོར་ཅན་གྱི་སྒོ་རྩར་འདོད་པའི་མི་གཙང་བ་ཁོན་འཚོལ་བ

施主富强的门前贪爱污秽仅寻找

རྣམས་དང་མི་འདྲ་བར། ། ཡངས་པའི་ས་ཆེན་པོ་ལ་དབང་བསྒྱུར་བའི་འཇམ

不同而广大江山对统治的文殊

དབྱངས་གོང་མ་ཆེན་པོའི་མཆོད་ཡུལ་དུ་བཞུགས་ཏེ། །

大皇帝的供处为当做

རྒྱལ་བློན་རྣམས་ཐབས་མཁས་ཀྱི་མཛད་པས་དཀོན་མཆོག་གསུམ་ཁོན་བླམར་

王臣们善巧的方法三宝仅喇嘛

འཛིན་ཅིང་། ། ཉི་འོག་གི་བསྟན་པ་བསྟན་འཛིན་དང་བཅས་པ་ལ་གུས་འདུད་ལྷུར་

作为且世界的佛法守持者包括对致敬努力

ལེན་པ་བགྱི་བར་མཛད་ཅིང་། ། ཉེས་ཅན་དུཿཁ་ལས་སྐྱབས་པ། ། དམག་འཁྲུགས

带领并罪人苦难从拯救战争平息

བདེ་འཇགས་སུ་གཏོང་བ་སོགས་རྒྱལ་ཁམས་བདེ་ཞིང་སྐྱིད་པའི་མཛད་ཕྱོགས་དང་། །

使变成等国土平安的措施及

རིས་མེད་པའི་སྐྱེས་ཆེན་དམ་པ་རྣམས་ཀྱི་འཕྲིན་ལས་གོང་འཕེལ་དུ་འགྱུར་བའི་

公正无私的贤者君子们的事业发展促使的

ཐབས་ཚུལ་ལ་སྣ་དུ་མ་ནས་ཐུགས་འགྲུས་པར་མཛད། ། སྨོས་བཅས་ཀྱི་ཐུགས་དམ་ཀྱང་། །

方法对多方面意努力勤奋迷执的誓愿

ཉིན་རེ་བཞིན་སྐྱབས་སེམས། ། བླ་མའི་རྣལ་འབྱོར་ཏེ་ཏིང་འཛིན་གྱི་དབང་

也每天皈依发心上师瑜伽即禅定的四灌顶

བཞི་དང་བཅས་པ། ། འཇིགས་བྱེད་དམར་པོ་མདའ་གཞུ་འགེངས་པ། ། ལྷ་མོ་རིག་བྱེད་མ། །

包括大威德红弓箭拉开女神咲陀女

ནཱ་རོ་མཁའ་སྤྱོད། ། ཕྱག་རྡོར་བདུད་རྩི་ཐིགས་པ། ། འཇམ་དབྱངས་ཨ་ར་པ་ཙ་ན། །

那若空行母金刚手甘露滴文殊阿拉巴扎那

ཚེ་དཔག་མེད་གྲུབ་རྒྱལ་ལུགས་སོགས་ལྷ་དུ་མའི་མངོན་རྟོགས་ལྷུགས་བཟླས་དང་། །

无量光佛作法等许多的神现观修正念诵和

དཔལ་རྡོ་རྗེ་འཇིགས་བྱེད་ལྷ་བཅུ་གསུམ་མའི་སྒྲུབ་ཐབས་རྒྱས་པ། །རྩ་སྔགས་སྟོང་ཕྲག་ལྔ་རེ། །

大威德金刚十三尊神的修法详尽本咒五千次

ཞི་ཁྲོ་སྦྲགས་སྒྲུབ་དང་། །ལས་སྔགས། །སྙིང་པོ་རྣམས་སྟོང་ཕྲག་རེ། །

静猛合修及业咒要义等千次个百余

གཏོར་མ་བརྒྱ་ཙམ། །ཛམ་པ་ལ་དཀར་པོ་སོགས་ཀྱི་ཆུ་སྦྱིན། །ཀླུ་གཏོར། །ཆོས་སྐྱོང་རྣམས་ཀྱི

食子布禄金刚白色等水施龙朵食子护法神诸的

གཏོར་འབུལ་དང་། །ཁྱད་པར་དུ་གཉན་མགོན་སྟོབས་འཕྲོག་ནག་པོ་ཞལ་བཞི་པའི་བསྐང་ས

食子贡献特别是念神夺势黑四面的

གསོལ་རྒྱས་པ། །བསམ་གཏན་ཉལ་སྒོམ། །གཅོད་སྟོན་ཐོག་གཅིག་མ། །བཟང་སྤྱོད། །

酬补仪轨详尽禅定睡修断行教诫一日斋食普贤行愿

བདེ་བ་ཅན་གྱི་སྨོན་ལམ། །གསང་བདེ་འཇིགས་གསུམ་གྱི་སྨོན་ལམ་རྣམས་ཞལ

品极乐世界的祈愿金刚手大威德三尊的誓愿诸念经

འདོན་ཆག་མེད་དང་། །རྡོ་རྗེ་འཇིགས་བྱེད་ཀྱི་རྫོགས་རིམ་རྣལ་འབྱོར་བཞི་ལ་ཐུགས

不间断地大威德金刚的圆满次第四瑜伽对誓愿

དམ་གྱི་སྙིང་པོར་མཛད། །སྤྱོད་ལམ་ཀུན་ཏུ་བྱམས་སྙིང་རྗེ་བྱང་ཆུབ་སེམས་བརྗེད་པ་

的核心做行为始终慈悲心菩提心牢记

མེད་པ་དང་། །ཐུན་འཚམས་སུ་གང་སྣང་བདེ་སྟོང་གི་རྒྱས་འདེབས། །ཉལ་ལྡང་ཁྲུས

及晚间修行时段所见空乐的融为一体睡起沐浴

དང་ཁ་ཟས་ཀྱི་རྣལ་འབྱོར་རྣམས་རྒྱུད་སྡེ་ནས་བཤད་པ་བཞིན་ཕྱག་ལེན་ལ་ཐེབས་པ་མཛད། །

和食物的观行相应观续经中讲述按实践到落实

ཟླ་བ་ཡར་མར་གྱི་ངོ་ལ་ཚེས་བཅུའི་མཆོད་པ། །དཀྱིལ་འཁོར་སྒྲུབ་མཆོད

月亮上下弦时初十供奉俱足坛城修供

བདག་འཇུག་དང་བཅས་པའང་ཆད་མེད་གནང་། །ལས་སྦྱོར་ཕལ་ཆེར་སྦྱིན་སྲེག

自入包括也不间断事大多数火供

གྱི་སྒོ་ནས་མཛད་ཅིང་། །གྲུབ་པའི་རྟགས་མཚན་དངོས་སུ་བྱུང་བའང་དུ་མ་མཆིས། །

的方式举行并证果迹象真实出现也多次有

ནོར་རྫས་ལ་འཛིན་ཆགས་ཡེ་མི་མཛད་པར། །ཕྱག་རྫས་གང་བྱུང་གིས་སྐུ་གསུང་

财物对贪恋从不而财物凡所得用来身法

ཐུགས་རྟེན་བཞེངས་པ། །དགེ་འདུན་མཆོད་པ། །ནད་པ་ལ་སྨན་སྦྱིན། །དབུལ་ཕོངས

意圣物修建僧众供施病人对药施穷苦者

ལ་སྦྱིན་གཏོང་། །ཐན་ཁ་ཟས་བཟང་རྒྱུ་གཡོས་སུ་སྦྱར་ཏེ་སྐྱེ་བོ་དུ་མ་ལ་ཚིམ་པར་སྦྱིན

对施舍连食物好所有烹调而许多人对满足使施舍

པ་ཡན་ཆོད་ཀྱིས་ལྷག་མེད་དུ་གཏོང་བ་སོགས་གཞན་གྱི་བློར་མི་ཆུད་པ་མཛད། །

以上不保留的施等别人难以理解的这点

འདི་ཙམ་ཡང་དེང་སང་གི་བླ་ཆེན་ལྡེ་མིག་སྐུ་སྐེད་ལ་འབྲལ་སྤྱངས་སུ་འཆང་བ་རྣམས

也现在的拉钦钥匙腰间不离地带着的们

ཀྱིས་བསྙུན་དུ་མེད་པའི་རྣམ་ཐར་རོ། །དོན་གཉེར་བ་རྣམས་ཀྱིས་བསྐུལ་བའི་ངོར་

无法相比的传记是诸追求者督促下

ལེགས་བཤད་ཀྱི་རྩོམ་པ་མཛད་པ་པུ་ཏི་གཅིག་ཙམ་བཞུགས་པ་ཡང་། །ཚིག་སྙན་ལ

格言的写作一函约有的也语言优美

དོན་ཟབ་པ། །འགལ་བ་དང་མ་འབྲེལ་བ་དང་བཟླས་པ་སོགས་ཀྱི་སྐྱོན་དང་བྲལ་བ། །

意义深刻矛盾和不连接及重复等的正确无误

བློ་རབ་འབྲིང་ཐ་གསུམ་ལ་ཕན་ཐོགས་པ། །སྔོན་བྱོན་གྱི་མཁས་གྲུབ་གོང་མ་རྣམས་ཀྱི་

智力上中下三等对有利先辈们贤哲上辈们的

གསུང་རབ་དང་བབས་མཚུངས་པའི་ཕུན་སུམ་ཚོགས་པར་བཞུགས་ཀྱི། །བཀའ་

经典和情况相同的丰富地有而甘珠儿

འགྱུར་བ་བློ་བཟང་ཚུལ་ཁྲིམས་ཀྱིས་རྗེ་འཇམ་དབྱངས་བཞད་པའི་དྲང་ངེས་རྣམ

者洛桑慈臣尊者嘉木样协巴的辨了不了义论

འབྱེད་ཀྱི་ཟིན་བྲིས་ལ་སྦྱར་བ་བཏབ་པ་ལྟ་བུ་དང་། །གྲོང་སྔགས་པ་ཞིག་གིས་ཤེས

的记录对像及居家咒师一位

རབ་སྙིང་པོ་ཤློ་ཀ་གཅིག་ལ་བསྡུས་པའི་དཔེ་བཞིན། །ཡིག་ཆ་ཐམས་ཅད་ནས་ཚྭ

般若要义一首于集中那样文献所有中

རན་བལྟ་བ་ལྟ་བུའི་དོན་ཚན་ཡམ་ཟུང་བསྡུས་ཏེ་ཐག་པ་དང་ཐིག་གུ་འཐུད་པའི་

看咸淡适度那样的断章不相称收集绳索与细绳接

བརྩམས་ཆོས་དག་དང་འདྲ་བ་མ་ཡིན་ནོ། །དེ་ལྟ་ན་རྣམ་ཐར་དཔྱད་མི་བཟོད་པའི་

著作各个大不相同若你传记经不起分析的

འགྲོ་འདྲེན་དམ་པར་རློམ་པ་རྣམས་དང་མི་འདྲ་བར་མཁས་བཙུན་བཟང་གསུམ། །

众生引领者伪贤者和不同贤正善良三

ཐོས་བསམ་སྒོམ་གསུམ། །འཆད་རྩོད་རྩོམ་གསུམ། །བཤད་པ་དང་སྒྲུབ་པ། །

闻思修三讲辩著作三讲说与修持行为

མཛད་པ་དང་འཕྲིན་ལས་ལུང་དང་རྟོགས་པའི་ཡོན་ཏན་སོགས་ཕྱོགས་གང་ནས་བརྟགས

与事业教与法的知识等从何方观察

ཅིང་རྣམ་པར་དཔྱད་ན་ཡང་སྐྱེས་བུ་དམ་པ་ཞེས་པ་དང་། ། མཁས་གྲུབ་ཆེན་པོ་ཞེས་པ་དང་། །

并详细研究分析也贤者君子称为贤誓大叫

རྣལ་འབྱོར་གྱི་དབང་ཕྱུག་ཞེས་བྱ་བ་ལ་སོགས་པའི་མཚན་རྗེ་བླ་མ་འདི་ཉིད་ལ་དོན

及相应观行的自在所谓的等名称尊师这个

དང་མཐུན་པའོ། ། ཞེས་ཁོ་བོ་རྡོ་རྗེ་འཛིན་པ་གཙང་སྐེ་གཟེངས་མཐོན་པོས་སྨྲོའོ། །

对名副其实的这样我持金刚清嗓子高调的

དེ་ལྟར་རྗེ་བཙུན་དམ་པ་ཐུགས་རྗེ་ཆེན་པོ་ཅན་དེ་ཉིད་ཀྱི་རྣམ་པར་ཐར་

说那样至尊贤者大慈悲心那位的传记

པ་མདོ་ཙམ་བཀོད་པ་འདི་ནི། ། རྗེ་རང་ཉིད་ཀྱིས་དངོས་དང་ཉམས་སྣང་ཅི་རིགས

简略记述这是尊者自己真实或心境各种的

པར་ལྷའི་ཞལ་གཟིགས་པ་དང་། ། གསུང་གི་གནང་བ་བསྩལ་བ་སོགས་ཀྱི་རྣམ་ཐར་

亲见本尊神或语的允许得到等的传记

ཐུན་མོང་མ་ཡིན་པ་ཁ་ཤས་བརྣས་བཅིང་བའི་ཚིགས་བཅད་དུ་མཛད་ནས །

特殊的不共一些以授记用格律诗写后详细

ཞིབ་པར་ཐུགས་ཀྱི་སྲས་གཅིག་པུ་ལྕང་སྐྱ་རྡོ་རྗེ་འཆང་ཁོན་ལ་གསུང་བ་མཛད་འདུག་ཀྱང་། །

心传弟子唯一章嘉金刚持仅仅对讲过

ཐུན་མོང་གི་རྣམ་པར་ཐར་པ་ཟིན་བྲིས་སུ་འཁོད་པ་ཞིག་མ་བྱུང་འདུག་པས །

但共同的传记记录已一件没有因此

འདིར་བཀོད་པ་ཕལ་ཆེ་བ་ནི་ཞབས་ཕྱི་རྒྱུས་ཡོད་རྣམས་ལ་ཞིབ་ཏུ་རྩད་བཅད་ནས

在此所传大多是随从熟悉者们对详细调查后

ངག་བསྒྲོས་ཁུངས་མ་སྒྲོ་བསྐུར་མེད་པ་རྣམས་བཀོད་ཅིང་། ། རྣམ་ཐར་བརྡའ་ཚིགས

传言可信增损无诸叙述《格言体秘传》

མའི་དོན་རྣམས་ལ་རྡོ་རྗེ་འཆང་ལྕང་སྐྱ་རིན་པོ་ཆེའི་མཆན་བུ་མཛད་པ་སྒྲ་ཇི་ལྟ་བ་

的内容对金刚持章嘉仁波切的注释做的声如实地

བཞིན་འདིར་བྲིས་པ་ཡིན་པས། ། ཡིད་ཆེས་པའི་གནས་སུ་བཟུང་རིགས་པ་ཁོན་ཡིན་ནོ། །

在此编写是可信的地方认为可以竞

དེ་ལྟར་དམ་པའི་རྣམ་ཐར་ནི། ། ངོ་མཚར་སྟོན་ཟླ་གསར་པ་གང་། ། རྟག་ཏུ་ཡིད་

那样贤者的传记是神奇秋月新那个永远心

མཁར་འཆར་བ་ལས། ། དད་པའི་འོ་མཚོ་ཀྱིན་དུ་འཕྱུར། ། ཀྱེ་མ་དེང་དུས་རྒྱལ་བསྟན

天显从中信仰之大海空中涌啊现在佛法

ཉི་མ་རྩོད་པའི་ཐུན་མཚམས་གོས་དམར་འཛིན། ། འཇིག་རྟེན་བདེ་སྐྱིད་པདྨོའི་ཚལ

太阳辩论的朝霞红衣持世间幸福莲花苑

ཡང་རྐྱེན་ངན་ཟླ་བའི་ཟེར་གྱིས་ཟུམ། །བདུད་སྤྲུལ་སྲིན་བྱའི་ཚོགས་རྣམས་ཆོས་མིན

又灾难月光被闭合魔化身猫头鹰众邪法

གཏམ་གྱི་སྐད་ངན་གསང་མཐོར་སྒྲོགས། །ངན་སྤྱོད་སྨག་རུམ་འཐིབ་པས་འགྲོ་བའི་

话语的恶言大声发出恶行黑暗笼罩而众生的

ཕན་བདེའི་ལམ་བཟང་ཀུན་ཏུ་སྒྲིབ། །ཁྱིམ་ལས་རབ་ཏུ་བྱུང་རྣམས་ཀྱང་། །

利乐的善路全面遮从家中出家者们也家的

ཁྱིམ་གྱི་བདེ་ལ་མངོན་པར་སྲེད། །ཆོས་འདོད་སྐྱེ་བོ་ཕལ་མོ་ཆེ། །ཆོས་མིན་ལྟར་སྣང་ལམ

快乐对恋法愿人大多数违法现似道所骗

གྱིས་བསླུས། །མཁས་པའི་ཙན་དན་ས་མཆོག་ལས། །བླུན་པོའི་སོལ་བ་རིན་ཐང་ཆེ། །

智者白玢檀比愚人的木炭价值大有佛法

ཆོས་ལྡན་གནའ་བོའི་ལུགས་བཟང་རྣམས། །བལ་བ་ཛ་ཡི་ནགས་བཞིན་འཛོངས། །

古时好习俗诸马兰草如丛里如此

འདི་ལྟར་སྐྱིད་དགུ་ཐམས་ཅད་ཀྱི། །བདེ་སྐྱིད་གཅིག་ཆར་འཕྲོག་བྱེད་པའི། །དུས་ངན་འདི

一切的幸福顿时劫掠的这是突然

ནི་གློ་བུར་དུ། །སྲིན་པོ་བཞིན་དུ་འོང་བའི་ཚེ། །སྙིང་སྟོབས་བརྩན་པོའི་གོ་ཆ་ཅན། །

罗刹一样到来时胆量坚固的盔甲具有佛子

རྒྱལ་སྲས་དཔའ་བོ་གཞན་རྣམས་ཀྱིས། །རིངས་པར་ཞིང་འདི་ཡོངས་བཏང་སྟེ། །

英雄其他诸迅速佛土全放弃涅槃

མྱང་འདས་ཞི་བའི་ནགས་སུ་བྲོས། །དེ་ཚེ་རབ་འབྱམས་ཞིང་གི་རྒྱལ་བ་ཏིལ་གྱི་གང་བུ་ལྟ

清净之林中逃那时浩瀚世界的佛陀芝麻的花苞一样

བུའི་ཚོགས་རྣམས་གཅིག་ཏུ་བཀའ་བགྲོས་ཏེ། །མགོན་མེད་ཤིན་ཏུ་ཉམ་ཐག་སྙིང་

众集中商议佑主无非常弱小怜悯之

བརྗེའི་ཡུལ་གྱུར་ཞིང་འདིའི་འགྲོ་བའི་མགོན་དང་སྐྱབས་དང་དཔུང་གཉེན་དུ། །

成为…对象这个世界人们的佑主和皈依救主依托处

སྙིང་སྟོབས་ཕུལ་བྱུང་དཔའ་བོ་ཁྱོད་ཉིད་གཅིག་པུ་འོས་ཞེས་བསྔགས་བརྗོད

勇气超群英雄你自己唯独适宜这样赞颂

མེ་ཏོག་ཆར་དུ་བསྙིལ་བ་ལས། །སྙིང་བརྗེའི་ཤུགས་ཀྱིས་མགོན་པོ་ཁྱོད་ནི་མ་དག

鲜花如雨倾泻中怜悯之力佑主您是不净地

ཞིང་འདིར་པདྨའི་མཚོ་ལ་དད་པ་བཞིན་དུ་ཞུགས། །དེ་ཚེ་འཇིག་རྟེན་དགེ་ལེགས་ཀྱི། །

这里莲花湖对信仰按照进入那时人间妙善的

འཚོ་བའི་སྲོག་གི་ལྷག་མ་དེ། །ཁྱོད་ཀྱི་ལྷག་བསམ་བདུད་རྩིའི་བཅུད། །ཕན་བདེའི་རོ

生活的生命之剩余那个你的诚心甘露之精华利乐百味

བསྐྱ་བ་དེས་གསོས། ། ཐུབ་བསྟན་རིན་ཆེན་ཤིང་རྟ་ནི། ། ལྟ་ངན་འདམ་དུ་བྱིང་བ་ཡང་། །

那个抚育佛法珍宝是邪见泥潭中陷入

རྣམ་དཔྱོད་ཤུགས་ཀྱི་སྟོབས་རྩལ་གྱིས། ། ཡང་དག་ལམ་དུ་ཁ་ལོ་བསྒྱུར། །

也智慧力士之势力技用正确路上转为讲

འཆད་རྩོད་རྩོམ་པའི་དབྱུག་ཡིས། ། ཆོས་ཀྱི་རྔ་ཆེན་ལྷང་ལྷང་རྡུང་། ། སྐྱེ་རྒུ་ཀུན་ལ་མཐོ་རིས་སྒྲུ །

写之棒用法的大鼓隆隆敲众生都对善趣

འཛེགས་པའི་བསོད་ནམས་ཐེམ་སྐས་བཙུགས། ། དེ་ལྟའི་མཛད་བཟང་སྦྲང་རྩིའི་ཁུར། །

在攀升的福泽阶梯建立那样的善业蜂蜜

རྣམ་འཛིན་གྲགས་པའི་སྦྲ་མ་ར། ། གཟུར་གནས་ཁ་ཡི་པད་ཚལ་ན། །

负担特色名声的蜜蜂公正嘴莲花丛

ཕྱོགས་སུ་སྙན་པའི་ཕྲིན་ཡིག་སྒྲོགས། ། ཨེ་མ་དམ་པའི་ངོ་མཚར་གྱི། ། རྟོགས་བརྗོད

遍地喜讯书信发出啊贤者神奇的传记

རིན་ཆེན་དབང་གི་རྒྱལ། ། ས་གསུམ་རྒུད་པ་ཀུན་སེལ་བ། ། བསོད་ནམས་དེ་དང་དཔོན་མཐུ

如意宝王三界全消除福祉导师之

ལས་རྙེད། ། འདི་ཡིས་སེམས་ནི་ཞི་འགྱུར་པའི། ། ལེགས་བྱས་སྣོད་ཀྱང་སྲིད་སྙམ་པས། །

威力依靠获得这使心是静将变成善事器也可能有

དམ་པའི་ཆོས་ཀྱི་རོ་བདའ་བའི། ། ཚིག་གི་བདུད་རྩིའི་མཆོད་ཡོན་སྦྱབས། །

显教正法的甘美味词语的甘露之功德水修

དཔྱོད་ལྡན་ཡིད་མཚོར་ངང་བའི་བུ་མོ་ནི། ། རྣམ་པར་རོལ་བའི་རྨད་བྱུང་བཀོད

智者心海中天鹅之女翩翩游神奇布局

པའི་གཟུགས། ། དབྱངས་ཅན་རིག་པའི་ཚོན་མང་རྣམ་འཐུང་བའི། ། བློ་གྲོས་རྣོན་པའི་

形色妙音仙女知识多彩畅饮的智慧锐利的

པིར་གྱིས་རི་མོར་བྲིས། ། འདི་ནི་ཐུབ་པ་རྣམས་ཀྱི་གདུང་འཚོབ་སྟེ། ། སྐུ་གསུམ་གྲོང་དུ

笔图画描绘这是佛陀们的继承而三身城市向

བསྒྲོད་པར་ཆས་རྣམས་ལ། ། རྒྱལ་བ་ཁྱུ་མཆོག་གཤེགས་པའི་ལམ་འདི་ཞེས། །

行赶对佛陀超群者善逝的路上这正确

དྲང་པོར་སྟོན་པའི་སམ་ཁྲིད་ཉིད་ཀྱང་ཡིན། ། འདིར་འབད་བསོད་ནམས་ཀུན་ཏུ་བཟང

指点的带路人竟也是对此努力福泽永远妙善

པོའི་མཆོད་པའི་སྤྲིན་ཕུང་གཏིབ་པ་ཡིས། ། སངས་རྒྱས་ཞིང་ཀུན་ཡོངས་སུ་བཀང་སྟེ

的供奉云团弥漫而佛土一切全面盛满

རྒྱལ་བ་རྒྱ་མཚོ་མཉེས་བྱེད་ཅིང་། ། ཕན་དང་བདེ་བ་ཟད་མི་ཤེས་པའི་འདོད་རྒྱུའི་སྒྲུ

佛大海使喜悦也利与乐无尽的所想的雨水

ཆར་བཟང་པོའི་རྒྱུན། །འཇིག་རྟེན་ཀུན་ཏུ་ཁྱབ་པར་བབས་པས་འགྲོ་བའི་རེ་བ་
好的流世世到处遍布下起而人们的希望
རྫོགས་བྱེད་ཤོག །བདག་ཀྱང་དེང་ནས་ཚེ་རབས་ཐམས་ཅད་དུ། །མཐུ་ཆེན་རྣམས
满足祝愿我也从今起世代所有都在大威诸
ཀྱི་གསང་མཛད་ཀུན་འཛིན་ཅིང་། །བློ་དང་ཐབས་མཁས་སྤྱོད་པ་རྒྱ་མཚོ་ཡིས། །
的秘行都持要智慧与方法善行大海
གཞན་དོན་སྤྱོད་ལ་འཇམ་དབྱངས་འདྲ་བར་ཤོག །ཅེས་རྗེ་གྲུབ་པའི་
他事行对文殊成为祝愿就这样成就
དབང་ཕྱུག་སྲིད་ཞིའི་གཙུག་རྒྱན་དམ་པ་ཐུའུ་བཀྭན་པ་ངག་དབང་ཆོས་ཀྱི་རྒྱ་
自在有寂顶饰贤者土观氏阿旺曲吉嘉措的
མཚོའི་རྣམ་པར་ཐར་པ་མདོ་ཙམ་གཏམ་དུ་བྱ་བ་དཔག་བསམ་ལྗོན་བཟང་ཞེས་བྱ་
传记简要讲述如意宝树称为
བ་འདི་ནི། །དོན་གཉེར་བ་དུ་མས་སྔ་ཕྱིར་ཡང་ཡང་བསྐུལ་ཞིང་། །ཉེ་ཆར་རང་གི་གམ
这是求学者很多先后多次催促并最近自己的跟前
དུ་གནས་པའི་དར་ཧན་དཔོན་པོ་རབ་འབྱམས་པ་དོན་འགྲུབ་དབང་རྒྱལ་གྱིས། །
居达汗官员博学者东旺王杰哈
ལྷ་རྫས་དང་བཅས་གསོལ་བ་བཏབ་པ་དང་། །རང་ཉིད་ཀྱང་མཆོག་ཏུ་མོས་པས
达包括等请求及自己也特别感兴趣
མཚམས་སྦྱར་ཏེ། །ཡོངས་འཛིན་ཆོས་བཞིན་དུ་སྦྱོར་བ་དུ་མའི་བཀའ་དྲིན་གྱི་འོད
承接而经师如法行为很多的深恩之光芒
ཟེར་ལ་བརྟེན་ནས། །གསུང་རབ་ལ་བལྟ་བའི་བློ་གྲོས་ཀྱི་མིག་རྣམ་པར་ཕྱེ་བ། །
依靠而贤法对观音智慧的眼分别开
༄གནམ་བསྐོས་འཇམ་དབྱངས་གོང་མ་ཆེན་པོའི་ལུང་གིས་ཛིང་ཟེའུ་ཆན་ཤི་ཐུའུ་
天子文殊大皇帝的授予静修禅师
བཀྭན་ཧུ་ཐོག་ཐུ་ཞེས་རྣམ་དག་བསླབ་ལྡན་བསམ་གཏན་གྱི་སློབ་དཔོན་འཕགས་པ་
土观呼图克图叫真诚戒律持禅定的上师菩萨
ཆེན་པོར་བསྔགས་པ་བློ་བཟང་ཆོས་ཀྱི་ཉི་མ་དཔལ་བཟང་པོ། །མིང་གཞན་དྷརྨ
大称誉洛桑曲吉尼玛贤德别名法金刚
བཛྲ་དུ་འབོད་པས་ལྕགས་ཡོས་ཧོར་ཟླ་དང་པོའི་ཆོ་འཕྲུལ་ཆེན་པོའི་དུས་ཆེན་ལ
称为铁兔霍尔月一月大神变节期间
བཤད་སྒྲུབ་བསྟན་པའི་འབྱུང་གནས་ཆོས་སྡེ་ཆེན་པོ་དགོན་ལུང་བྱམས་པ་གླིང་གི་
讲修佛法的圣地大寺院郭隆强巴林的

གཙུག་ལག་ཁང་༧གོང་མའི་ལུང་གིས་མཁྱེན་ཡངས་གླིང་ཞེས་བྱ་བ། ། མིང་གཞན་

经堂皇帝御赐为智广殿称为另称

བཀྲ་ཤིས་འོད་འབར་དུ་གྲགས་པའི་ཉེ་འདབས་ཀྱི་གཟིམས་ཆུང་འཆི་མེད་དགའ་

吉祥光照称为的附近的小寝室不死乐园

ཚལ་དུ་སྦྱར་བའི་ཡི་གེ་པ་ནི་ཨོར་དུ་སུ་དགེ་སློང་བློ་བཟང་དོན་འགྲུབ་པོ། །

在写的执笔者是鄂尔多斯比丘洛桑东知是

། ། བཀྲ་ཤིས། །

吉祥如意

汉译文

大成就者阿旺曲吉嘉措传·如意宝树

向文殊师利恩师致敬!

诸法本性刹那间生灭,出现智慧自性[①]本质佛,

造就之师开显语之神愿文殊说法声门打开。

威严三密智慧齐堆集,宛如云霞上衣身上披,

至善师友化身来世间,敬礼勤做佛之伟业者。

五浊[②]恶人暴行罗刹[③]吼,佛子其它誓言如山裂,

他的精神使睡莲盛开,宛如新月的光芒一般。

因此对您的上述赞颂,对诸佛陀也努力发展,

您的三密智慧如大海,已越菩萨思想之庭院。

吾辈之人纵有千条舌,连毫厘之许也讲不完,

如万丈阳光自狭孔入,神秘不尽如海中水珠。

就我之所知作此讲述:

无奈当今世上的人们,分辨事非的慧眼已瞎,

偏袒自私的邪魔附体,嫉妒疯人的戏剧上演。

因此作此智者的传记,对上述业力所致过失,

有益之作用很难看到,我也深感希望之渺茫。

然而即便是暂时消除苦难的如意宝也应拼命地争取,

世间涅槃善业终能如愿众生的苦难也必将永久消除。

上师的传记堪称如意宝王指引七觉支[④]解脱道的众生,

将传记置于自己信仰宝幢之顶的智者能获天然成就。

---

① 自性:佛家说宇宙万有,任何事物,若不依因缘条件独立自成有固定恒存的实体者,叫自性。

② 五浊:亦称五渣、五浑,即寿浊、烦恼浊、众生浊、劫浊、见浊。

③ 罗刹:恶鬼的总称

④ 七觉支:七觉分、七菩提分,能令定慧平等七法,念觉分、择法觉分、精进觉分、喜觉分、安觉分、舍觉分和定觉分。

那美丽善行的青莲花，善妙芬芳时刻的散发，

精妙言辞用丝线窜起，作有缘者耳边的美饰。

这位有德喇嘛原本是集聚了一切佛的智、悲、能，为了众生应缘化身而来并以普通人的形象出现的尊者上师。尊者师从过很多位大师，完整的掌握了佛教大德们的高深教法，对宗喀巴大师的显乘教义学习透彻，对闻思的理解正确圆满，修行实践也正确无误。尤其精通重人轻己的菩提心，能看清所有显现如幻的本质，对生圆次第[①]的证悟通达无误。尊者还精通很多神的誓词，能将诸多护法神收为己用。当今世上最具权势的转轮王文殊大皇帝是此位上师至高无上的施主，在圣谕中多中褒奖。尊者不可思议的传奇经历将广大区域纳入佛法大伞护佑之下，默念他的名字都可以消除世间的烦闷，这位尊者即大成就者土观旺曲吉嘉措！现将尊者的传记作一简说：

这位尊者的诸位前世，曾是印度、藏地的佛教学者、王、大臣等人士，为了教化平常众生，他不可思议地化身为各类人物。我们平常人虽无法看到并了解这些，但这一切都真实地存在，尊者的弟子们有一些讲述，一些高僧的作品中也有相关的预言。根据这些我们推测出一些内容，在下文中会不时地出现并说明。先将其前世大贤者洛桑饶丹的传记稍微地记录一下：

这位大师（洛桑饶丹）出生在宗喀巴大师之诞生地——多麦[②]宗喀阳面地区，生于当地的一个圆满齐全的优越家族，是代表长胜天统治广大地区的一位蒙古王子的后代，姓名“土官”，在藏语里是“领袖”、“官员”的意思。大师出生后，他的父母因为只有这一个儿子而希望他能娶妻成家守业，但由于前世的习气，他视家庭为毒蛇的窝。因此，到要成家时，他离家出走，到郭隆寺先后受了沙弥戒和比丘戒[③]，不断地坚持诵念、闻思和修习。不久后他去卫藏扎什伦布寺学习，师

---

① 生圆次第：生起和圆满次第，属于密宗的无上瑜伽。生起次第是假象佛身和佛宫殿的圣境来清净凡俗执着、断绝生死、中有之门的一种方便。圆满次第，是击中自身风、脉明点的要处而引风归脉，生起大乐的一种方便。

② 多麦：古称多思麻，即今青海安多地区。

③ 沙弥戒：出家男子所受的三十六戒；比丘戒：议程具足戒、近圆戒，共253条戒规。

从于无所不知的洛桑却吉贤赞[1]学习显密经论，掌握了深奥知识的心灵象如意宝瓶一样充满智慧。当时，在扎什伦布寺，这位尊者在因明学[2]的学习中出类拔萃，尤其精通《释量论》[3]。回到多麦后，他在底同大寺[4]里担任法台，以后又到殊胜大寺郭隆绛巴林担任法台。他讲授了很多显密经典，受青海湖周围官员们的供养，春季时到那里去讲经，做法事，逐渐在这一带产生影响。以后在称为"沃热曲噶"[5]的一条河边圆寂。尊者的遗体完整地保存在佛塔里，其塔上常常出现诸如彩虹等奇妙的景象，成为众生朝拜之圣处。

善逝正法的雪山顶上，绿鬃茂密的威严雄狮，
发出智慧的巨大吼声，文殊上师您傲然挺立。
平常智慧拉不开大弓，您应成思想如箭上弦，
辩论时上师您的面前，骄傲者谁能相与争锋？
诵念光辉如宝藏大轮，不死佛位是众望所归，
求解脱的蜜蜂四方飞，妙善之聚渊增胜无比。

出于对一方徒众的慈悲关怀，这位尊者又按照佛教传统转世而来。转世者就是成就者阿旺曲吉喜措，于铁阳猴年出生在离前世出生地很近的一个叫"岔尔沟"[6]的村庄。

文珠妙金刚化作明月，东山顶上升起泽被众生，
妙法甘露滴遍地播洒，世间的炎苦顿时间消散。
虽是幼苗但是大菩萨，自性功德已然臻于圆满，
其它特性逐渐光暗淡，遍知佛性已平等的达到。

---

① 洛桑却吉坚赞：第四世班禅（1567－1662），1645年固始汗赠他"班禅博克多"称号，"班禅"称号即始于此。此人对当时稳定西藏时局有一定贡献，是四世、五世达赖的老师。

② 因明：即逻辑学，是古印度哲学家应用的一种推理方法。

③ 《释量论》：法称对陈那：《集量论》的七部注释本之一，讲佛教因明学的学习方法的著作，全书有自利、量成立、现前、他利等四品。此书是格鲁派显宗学经僧人必读的五部大论之一。

④ 底同大寺：甘肃永登县境内连城寺名。

⑤ 沃热曲噶：青海湖附近一地方，又说在大通县境内。

⑥ 岔尔沟：今青海省互助县东山乡岔尔沟。

当时甘丹赤钦喇嘛洛哲嘉措①前去汉地时，尊者(阿旺曲吉嘉措)的母亲带他去拜见，赤钦与他行碰头礼，并说："愿你长寿！"因此众人议论说这孩子非一般人。尊者3、4岁时回忆起了前一世的情形，说出了上世活佛的一些事迹。以前的弟子、僧人们听说后，认定他为洛桑饶丹的转世，郭隆寺随即邀请他到寺内坐床，并在章嘉活佛(二世)阿旺洛桑曲丹②身前受戒出家，取法名为阿旺曲吉嘉措，受到章嘉大师的教育和护持。

能作轮回尽头的阻拦，以出离之心③迎接黎明，

持中守戒是旭日升腾，穿起褐色的朝霞七衣④。

尊者阿旺曲吉嘉措欲学习法相藏⑤方面经典时进入郭隆寺经院学习，在学习摄类学练习辩经时，开始时辩析理路不甚流畅，一夜，梦见一位仪表堂堂的人手执两把宝剑，一把剑柄上镂刻镶嵌，另一把未嵌柄，持剑者说："我的这把嵌柄宝剑赐给你，你要妥善保存，等你学习深广教法时，再将另一把送给你。"次日，练习辩经时理路畅通无碍。这些情况在尊者本人所著诗体《秘传》中有记述："智慧文殊所赠青色宝，致使吾辈智慧殊胜长！"就是这个意思。

有一次，尊者念诵《般若波罗蜜多心经》时，天空中传来了念诵

---

① 洛哲嘉措：1635－1688，甘丹寺第四十四任赤巴，1686年外蒙古喀尔喀土谢图汗部与扎萨克图汗因争夺部署发生战乱，准噶尔部首领噶尔丹支持扎萨克图汗反对土谢图汗及其第一世哲布尊丹巴，清朝派大臣前往调解，并要五世达赖喇嘛派人前往。当时五世达赖喇嘛已去世，第巴桑杰嘉措派洛哲嘉措前往外蒙古。1687年，洛哲嘉措应康熙皇帝之请前去北京，受封为呼图克图，自此历辈转世，称为"色赤"，意为"金座"。

② 第二世章嘉活佛，生于1642年，被认定为扎巴额色的转世出家学佛，1661年趋西藏学法，成为五世达赖喇嘛的弟子，1683年回到佑宁寺，1687年两次入京得康熙帝喜爱，1693年受封呼图克图，康熙击败噶尔丹后，他在多伦召集蒙古王公会盟建立汇宗寺，受封为"灌顶普善广慈大国师"，主持多伦汇宗寺，掌管内蒙古地区佛教事务，1714年去世。

③ 出离之心：四谛十六行相之一，脱离如狱三界轮回，安然往趋涅槃乐处，名为离。

④ 七衣：十三资具中三袈裟之一，是沙弥和比丘白天穿着的黄色上衣，由七片合成两条半，尺度同于重复衣，通称法衣。

⑤ 法相藏：论述显乘佛教的经律论藏。

《般若经》的宏亮声音,因而他对空行见①获得了定解。此后,他每日讽诵《般若经》。有一次,看见天空中布满了藏文“阿”字,心中对见地的理解更加坚定,如尝到甘蔗味那样香甜。这个情况也见于《秘传》的记载:

勤勉学习佛语精华时,经函散发耀眼的光芒,深意显现直接变心识。

圣智显现断一切迷结,文殊菩萨赠我光明智,

使边执见②敌注视而消,一切邪见恐惧仓皇逃。

即时无明断除空性明,圣子修得本尊大成就,

您的深甚禅定明镜里,善法直接成字真实显。

二取③谬义虚幻本性见,二现习气消失无影踪,

宣讲无二思想空性见,了解甚深内含您无二。

一次黎明醒来时,尊者阿旺曲吉嘉措见到美丽的顶髻尊胜佛母坐在枕前,他就此事向章嘉尊者请教,章嘉大师很高兴地授予他尊胜佛母九神灌顶。那时,尊者的身体不适,病情加重。有天夜里梦见一个青面獠牙、长着利爪的丑陋魔鬼要将他抓走,又出现一位白须老者和一位通体红色的人和丑陋魔鬼争吵,并要求用寺里的一个小僧人作交换,之后,魔鬼就将小僧人带走了。次日梦醒,病情即得好转,寺里的小僧人洛桑就在当晚死去了。尊者道:“可怜他为我而死!”每次发回向④愿时都会唤洛桑的名字为他祈福。而那白、红二者是四臂护法和觉吾尖参。此情形在《秘传》中云:“觉吾尖参作收买,日缓口中远离去!”

又一次,尊者从洛桑旦贝坚赞处听速慧的六臂护法经时,发生了

① 空行见:空性,无自性性。

② 边执见:即断边和常见两个极端。中观立缘起理,承认在名言中万法皆有,不堕断边。立性空义,承认万法虽有而无自性,不堕常边。

③ 二取:能取的心和所取的境,即主观的认识和客观被认识的对象。觉悟时了知二者同体,迷惑时便显为异体,此是境由心变之说,是唯识派的见解。

④ 回向:一段修法结束时的一种仪轨,即祈愿自己所做善业换得成佛之果。如转变轮回因力的善根成为大菩提因,增长有尽之诸善根成为无尽,增长自他三世所积一切福泽皆成无上菩提之因。

“朵玛”[1]发光等神奇现象，在受灌顶时，朵玛上发散出光芒照在他（土观）的身上，自觉自身污秽像空气一样被蒸发，病也完全痊愈。在听受马头明王秘修灌顶时，寝室内红光闪耀，尤如身处寒林之中，之后身心无限愉悦和满足。他先后见到了许多特殊的净相，之前他对这些宁玛派的净相有些怀疑，但由于这些自己的体验，他也获得了净相[2]。在《秘传》中如是说：

神像摇晃大火起，灌顶之时心遇魔，

身心痛苦空中消，抑惑佛门护法强。

莲花灌顶得加持，亲见寒林心满足，

净心禅定铜镜中，佛的笑脸漫天空。

若有些许净相现，无知之徒皆希奇，

十方诸佛如同您，断证智慧如天平。

这时，尊者财物匮乏不足，所以想向护法神求。于是，造了一尊财神像并请阿旺洛桑曲丹大师为之开光。仪式过程中，阿旺洛桑曲丹足下的一条小狗向财神像的头部撒了尿。尊者心想神像被玷污了，想要洗刷一下的时候，阿旺洛桑曲丹说：“这是你财源广进的征兆，开光也不必进行了，我的这条小狗也不是一般之物！”以后，尊者果然财路亨通。有一次，他在绕行郭隆寺的山头到达名叫“阎罗岗”的山顶时，清楚地看到在红黄光网中的文殊菩萨。他母亲去世不久的一个晚上，他梦见一白须老者问他想不想见自己的母亲，他回答说想见，那老者便带他到了村边河滩上的一口深洞，此即为地狱之门，入洞见到母亲后又回到洞口，这时梦醒。他欲知母亲将往何处投生，又继续入梦，见到一座大寺附近有一座小院，院中有一穿红褐色衣服的小沙弥。后来，去北京黄寺[3]的时候，有一个叫“巴”的比丘，就是他的母亲。正如谓：

身处恶趣深渊众弱小，得凭圣者悲索做引导，

业力圆镜我辈手中执，分辨善恶阎魔狱主心。

又一次黎明醒来时尊者听到寝室飞檐上有一只小鸟念诵许多“无常”的词句，使他对贪恋现世生起厌离。《秘传》云：悦耳鸟声有深意，

---

① 朵玛：糌粑制成用以供神的食子。

② 净相：入定中出现的境界。

③ 黄寺：在北京德胜门外，顺治九年迎达赖晋京，为之建黄寺以居之。

神力护持而明见，徒具名称变无痕。

尊者在安多期间，曾师从德格琼哇更尕尖赞学习《菩萨地》戒律章之《菩提大道疏》，并发菩萨愿受菩萨戒修菩萨行。又在金刚持阿旺洛桑却丹处受了完整的吉祥大威德金刚十三尊灌顶，从而得到了成就四身的种子，得到了世代与自身有缘的神的加持和授记。自此每日不间断地修炼生圆次第的所缘相①。那段时期，某个夜里梦见在威严的无量宫中，在多层锦缎的座垫之上，安放有金刚持章嘉活佛（二世）的座位，在同一方向还有一个相同的座位，章嘉活佛让他坐在上面，把一柄五色绸缎包裹的钺刀交给他，并说："这暂时由你保管，以后要还给我。"这就是他以后去北京给章嘉（三世）仁波且授大威德金刚灌顶的预兆。《秘传》云：

欢喜同等锦缎座，五饰象征使胆寒，赐授法太子之言：
俗人互赠之财物，又复索回也不多，
子继父产得君位，又复夺回谁心甘？
四续密法如货品，贩法商贾遍地在，
贪恋灌顶钱财故，师徒寄取相互传！

尊者以后又到了卫藏②，进入祥瑞哲蚌大寺郭莽扎仓学习，奉遍知的嘉木样（一世）协贝多杰③为师，学习甚深教法并专注于密续验修，从不考虑自己的名声，其学识犹如瓶内之光，从不外露。有一次，嘉木样大师为僧众讲解《菩提道次第广论》时，尊者迟到了一会儿，嘉木样大师说："虽然大格西们基本到齐了，但萨木洛尊前的秘书未到。"当时有人说，这有什么重要的呢，但嘉木样法王面斥说："你不知讲法的主要对象是何人，不要妄自尊大。"即便是小规模的讲经，也必定要等阿旺曲吉嘉措到来才开讲。总之，他与遍知的嘉木样活佛在累世中皆有

---

① 所缘：意识活动的境界或对象。

② 卫藏：即乌斯藏，指现在西藏自治区除阿里河昌都以外的地区，清代民国俗称前后藏，前藏以拉萨为中心，藏语称卫地，后藏以日喀则为中心，称藏地。

③ 嘉木样协贝多杰：意为妙音笑金刚，是拉卜楞寺第一世寺主活佛阿旺尊追（1648－1721），甘肃夏河县人，二十一岁入藏，曾任哲蚌寺郭莽扎仓堪布，拉藏汗的经师，六十二岁时应蒙古河南亲王之请回乡建立拉卜楞寺，自此历代转世，住持拉卜楞寺，并受清政府册封，是甘、青、川及内蒙古地区有重大影响的活佛系统。

善缘，在这一世也是情投意合，所以嘉木样活佛将自己的教法满瓶而泻倾囊相授。正所谓：

嗳饮世间八风[①]的毒液，称作补养佛法与众生，
闻思修持调伏了自心，甘露精华成心中铁钩。
学识轻浅者心怀不满，反而诋毁深奥的教法，
紧要关头却贬低因果，这位和所谓诸师不同。

有一次，法王嘉木样协贝指示尊者阿旺曲吉嘉措到"角毛陇"一个宗喀巴曾修炼过的山洞中去做"红黄文殊"的观修。尊者在那里修炼了七天时，亲见一黑色巨人将一把剑刺向了他的胸口，此后，他思路畅通，仿佛智慧宝藏自发而生。这就是早期在多康时"再将另一把剑送给你"的说法。正所谓：

六圣[②]理论如大地广阔，深广智慧能一步尽量，
因明论议的供施傲立，矫饰修罗被压入地府。
二谛真知圆满如寰球，范围象天空一样广阔，
您的智慧已超越极限，所量分知域减少许多。

那时，梦见嘉木样协贝赠给他一幅闪闪发光的文殊菩萨身像，此为依文殊为本尊修成"共和不共成就"[③]的圆满预兆。第二日，嘉木样协贝赠给他一幅文殊的唐卡，他内心非常喜悦。《秘传》云：

至尊高僧嘉木样协贝，文殊福田赐给土观巴，灵验发起胜共吉兆显。

上师赐给文殊本尊法，文殊智慧之剑自获得，
法的智慧法性得确立，成为贤者勤做智者业。
将真理格言温和讲述，调伏众生用善巧方便，
总持佛的一切三密藏，您护佑众生与众不同。

以后，尊者去了藏地，在班禅大师洛桑益西处受了比丘戒，班禅大

---

① 八风：指对稍自己有损益即生喜怒的世间八事，即利、衰、誉、毁、称、讥、苦、乐。

② 六圣：指古代印度对佛教教义的发展起过重要作用的六位佛学大师，龙叔、圣天、无著、世亲、陈那和法称

③ 共和不共成就：共的成就指一般的成就，如天眼神足通等。不共的成就你，如成佛证果等。

师教诲他说："你要为弘扬佛法而努力！"当时，夏玛尔格西说："这次班禅也错了，他不对我这样能推广教法的格西说这样的话，却对你说了。"尊者在藏地的时候拜师很多，主要有法王嘉木样协贝，班禅以及洛色林[①]堪布罗桑金巴等，听受显密经论。此外还向亚卓贝上师学习藏文修辞学，向洛噶瓦学习医药医疗知识，大小五明论无不通晓。此所谓：

资量的大宝由是形成，每时每刻都洗耳恭听，
知识的江河常流不断，求知心切者永不满足。

在桑洛康色学习期间，有一天晚上在屋顶上睡觉时，如梦似幻中见到一个黑人把他往房檐处拉，这时又出现一持刀黑色巨人将那黑人刺了一刀，黑人便逃走了。他清醒时，几乎要从房檐上摔下去，他想持刀的黑色巨人肯定是四臂护法。

又一次，他前往拜见一位活佛的途中，在桑耶寺留宿一晚。当晚做梦见到一座小山，他和几个学徒在山上看见一朵美丽的绿叶大莲花，花蕊中充满了蜂蜜。他从中取了一些品尝，自觉身心充满了喜悦。后来到朵麦地区却藏寺时，发现那就是他梦中所到的地方。

又一次在哲蚌寺的时候，他梦见了格佩山[②]，在山顶有一位自称是宗喀巴亲传弟子的老喇嘛，这位老者给他讲述了很多宗喀巴大师的历史、传记以及自己的本生故事，他听后生起无限崇敬之情并感动的流泪，醒来时枕头都被泪水浸湿了。《秘传》云：

师徒齐聚桑耶寺，百花蜂蜜得品尝，
静处显兆以后明。或者善业高山顶，
文殊弟子亲现身，听闻前贤本生传，
魔鬼山川亦震动，东方河流水不息。

正所谓：

英雄铁肩担道义，大鹏精神度众生，
无上恩情不觉重，眼前甘露往下滴。
师徒恩情高至上，誓将己身入彼门，
点滴恩情无法报，求证菩提为报恩。

---

① 洛色林：和桑罗康色都是哲蚌寺下属的扎仓名。

② 格佩山：后藏地区一小山名。

于是,尊者准备起程回家乡时,嘉色活佛以郭隆寺寺主身份请他出任该寺堪布,他再三的推辞,到安多时也准备对人保密。他小时候渡河时总会心生恐惧,为此他向一位叫"罗"的大成就者请示,那位成就者将一幅护法神的唐卡送给他,并嘱咐他以后过河时都携带此唐卡,闭上眼睛,不到对岸不能睁眼。以后他在去北方的路上,每次过河都闭着眼顺利的到了对岸。有一次到河中央时他突然睁开了眼睛,看见一位波罗门形象的护法神正挽着裤腿牵着他的坐骑的缰绳渡河。此所谓:

众生难渡世间海,曾立亲自救渡誓,
自己渡河尚不能,求助护法太矛盾!

到达多麦的郭隆大寺院时,嘉色活佛[①]举荐他为堪布的秘函已经先他而至了,寺中僧侣也都一致恳求他出任堪布,于是他接受了这一职位。当时,寺里几位资深格西对他有些不敬的态度,但他登法座讲授《菩提道次第广论》[②],钩玄提要,深入浅出,折服众僧,昔日不敬不悦者都做了忏悔。

这时,章嘉金刚持对这位法台政教事务的训侮是这样的:

佛智凝聚文殊神,幻化褐衣起舞人,
三界法王宗喀巴,敬仰慈悲如铁钩。
世代上师文殊主,智慧接引甚广深,
善缘凝聚学子你,训侮教言请听清。
敬仰上师与护法,是为现世诸事成,
为成事业须专注,启请祈祷是基础。
上中下士性相异,取舍方法百智论,
印藏学者作格言,清晰明了如是说。
凡事思想最主要,三恶意业与傲慢,
狡诈贪婪大不公,放弃谄心倡诚实。
莫叫加行善行灭,谨防以后恶例开,

① 嘉色活佛:由于第七世嘉色活佛嘉色·顿月多杰嘉措创建了佑宁寺,以后历代嘉色活佛都兼任佑宁寺的寺主。

② 《菩提道次第广论》:格鲁派教义的根本典籍,阐述该派在显教教义方面完整的思想体系,宗喀巴大师著于公元 1402 年。

莫分彼此亲与疏，无害有益齐并重。

在此教导之下，尊者阿旺曲吉嘉措召集寺院老少僧众，一起商议制定了强巴林的寺规。寺规中明确写出："寺中众僧一律平等，人人要以身作则，寺中大事，召集上层僧侣协商解决。小事由总管等人就涉事人员详加询问，多方取证，鼓励善事善行。愿三宝、护法保佑诸事如愿而行！"此即为大寺法台阿旺曲吉嘉措圣者按照皇帝御封的灌顶国师章嘉呼图克图的提议，在北京"藏法庙"所编写的寺规，执笔者是洛桑才让。在此期间，郭隆寺寺规严明，学风蔚然，是该寺最为兴旺的时期之一。正所谓：

百扇教理金门开，佛法宝库妙法显，
每日格言如喜筵，学者宝座最庄严。
您的格言如深海，黄鸭学子自在游，
教言圣音如腰鼓，佛陀菩萨笑开颜。
尊者亲临法会场，释迦徒众聚齐集，
智慧云霞漫天空，赤色僧衣远离贪。
学子咽中皆教言，杜鹃妙音时时啼，
即使浊世浊雨洗，赞颂佛法永辉煌。

在一次大神变节①期间，阿旺曲吉嘉措将寺院的腹藏独觉佛手指弥勒像供奉在枕边，虔诚祈祷。拂晓时，佛像悄声预言许多事情。次日，他将全部预言用文字记述了下来。《秘传》云："弥勒化身悦耳语，情器世间②未来明。"

他在任赤巴期间，曾依佛本生故事为主要内容绘制大经堂壁画，并用金粉涂饰所供诸佛、菩萨身像，将所收布施全用于此项开支，耗资巨大。壁画完工后，请章嘉、嘉木样、却藏等活佛举行盛大开光仪式。三位大德还共同协商，在郭隆寺建成了密宗学院。

一段时期，他为了寻找在桑耶寺梦中所见的祥瑞之地而走访了一

---

① 大神变节：又名传召大会，公元1049年藏历正月，宗喀巴大师为纪念释迦牟尼，在拉萨大昭寺倡建的一次宣扬佛教、发展祈愿的宗教法会。后曾中断，二世达赖时恢复，以后每年举行，成为常例，各地格鲁派寺院纷纷效仿，兴盛于各地。

② 情器世间：情，指有心识的众生，器指物质世界。

些地方。一天，有位在章尕尔[1]地方修行的老僧人邀请他前去，他前往后询问老僧当地有无适合修行的处所，老僧说："有一个地方叫'却藏'，以前噶玛巴若必多杰在那里住修过，后来萨迦派还在那里修成了寺院。"阿旺曲吉嘉措心想一定要到那里看看，当即动身前往。途中，他碰到一个背了一桶牛奶的人，这是一个良好的缘起。那地方到达时，观看山势的走向，和自己在梦中所见完全一样。于是，他很喜悦的做了抛洒水食子的供神仪式，虽然时值六月，但抛出的水食子凝成了塔状冰块，当时众人都惊讶不已。不久，他在那里建成了一座静修院，开始隐居修行的生活。以后又陆续来了七位静修者，师徒们便在此喜悦地享受禅定的欢乐时光。此间，他亲见了大威德金刚、三十五位佛、十六罗汉[2]等尊容显现，修行也突飞猛进地增长。到以后他去了北京后还常说，"能在却藏山上再修行一段时期多好呀！"在那里时，他还多次见到一位呈忿怒形的婆罗门勇士，后来在徒众敦请之下对该勇士进行了祭祀仪轨，并封为修院的护法神。此后多有灵异事件为众人亲眼目睹。还有一次，大士地神桑佗措其眷属现身，并向阿旺曲吉嘉措承诺为他效力。于是，按证悟与观感写成了相关的祭祀仪轨。赞曰：

绿玉幼苗遍山野，多闻贤者此处居，
战胜放逸八风魔，正修宝幢牢固立。
智悲双运善甘露，日日享用证悟增，
高尚智慧禅定者，赞颂璎珞项上搭。
本具光明手印状，睡眠之中亦入定，
三十五位善逝佛，圣贤偕眷都到来。
多闻教诲付修炼，畅饮甘露不满足，
诸多清净仙人至，幽静深山变仙境。

有一次，郭隆寺的赤巴却藏仁波且对尊者说："现在有一些人对我心怀恶意，请你托付护法神做一次严厉的警告！"他按照却藏仁波且的意愿去了吉祥天母、白哈尔王以及土地神俄曲嘉措等的神殿，使用战斧等法器嘱托护法神要严惩仇敌，尤其是对白哈尔神像进行鞭打，命令他行动。不久，寺内一些人变的疯疯癫癫，讲出了自己的所作所为。

---

① 章尕尔：地名，位于佑宁寺内，五世王佛新建的佛囊所在地。

② 十六罗汉：受释迦牟尼之命，护持佛教的十六位尊者。

在章嘉大师圆寂后，其遗体被郭隆寺迎回并筑灵塔安葬。迎请过程中，阿旺曲吉嘉措虔诚供奉，在梦中获得了“吃全尸”等特殊成就的征兆。《秘传》云：“勤勉舍利供奉时，吃全尸等吉兆显。”云云。

在某个时期，叶尔雄的密乘学者迦木杨洛来到郭隆寺，与阿旺曲吉嘉措深刻交流了佛学知识。阿旺曲吉嘉措还向隐修瑜伽师、麻吉拉准的传人阿渝听受了精深的断行教诫。

以后，阿旺曲吉嘉措应康熙皇帝之召入京，觐见后皇帝十分喜悦，按照对待大呼图克图的惯例，给予他薪俸与赏赐，并许他暂住东黄寺。一次，六世达赖的转世灵童①在理塘出生后移居到塔尔寺②，之后从塔尔寺启程入藏。皇帝派阿旺曲吉嘉措和大学者洛桑慈诚为特使，护送达赖喇嘛进藏并向班禅宣旨。途经西宁的一个晚上，阿旺曲吉嘉措梦到许多饿鬼来到他身边，对他说：“我们是郭隆寺的几个老僧，由于僧众贪婪地享受致使我们饿成这样，寺里也有少数的施食者，但寺里的狗太多，我们无法靠近。请上师您告知施食者，将食物放到离寺院远一点的地方吧！”他便将此事记在心上，到西藏后，以舍弃一切的定心，出资为这些饿鬼做了百余食子施和水施仪式。先前皇帝委派的南北两大将军，大臣阿达哈达以及一些汉族官员、库伦东珠王、公才让诺布等库伦官员、亲王罗布藏丹津等青海十二王公，一起率领蒙汉几万军队自西宁向北路进发。阿旺曲吉嘉措在长江边赶上了尊贵的达赖喇嘛一行，拜见后，他向达赖进呈了一串稀有的与观世音法器一样的水晶念珠，此举是祥瑞之兆。那时，杀害拉藏汗后在西藏执政的准噶尔军，已在清军大军压境之势下撤回了故地。达赖一行在一个叫“布”的地方宿营时，夜间遭到准噶尔军偷袭，但人员都安然无恙。有一天夜里丢失了几匹骡马，阿旺曲吉嘉措听到一个空谷中隐约有铃铛响声，他仔细听后发觉与故乡的龙女东琼玛身上所佩铃声相似。于是前往

---

① 即七世达赖格桑嘉措(1708 - -1757)，八岁时被迎往理塘，九岁被青海罗布藏丹津迎到青海右旗，三个月后又赴塔尔寺。十三岁入藏坐床，从五世班禅处受戒后取名格桑嘉措。

② 塔尔寺：藏传佛教六大名寺之一，位于青海省湟中县鲁沙尔镇。公元1377年，信众为纪念宗喀巴在哪里修建了一座小塔，以后在此基础上逐步扩建，形成完整的藏式寺院建筑群。

传来铃声的山谷寻找，果然找到了丢失的骡马。后来回到内地后，阿旺曲吉嘉向龙女赠送了一把优美的伞，以后有人被龙女附体，还曾讲过参与送行时骡马丢失之事。达赖喇嘛最终顺利地到达了西藏并坐床。阿旺曲吉嘉措向班禅大师宣读了皇帝圣旨，皇帝成为班禅、达赖师徒以及西藏的施主。在《五世达赖秘传》中有这样的预言授记：

月光照耀莲开放，黑暗晦日沐阳光，泥土珍宝幡顶放，东方汉地如毒海，漩涡泛滥药味香。

其中第一至第三句的意思是，达赖如意宝从身处边地泥沼处迎请到西藏，先前黑暗的西藏社会在班禅、达赖师徒的关怀下迎来了幸福黎明的太阳，之前打击迫害佛教的人士们变成了佛教的支持者。后两句的意思是，先前如洪水猛兽的清军，此次护送过程就像散发药香味的有益事业。

之后，阿旺曲吉嘉措向达赖喇嘛、五世班禅等大师赠送了礼物，还为拉萨三大寺的僧众熬茶布施，在祈愿大法会上讲经并进行大规模的布施，在哲蚌寺为数千僧众作大威德金刚四部灌顶等。后来，他还向担任过甘丹赤巴的达赖喇嘛的经师阿旺曲丹、拉穆本洛南桑巴、密院堪布喜饶嘉措等著名僧人学习了各种密法。此时，拉姆护法、乃穹、桑耶寺护法神等都向他表示了敬意，并作了一些预言，比如对准噶尔任命的第巴达孜巴，预言道："无知者给予的好处，总有一日会成为祸患。"第巴果然是触犯了皇帝的法律，阿旺曲吉嘉措认为达孜巴毕竟是黄教忠实的施主，尤如黑色的陶罐其色泽始终不变，所以想尽力保全达孜巴的性命，但凡事皆有因果，终究无法改变，达孜巴也未能幸免于难，被绳之以法。

阿旺曲吉嘉措随身常佩戴一尊灵验的小佛像，遇事时祈祷，能直接或在梦中给予指示。在拉萨时，这尊佛像被盗，他非常焦急。班禅和达赖师徒用龙神泥和赤金做了一尊佛像连同几尊颇灵验的佛像一起送给他以示安慰。仁波且还预言说，"失物总会物归原主。"后来他在北京的时候，十七皇子请他前去观赏几尊由西藏僧侣呈送的佛像，阿旺曲吉嘉措从中发现了自己丢失的那尊。他向皇子索要时，皇子心想大师看中的东西必定十分珍贵，于是便以自己要供养为由拒绝。当晚，佛像几次产生神变现象，使皇子心生忌惮，次日便将佛像送到了阿旺曲吉嘉措处。以后，这尊佛像作为内藏装入了他的银灵塔。

再回到内地(北京)时,康熙帝驾崩雍正继位。雍正亲自接见了阿旺曲吉嘉措并询问了一些有关西藏的事情。他向皇帝陈奏了数条有利于西藏的政教建议后,被敕封为掌印扎萨克喇嘛,驻锡旃檀觉卧寺。正所谓:

普天之下唯皇恩浩荡,至上导师如白莲花环,

皇家阳光与佛法甘露,同惠众生使国泰民安。

有一年,初春时干旱无雨,几位其他教派的喇嘛以及一些和尚道士们都求雨失败。之后,阿旺曲吉嘉措尊者奉皇命求雨,尊者在离皇宫不远的香山上找到几眼温泉并在泉中放入宝瓶,他命令弟子们念诵宗喀巴大师颂词,自己则作大威德金刚法。不久便下起了连绵三昼夜的大雨。皇帝龙颜大喜,赏赐了许多绸缎、香料等物品。而那时,夜晚有两条白蛇缠绕在宝瓶上,天明后进入水中,众生都亲眼目睹了此情景。其实在求雨之前,刚开春的时候,尊者就要求弟子们每日念诵宗喀巴大师颂词十万次,以备将来不时之需。诸如此类预知未来未雨绸缪的事迹,还有很多。比如,尊者的一位施主伯希特,每次尊者从西藏回来时与他在西宁见面,但这一次,伯希特为业力所困未来相见,尊者不悦地说:“若他此次前来,我还能保全他的性命!”不久后,伯希特由于叛乱而被诛杀,等等。

有一次,青海的丹津亲王备受皇恩却无福消受。正如犬登堂屋又想攀上星辰,他藐视朝廷发动叛乱,以蒙兵毁了三角城[①]。当时赞波寺[②]的蒙古僧人萨钦格西[③]率徒众援助蒙古军队,寺中的贪婪之辈也多赴三角城抢劫财物,不久都被清军抓获。当时,安多的一些大寺院参与了这一不合教规之举,其中也不乏被蒙军胁迫者,但违抗朝廷只能纵火自焚。萨钦格西此次煽风点火殃及无辜。如萨班所言:“为非作恶个别人,遭受祸害普天下。”随后,郭隆寺等很多安多大小寺院毁

---

① 三角城:亦叫新城。

② 赞波寺:即广惠寺,在青海省大通县东峡乡,由赞波·端智嘉措创建,原为哲蚌寺郭莽扎仓僧人,该寺在1723年罗布藏丹津叛乱中被清军焚毁,1729年修复,1731年雍正皇帝御赐匾额"广惠寺"。

③ 萨钦格西:一般称"萨钦然坚巴",广惠寺僧人,因参与罗布藏丹津叛乱,于公元1723年被清军擒杀。

于战火，经堂、僧舍等被焚毁。却藏仁波且[①]、丹麻禅师、阿齐图诺门罕等高僧被杀。十三座寺院的世袭昂索[②]（总管）等人被捕入狱。一时间僧侣们胆颤心惊，尽易俗服。当时，皇帝谕令统兵将领岳钟琪、年羹尧等，将郭隆寺章嘉活佛的转世灵童安全护送到京城。于是两位将领将小灵童送到北京。小灵童与阿旺曲吉嘉措尊者在旃檀觉卧寺[③]相见，二人如母子重逢喜不自胜。尊者又安排了灵童觐见的一切事宜，皇帝亲自到旃檀佛殿接见。这位皇帝平时对佛教大德多有宠信，尤其从前世章嘉处聆听过多种教法，奉献狮子宝座，祈愿他登基，结果如愿以偿。此次与灵童一见如故，缅怀前辈，不禁潸然泪下，愈加崇信章嘉活佛。

中原大地的苍穹，皇帝福泽之星空，
双圣日月齐升腾，光照众生享安康。
四河腰带身上系，连绵大地若娇女，
事业彩绸之双衣，任意穿着都娇媚。
至高至善宗喀论，胜利宝幢牢固立，
各处守持佛法者，美丽青莲饰耳畔。

阿旺曲吉嘉措尊者心里对多麦地区寺院所受打击始终不能释怀，经常想找时机向皇帝请求帮助。为此，尊者先依一尊内藏宗喀巴头发的佛像做了一次七夜的闭关修行。祈祷后，佛像显灵，对尊者说：“你护持佛法的勇气和行为甚佳，定能如你所愿！”听到这样的预言后，尊者勇气与信心如夏天的潮水般增长。不久后，尊者与章嘉活佛的灵童两人商议，巧妙地向皇帝请求恢复被毁的寺院。这次皇帝恩准郭隆寺的僧众暂居于三处山谷，但色科寺未能重建。尊者以后又巧妙的请

---

① 却藏仁波且：佑宁寺的主要活佛系统之一。一世却藏活佛南杰班觉（1578－1651），生于今青海互助县南门峡却藏滩，1649年在该处建立却藏寺。此处是第二世却藏活佛洛桑丹贝坚赞（1652－1723），1680年任佑宁寺法台，1696年起任塔尔寺法台十七年，1723年在罗布藏丹津叛乱中被清军烧死在大通县衙门庄。

② 昂索：一种宗教上层侍从执事职位。有的代表宗教领袖在皈依的部落中收取贡赋，成为该部落的首领。有的在宗教领袖身边奔走办事。

③ 旃檀觉卧寺：汉名为弘仁寺，地在北京西安门内，因寺内供有一尊相传由印度辗转传入北京的旃檀佛像而著名。

求,皇帝最终也准许色科寺僧众暂时居于兴盛沟。这样的恩典,如萨班如言:“先遭毁坏再受恩,才显施者功劳丰,龙神努力所降雨,农夫误作自身功。”

这样过了几年后,经过尊者多次的努力周旋,皇帝终于准许两座寺院在原址上重建。重建经堂,僧舍的费用俱从国库拨付,寺院被没收的财产悉数补偿,尊者的愿望终于实现。那段寺院被毁,僧人不敢着僧衣的时光终于过去,须知这全是尊者的恩情,有善缘良心都要铭记于心。

无论何处破落地,同样也是吉祥处,
明咒使其变尽美,您已修成大仙人。
犹如慈母怜逆子,为他焦急还有谁?
您为众生勤精进,呵护有情安乐枕。
众生皆在轮回道,贪恋苦世不自拔,
然而您为众生故,也入尘世轮回路。
世人皆被业力缚,苦难之中不自主,
您的大慈大悲心,愿与苦难作比赛。
轮回苦难有三种,贪恋嗔怒和愚痴,
您也慈悲依他行,灰心沮丧终改变。
衰败炎热都救渡,展开悲心孔雀伞,
三界之上常转动,顶礼赞颂无敌师。

早先在修建郭隆寺密院时,嘉木样协贝曾向尊者预言:“现在我们修建这座密院,日后还须你来恢复这座寺院。”在郭隆密院重建时,尊者赐大威德立体坛城和密法灌顶所需器具一百零八件,进一步完善密修规制。

一次,内地发生大地震,许多家园变成废墟,上百人被埋。皇帝内心恐慌,常与阿旺曲吉嘉措尊者同处一室。皇帝说:“有汝在侧,朕觉心安。”还有一次,一天夜里突然电闪雷鸣、乌云密布,继而天降碗大的冰雹,顷刻间地上禾苗、房屋砖瓦皆被打的粉碎,人畜伤亡众多。幸亏冰雹持续时间不长,否则整座城市都会变成废墟。还有那位年将军,早先倍受皇恩,后来因业报难免,被活活烧死。

地下大神太阳子,因为毁法而震怒,
大地摇晃振动猛,三界魔军速速达。

力士军队如潮涌，罗睺[1]怒笑战鼓擂，
只叫高山夷平地，兵械密布遮日光，
草率行军致尘暴，道道金箭如雨幕。
彼时坚持诸众生，悲痛之情满胸怀，
惊慌之余咽发颤，恐惧之情眼中流。
世间傲慢执迷者，制造如是之坏劫，
此世便能明确报，后世惨境亦注定。
如此之人不胜数，堕入可怕地之渊，
佛法以此对暴宦，目睹此状皆正常。
自我此身造恶果，火热地狱受煎熬，
莫对佛法有敌意，文殊人君当礼佛。

夏日炎热时，皇帝请尊者到御花园避暑。尊者与章嘉国师的灵童在此间的膳食由御膳房供给，并任其畅游于花苑、湖地、亭榭之间。日赐衣帽，夜赐寝具，各类侍从也按身份地位给予赏赐。尊者在此时期向章嘉传授了各种经教、灌顶等高深密法，就已所知，倾囊相授。

智慧甘露属众生，雨露均沾未许否？
深奥金刚精华义，为何惟一我独饮？”

上师宝库中智慧格言，圆满喜筵显诸法本性，
感念师恩奉宝幢之顶，圣者传记乃三界精华。

皇帝有一次下诏曰“土观呼图克图你梵行精通、教证圆满。为朕效力多年，该当褒奖，特赐‘静修禅师’称号，给予敕印。”圣旨的内容如下：“敕谕为驻京黄教喇嘛们教习二规知识之扎萨克大喇嘛土观呼图克图：佛教初兴于天竺，尔后盛大支那及藏地，是一切众生消除苦难得到安乐之唯一归宿。尊崇褒扬闻持佛教三藏体验三学之大德，乃历代帝王之例规。土观呼图克图秉性和善，梵行精通，乃杰出之人。尤其为朕效力多年，任劳任怨，信奉日增，该当表彰之时，特赐于‘静修禅师’之号，望汝勿负朕恩，宏扬佛法不遗余力，以善巧方便教化信奉小乘之三界众生，使进人大乘，使世俗之人亦能尊贤重法。遵照历辈先帝及朕自己之愿，使佛法更加宏扬光大。”圣旨颁于雍正十二年，同时赐给满、汉、藏三种文字的敕印。这是大清王朝颁赐“禅师”封号的

① 罗睺：恶曜，死神的代表。

首例。

颂赞花环头上戴，喜悦装扮翩然舞，

皇帝褒奖更殊荣，或许专为您设立。

遍空佛陀同声议，三界怙主您受封，

轮回中人齐声赞，您的奇妙不可比。

亦有世间诸多人，皇帝身后紧紧跟，

精心侍奉所为何，是求皇恩能独取。

此外，皇帝还先后赏赐给尊者一件雍正自己穿过的黑狐氅、纹银七百两。汉人风俗以黄色为皇家专用，尊者还受赐九龙黄座褥、绣龙靠背、黄垫等，礼遇渥殊。还有一次，皇帝赐给尊者一条八宝御带，上缀四颗红莲宝石和百余粒豌豆大的金刚宝石，价值抵万两。另多次赏赐金银、珠宝、绸缎，稀世古玩等不计其数。

一次，皇帝处决了一个南方的汉族道士，不料此人死后化为非人[①]，经常在梦中骚扰皇帝。帝令尊者进行对治，尊者在密室中做了大威德金刚火供仪式，当日皇帝的恶梦便消失了。皇帝说："有汝同处，朕心甚安，然国法不容君臣长期同住一室！朕欲将汝画像供奉于寝宫。"随后派了汉族画师画成两幅惟妙惟肖的尊者唐卡像，一幅至今还供在皇帝寝宫，另一幅供在却藏山静修处。

当时，十七皇子果毅亲王[②]势大，他深信宁玛派而对格鲁派几乎一无所知。按照亲王的奏请，两名噶玛派红帽系的喇嘛进京。尊者心想如果那两人来到北京被皇帝宠信，对格鲁派就会极为不利。因此，尊者竭力诵经，役使阎魔护法做了诅咒法事，结果那两位分别在西宁、西安身亡。两人身亡时，阎魔护法在尊者梦中显现了征兆。格鲁派在京城的法脉、势力得以保持。正信者们无不欢欣鼓舞。有诗为证：

随心所欲持己见，教派众多如集市，

显密见地殊胜者，除去噶丹[③]还有谁？

释迦正法若堵塞，虚空浮夸如风吹，

① 非人：爱好战斗并与天神为敌的一类众生。

② 果毅亲王：康熙的第十七子胤礼，他在雍正初年受封多罗果郡王，后进封亲王，掌管户部事物。

③ 噶丹：即宗喀巴所创格鲁派。

其他教派如空气，恰如愚人鸟狗宴。
正法珍宝大木车，显出邪见如悬崖，
圣雄只凭一己力，正理大道把路牵。
未在静处多年修，念珠残旧没捻搓，
发髻长出作夸耀，奇特咒师似高强。
身上毒物不离持，口中邪咒不断念，
心中邪念常伴随，此类密师多伪善。
声闻弟子请整肃，内乘禅定做明灯，
因果永远不藐视，噶丹修持人敬仰。
未被诸派黑暗遮，净相法眼洞事实，
各种教派诸净相，神奇图案皆能见。
佛陀正法置正中，若以教论辩论时，
洛桑[1]理论为翘楚，其余诸派都松懈。
世风日下之时代，上师喇嘛精华语，
格言甘露蒙尘埃，如此闲置心流泪。
格言话语高僧传，世人不知其殊胜，
只凭僧帽之色彩，仅是无益之回声。
嗟乎学者如柳絮，世间八风吹而散，
修持宝幢随风倒，正修少如白日星。
急需善业甘露酒，用以利乐百叶精，
赐予大家妙善命，浊世怙主应顶礼。

有一次，尊者身体有些不适，当时又发生了一些危机，尊者便进行了一次闭关修行并依女神夏玛娜梦占。占卜结果显示尊者的诸位前世曾在印度、藏区转世，曾为玛拉卜忠时期的通氏三木知、萨迦派高僧、尊者斗纳巴、大国王的奸臣等等，诸多不善之业汇集，期间还转世为汉人缮写者等。这些净罪需要通过建造大威德和不动佛[2]的神像才能够消除。因此，尊者先后四次用金铜塑造十三尊大威德像，造了五尊不动佛像以及很多小佛像的坛城，以此消除以前毁坏三宝圣物、抢掠财物、杀害贤者以及欺凌弱小的随罪。随后，他身体的不适以及身

---

① 洛桑：即格鲁派创始人宗喀巴，全名为洛桑扎巴（1357－1419）。
② 不动佛：与宝生佛、无量光佛、不空成就佛和毗卢佛合称五部佛。

边的不利局势都消失了。这些情况有一些文字记载。

在赐给郭隆寺的大威德金刚像开光时，一束白光如圆月般浸入了神像，这一奇观为所有在场之人亲眼目睹。章嘉仁波且和大皇帝此时也结成了供施关系，这一利益众生的事业是一个良好的缘起，这一切都有赖于尊者的功德。另外，在他的奏请下，皇帝还册封了他的根本上师嘉木样协贝为"掌教经法额尔德尼诺门汗"，敕封却藏活佛为"喀锦都图萨拉克齐诺门汗"，均赐给敕书和印信。总之，由于尊者与大皇帝的福田与施主关系，也使蒙藏僧俗上层广结法缘。再比如，准噶人杀害拉藏汗后任命了第巴达孜巴及其他一些西藏官员，还搞了暗杀大噶伦等事件意欲策划西藏的独立。在动乱平息后，也是该尊者从中极力与大皇帝周旋，设法保全甘丹颇章的政法威严。此外，"帝师"、"禅师"、"国师"这样的封号是由政府任命敕赐的，普遍民众不能拥有。但第巴康济鼐[①]在不知情的情况下，给赞波诺门汗赐了"大国师"称号。以后赞波拜见皇帝时，皇帝向他询问西藏的官阶制度，赞波如实回答有国师这样的官职，使得皇帝龙颜大怒严厉斥责。尊者就此向皇帝解释说："国师"是蒙文的翻译，"赞波"一词要准确翻译也很难，而此"国师"与政府封赐之"大国师"实有天壤之别。如此皇帝才消了怒气，诸如此类的事件不胜枚举。

利人事业甘如蜜，贤士成就妙善名，
甘露美誉千叶笑，持法青莲无能比。
四摄[②]法伴如云花，若无事业雷声轰，
雪域法林孔雀群，怀胎负担从何来？[③]
即便些许善业小，亦能将人苦难消，
金刚珍宝如太阳，恰似药树气味香。
胸中无愧之众人，以水还酒作比喻，
无意识得真宝石，如意得来您降临。

---

① 康济鼐：拉藏汗的女婿，曾任阿里总管，与颇罗鼐联合反抗准噶尔军，配合清军入藏而被封为首席噶伦。

② 四摄：菩萨摄持众生的四种方法，即布施摄、爱语摄、利行摄、同事摄。

③ 传说孔雀与龙有恋情，雷声即龙之声，夏日雷鸣，孔雀闻声起舞，此处是引用了古代神话传说。

古时争战宝剑轮，经常转动挠众生，
福命被断神老境，如今亦在天界居。
诸事皆因他慈悲，明咒只是威力说，
那位仙人圣喇嘛，恩情应该永不忘！”

有一次，尊者闭关修炼了一段较长时间后参悟了生圆次第。期间，因希求圣智手印母和禅定等殊胜智慧而做了一次勇士宴，从而获得特殊成就。威持第三灌顶的能力仿佛与生俱来般地出现。《秘传》云：

宏伟宫殿之中央，二双第一同缘增，
倒数灌顶二和四，大造勇士之喜宴。
帝青宝鸟空中显，身心愉悦真奇妙。

这段格言可能还表述了思维、觉悟能力的特殊成就，金刚上师章嘉仁波且这样记述过。另外，我还听章嘉亲口讲过一些修炼的秘密事迹，但对世人公开是有害无益的，因而我不便写出。

一些希望自己来世能转生于佛国净土的量大夫向尊者询问转生的事迹，尊者指示他们，造无量光佛像并誓愿修炼禅定秘法可以因缘具备而转生极乐世界。于是当时造了很大的无量光佛佛像以及两尊得到观世音加持的伴神壁画，其座椅、靠垫无不精妙齐全。另外还绘制了很多幅无量光佛主仆三尊的像，并用金粉抄写大藏经等事迹。蒙古地区的呼和浩特席力格图呼图克图、乃济托因呼图克图、咱雅班智达、希畦活佛、旺钦诺门汗①、丁科班智达、格勒曲杰、央恰喇嘛等著名活佛上师，有的是尊者的亲传弟子，有的受过他的教诲。仅在北京期间，喀喇沁②王意丹木扎布担任尊者的主要施主。喀喇沁五旗的札萨克官员达汗亲王、齐美道杰王、图谢图王以及温涅王、贝勒等为首的内蒙古四十九旗、总管八旗、喀尔喀③七部的王、贝勒、贝子、公等大小官员都向尊者请求传法并担任施主。另外，还有鄂尔多斯的杭锦贝勒、阿拉善和青海诸蒙古王公④如女官却拉南杰、洛桑却措等也是尊者的

① 诺门汗：原为蒙语，是对活佛的一种封号，在四等活佛中，属于第二等。
② 喀喇沁：内蒙古一部族名，是元太祖弟谔楚的后裔。
③ 喀尔喀：外蒙古十六旗之一，驻牧漠北蒙古。
④ 居于青海湖滨的卫拉特蒙古四部之一，和硕特部。

施主。阿吾王长期无子而向尊者求助,尊者依大威德和光明女神二尊为之求子,现在的洛桑道杰即是如此出生的。此类事迹多不胜数。

有一次,章嘉活佛遵照皇帝命令从北京前往泰宁①。尊者前去送行时十分伤感,说:“我们师徒今世再难聚首。”后来,尊者向皇帝请求告假回乡。即将启程时,皇帝命令相关大臣参阅以往仪仗记载的基础上,将对土观呼图克图的送行仪式提高一个层次。大臣们便以汉代皇帝对“强钦曲杰”和清朝对待五世达赖的礼仪来安排土观尊者的坐骑、送行官员和军马仪仗。另外还奏请皇帝在“帝师”、“国师”、“禅师”三个称号中选择一个进行封赐。正值此时,雍正帝驾崩,此次请封未能成功。以后,乾隆帝继位,对尊者仍十分崇信,尊者再次请求还乡时,皇帝说:“先皇升天不久,你要还乡,朕甚不愿。但之前先皇已准你所请,只得如此。望你感念先皇恩德,两年后能按时返回。”除了以前已准备好的赏赐,乾隆帝又另外赏赐了金银绸缎等物,另派送行人员一名、士兵若干和驮骡八十头。尊者安排弟子们将身语意供物都收拾停当,无法携带的物品纷纷送人或变卖,弟子们询问原由,尊者说:“此去之后再无返回之必要了!”当时章嘉仁波且在西藏,尊者给章嘉的信函中也提到此次回乡后自己所剩寿元不多了之类的话语。章嘉大师亲口告诉过我这件事情。尊者自北京启程时,北京各级僧官都来送行,而多康地区的寺院、僧侣、蒙汉官员纷纷骑马前往迎接。一路阵容庞大,逐渐到达了多麦的郭隆大寺,暂时在大宫殿中居住。尊者将从北京带来的物品布施给多麦的大小寺院,并给僧官、西宁的官员以及蒙古王公都赠送了礼物。此外,坚持每日为慕名而来的信众摩顶,不遗余力不分亲疏远近的为各方人士祈福。尊者高尚的事业即便是太阳也不能与之媲美。

纯金佛法大好房,三学造成琉璃台,

---

① 指:《清实录》卷145所载:雍正十三年(甲寅)七月谕:从前令达赖喇嘛移驻泰宁,原因彼时藏中有阿尔布巴等事,恐准噶尔逆贼乘间来犯,是以令其移至近边地方,以便照看。其随来弟子人等,久离乡土,未免怀归。今颇罗鼐贝勒实心效力,将唐古特、厄鲁特之兵操练精熟,各处紧要隘口,俱已牢固防守,藏中晏然无事。班禅额尔德尼年迈有疾,应令达赖喇嘛回藏。著果亲王允礼前往泰宁,与达赖喇嘛相见。张家呼图克图亦令同去。

教证宝石坊顶饰，讲修宝幢高竖起。

吉祥佛子十万众，教证白伞利乐荫，

热心将那金柄举，请看三界轮动奇。

早在留居北京时，尊者就已按照誓愿求神占卜，得知了自己寿终之时之地。他早先时候就吩咐过弟子们在郭隆寺后山为他修建寝宫，但弟子们并没有立即执行。待尊者到达郭隆寺时已是冬季，寝宫的修建工程才开始了。有位青海的官员供奉了一座蒙古包，就先在寝宫地址上搭起来，尊者对这位官员进行了回赐。

尊者五十七岁的火龙年正月，尊者向自己的根本上师嘉木样协贝的遗像敬献了供品。他还教导宫中的弟子们说："去年二月五日是嘉木样圆寂的日子，到今年的那一日要准备给上师的供品，我也将在那一天寿终。"结果，供品在数日内无法备齐，尊者严厉的对弟子们说："现在你们知道时间紧迫了！"说完回到帐蓬中睡了。当时松巴堪布对尊者说帐蓬搭建之地地势太高，担心尊者行动多有不便，尊者说："我是来送骨灰的，已经没有必要走动太多，此地址经过堪舆，有利于后世佛土的增长发展，我心意已决，云云！"尊者已讲的十分明确，但由于众生福田太小，都没有及时做祈祷祝福。二月四日下午，尊者向侍从们交待遗言，并将自己的余茶余粮等分给了众人，老侍从多尔东君知分到了一个面饼。当晚，尊者的身体出现异样，弟子们当即在大经堂做了茶施和拜忏法事。黎明时分，僧众齐诵《长寿经》，尊者的身体慢慢的伸直逐渐收成金刚坐姿，他的思想集中于空境，最终气息停止，示现光明法身证得菩提。当日天空清澈如洗，各式彩虹升起，其中一道如五种铁链连结的彩虹从南延伸连续不断，七日不消。这样，仅由风心组成的智慧光音天法身到了极乐莲花世界中无量光佛跟前。

身像幻术技巧已纯熟，噶什白布上显现他观，

诸色彩画如蛇的表皮，痛苦黑暗的屋中蜕去。

已从肉身中得到解脱，纯洁思想的如意宝玉，

智慧增进的光环围绕，进入莲花般极乐境地。

梵天用妙笔写画图形，帝释涂出夺目的色彩，

色泽鲜艳的朵朵彩虹，如诸鬼神敬信的眼睛。

天界仙女手撒青莲花，宽广天空中降下花雨，

香气弥漫能沁入心脾，如武器穿透与心无伤。

那样胜观[1]人们的痛苦，自性的本质真实领会，

光音天本性的圣喇嘛，证得自心无聚散意乐。

于是，出现法身变幻证得菩提的种种征兆，如鼻孔中流出红白菩提等，都与续部经典的描述一致无二。之后，松巴堪布[2]负责对遗体的装饰，堪布在尊者坐榻上发现了一枚拇指大小的舍利子，立即拿起来吃了，由此得到了神力的缘起，现在堪钦富有而长寿全赖于此。原来堪钦在世时，多次对我说起过此事。堪钦说仁波且遗体的处理需要侍从完成，于是当时寺院的大善友——王切杰扎巴华觉主持了火葬。火化时散发出馥郁香气，还有很多异兆，从停尸房中冒出的白烟像被刀切过一样，齐齐地飘向了寺院的北方，众僧议论这应该是转世的方位指示。火化完成后骨灰中有很多舍利、神像和清晰的字迹。之后，对塔尔寺、郭隆寺、赞波寺、拉卜楞寺等为主的多康大小寺院都作了布施，还对一些施主信众赠送了礼品和回向发愿文。尊者的侄子法王旦达尔出资为西藏的达赖师徒奉献礼物，对色、哲、甘三寺、上下密院以及藏地的札什伦布寺、白阔寺、纳唐寺，山南地区的顷科杰寺、阿里、塔布扎仓、恩却当寺等等，总之是格鲁派所有的寺院、密院和拉萨的祈愿者们都进行了布施，整个超荐法事过程非常的盛大。用喀喇沁郡王意丹木扎布所献千余两白银制成灵塔，上嵌各类珍宝。遗骨、舍利连同尊者原先那尊失而复得的小佛像一起放入塔内后，灵塔安置在了郭隆寺后山的空行静修处。大皇帝通过西宁钦差向各地驿站发了信函，一些贵族奉命举办了大规模的布施供养仪式。

现将传记的内容概括一下：

在世尊火马年诞生后的二千五百九十年，这位尊者转生于多康地方一个母系血统高贵的家庭中。少年时期就投身法门中，和那些只学了少许经论的浅薄迷茫之徒不同，尊者的显密理论都达到了离垢洁净的正见。格西敦巴说："这位喇嘛（阿旺曲吉嘉措）通晓一切佛法，非求一知半解之人，是精通一切经论的班智达。"章嘉仁波且也多次赞扬

---

① 胜观：一切禅定的总括或因，以智慧眼观察事物本性的真实差别。

② 松巴堪布：是第三世松巴益西班觉（1704 - 1787），曾先后任佑宁寺第三十二任、三十五任和四十二任法台，也是藏传佛教著名的学者，一生著述颇丰，《如意宝树史》、《青海史》等为其代表作。

说："这位大师对诸多理论的理解讲解都非同一般。尤其是精通《慈氏论》、《中观理聚论》和律行等。"尽管尊者的学识深广如海，他却从不骄傲自满，讲法时从不夸夸其谈，对听闻意义各清净处按照秘法严格正确地修持，用一般的经验修炼千百次也无法与之相比，对菩提心、中观见、生圆次第的证悟与经书中所讲完全一致，与那些所谓的聪明学者追求个别秘法窍门的作法完全不同。这样的修学体验必然使尊者讲经说法魅力无穷。尊者不同于那些依赖权贵追求荣华富贵之徒，他以大皇帝为施主是为了以善巧方法引导王臣皈依三宝，引领世人尊法信佛，矢志拯救众生脱离苦海，常为国泰民安诵经祈祷。尊者修法最注重修证，每日必习皈依发心①，上师瑜伽相应法②，他精通四部灌顶、红色大威德、那若空行母、金刚手甘露滴、文殊五字、无量光佛等多种本尊修证法；每日念颂十三尊大威德金刚③修习法根本真言五千遍，静猛合修羯磨真言等千遍；抛洒百余食子、白色布禄金刚的水施、龙朵食子等等。特别是四方黑色威势年神的酬补仪轨，更是详尽齐全；日常生活中禅定、卧修、断行教诫一日斋，诵《普贤行愿品》、《极乐世界祈愿》，修持大威德三尊祈愿从不间断，誓愿按照大威德金刚圆满次第第四瑜伽要义修持，行为始终不忘慈悲菩提心，睡眠时自然修成空乐一体④，睡起沐浴和食物观行都按续经的讲述而实践落实，每月初十时必行供养和坛城仪轨，多行火供仪式，证果迹象多次真实地出现。尊者乐善好施，从不贪恋财物，布施所得常用以赈济穷人或用于制作佛像、佛塔、佛经，就连食物也经常拿出与人分享，这样的施舍美德是常人很难理解的。尊者的珍贵著作，连喇嘛们腰间从不离身的钥匙也不能与之相比。在诸多学子的请求、催促下，尊者写出了大约一函的作品，其语言优美、意义深刻、论证严密，对上、中、下根器⑤的人士都有启示意

---

① 发心：即发菩提心，誓愿利益一切有情、一心向佛，决心成道。

② 上师瑜伽相应法：密宗修炼者对自己灌顶上师所修的上师相应法。即观想各自本师为汇集十方诸佛总体的修行仪轨。

③ 十三尊大威德金刚：格鲁派的无上密宗本尊名，因有十三位眷属相随，故名。

④ 空乐一体：密宗术语，指大乐方便和空性智慧。

⑤ 三士道：即上士、中士、下士三类根器的修学之人。

义。先辈前贤们的丰富论著如罗桑次成的《甘珠尔》、嘉木样协贝所著《辩了义不了义论》、居家咒师的般若要义经一首等等。这些大师都称得上贤正善良，无论从闻思修以及讲说、教与法的知识以及论证的任何的一方面考查，都是名符其实的君子的贤者。他们的著作与那些看似咸淡适度，实际上是断章取义，东拼西凑的作品截然不同。而尊者阿旺曲吉嘉措的著作足以与上述大师的作品相媲美！

如此，我净喉高声地说，对尊者传奇经历的记述中，尊者真实或心境中所见本尊神或者得到的一些特殊不共成就，是在本尊允许下用格律诗以授记形式写出后对唯一心传弟子章嘉金刚持讲述的。而平常的历史记录已经一件不存，我向尊者的随从、熟悉者们调查后作可信、无增减的记述。文中所涉及《秘传》内容，经章嘉仁波且注释后，如实地引用，因此是真实可信的。

如此贤者的传记，是那神奇的新月，
永远亮悬在心空，增盛信仰的海潮。
如今佛法如太阳升起时朝霞弥漫成红布，
世间幸福的莲苑闭合因灾难遮蔽了月光，
魔鬼化身的鬼鸟发出了邪恶巨大的声音，
众生利乐的道路阻断因黑暗笼罩了世界。
已经出家的僧众，还贪恋家的快乐，
发过誓愿的众生，仍然会迷惑违教。
智者上师的旃檀，比愚人木炭值钱，
古时奉法的善俗，现已如马兰花丛。
如此一切众生的，幸福顿时被劫掠，
灾难在突然之间，罗刹一般的到来。
具有坚定的盔甲，诸位佛子和勇士，
迅速放弃这尘世，去了涅槃的净林。
那时佛界的十方佛陀集中一起作了商议，
尘世弱小的众生完全失去了依托的怙主，
勇气超群的圣者对你的赞颂如降下花雨，
心如莲花的信仰怙主您为众生乘愿再来！
那时世人妙善的，剩余存活的生命，
你用诚心甘露华，利乐百味地抚养。

佛法珍宝的大车，陷入邪见的泥潭，
智慧力士的技巧，将之拉向正确道。
讲辩著作如棒甩，隆隆擂响法的鼓，
众生都对善趣界，攀上福泽上升阶。
如此善业担蜂蜜，持色名声的蜜蜂，
莲花众中公正嘴，遍地喜讯都发出。
啊！贤者神奇的，传记珍宝如意王，
三界苦难全消除，依靠导师威力得。
能使心胸变平静，善事善行因此生，
正法之味甘如蜜，词句修成功德浆。
智者心中天鹅女形象，翩翩起舞的曼妙身形，
畅饮妙音仙女①的彩知，用智慧锐利的笔描绘。
此乃继承诸佛的事业，赶往三身成就的境界，
超群佛陀在善逝路上，也只是指点迷津之人。
永远努力积累福泽使妙善供奉凝成云团，
佛土各处充满彩云使得喜悦如海潮涌动，
利与乐无穷尽的犹如喜雨如愿从天而降，
祈愿世间遍降甘露人们的心愿得到满足。

我也从今世世代，修持大威诸秘行，悲智善行如大海，祈愿成就文殊行。

以上是在成就自在者、贤者的顶饰土观阿旺曲吉嘉措的传记。这是在许多求学者的催促，尤其是达汗官员博学者东主旺杰亲至我面前以哈达等敬礼请求之下，我也因对尊者深深信奉的，承担了此次的著作。上师如法行为的深恩光芒照护，助我开显分辨的智慧双眼。

此传记称为《如意宝树》，作者是天子文殊胜大皇帝所赐“静修禅师”，持戒禅定大菩萨土观呼图克图·洛桑却吉尼玛，别名持金刚。铁兔霍尔月一月大神变节期间作于讲修佛法圣地大寺院郭隆强巴岭的大经堂（即皇帝所赐智广殿，另称吉祥光照宫）附近的小寝室神界乐园。执笔者是鄂尔多斯比丘洛桑东智。吉祥如意！

---

① 妙音天女：是密宗内富有文采之女神。

部分参考文献

一、古文献:

1. 土观·洛桑却吉尼玛:《大成就者阿旺曲吉嘉措传·如意宝树》

2. 色多·洛桑崔臣嘉措:《塔尔寺志》,郭和卿译,西宁:青海人民出版社,1986 年版。

3. 土观洛桑却吉尼玛:《章嘉国师传》,陈庆英译,北京:民族出版社 1988 年版。

4. 智观巴:《安多政教史》,吴均译,兰州:甘肃民族出版社,1989 年版。

5. 固始噶居巴·洛桑泽培:《蒙古佛教史》,陈庆英、乌力吉译注,天津:天津古籍出版社,1990 年版。

6. 土观·洛桑却吉尼玛:《佑宁寺志》3 种,蒲文成译,西宁:青海民族出版社,1990 年年版。

7. 贡唐·丹贝卓美:《土观·洛桑曲吉尼玛传》,兰州:甘肃民族出版社,1992 年年版。

8. 释·妙舟:《蒙藏佛教史》,广陵:江苏广陵古籍刻印处,1993 年版。

9. 阿莽班智达:《拉卜楞寺志》,道周译,兰州:甘肃人民出版社,1997 年版。

10. 章嘉若必多杰:《七世达赖喇嘛传》,蒲文成译,北京:中国藏学出版社,2005 年版。

11. 乾隆朝内府抄本《理藩院则例》,北京:中国藏学出版社,2006 年版。

12、贡确乎久美旺波:《第一世嘉木样尊者传》,杨世宏译注,台北:

圆声出版有限公司,2008 年版。

二、专著:

1. 札奇斯钦:《蒙古与西藏历史关系之研究》,台北:台湾正中书局,1978 年版。

2. 韩儒林:《穹庐集·青海佑宁寺及其名僧》,上海:上海人民出版社,1982 年版。

3. 王辅仁、陈庆英:《蒙藏民族关系史略》,北京:中国社会科学出版社,1985 年版。

4. 李冀诚:《佛教密宗仪礼窥探》,大连:大连出版社,1991 年版。

5. 尕藏加:《人类奥秘大开放——藏传佛教密宗》,北京:中国社会科学出版社,1995 年版。

6. 刘立千:《藏传佛教各派教义及密宗漫谈》,北京:民族出版社,1997 年版。

7. 张羽新:《清政府与喇嘛教》,拉萨:西藏人民出版社,1988 年版年版。

8. 扎扎:《嘉木样呼图克图世系》,兰州:甘肃民族出版社,1998 年版。

9. 才让:《藏传佛教信仰与民俗》,北京:民族出版社,1999 年版。

10. 崔永红等:《青海通史》,西宁:青海人民出版社,1999 年版。

11. 谢佐:《青海民族关系史》,西宁:青海人民出版社,2001 年版。

12. 蒲文成:《青海佛教史》,西宁:青海人民出版社,2001 年版。

13. 乌力吉巴雅尔:《蒙藏关系史大系·宗教卷》,拉萨:西藏人民出版社,2001 年版。

14. 吕建福:《土族史》,北京:中国社科出版社,2002 年版。

15. 约翰·布洛菲尔德:《西藏佛教密宗》,耿昇译,拉萨:西藏人民出版社,2003 年版。

16. 王春华:《藏密瑜伽的奥秘与传奇》,拉萨:西藏人民出版社,2005 年版。

17. 孙林:《藏族史学发展史纲要》,北京:中国藏学出版社,2006 年版。

18. 吉布:《唐卡中的度母、明妃、天女》,西安:陕西师范大学出版社,2006 年版。

19. 兰仁巴:《心传录》,多识译,兰州:甘肃民族出版社,2006 年版。

20. 尕藏加:《密宗——藏传佛教神秘文化》,北京:中国藏学出版社,2007 年版。

21. 拉科·益西多杰:《藏传佛教高僧传略》,西宁:青海人民出版社,2007 年版。

22. 黄敬家:《赞宁〈宋高僧传〉叙事研究》,台北:台湾学生书局 2008 年版。

23. 多识:《爱心中爆发的智慧》,北京:国际文化出版公司,2010 年版。

24. 邓建新:《章嘉呼图克图研究》,北京:宗教文化出版社,2010 年版。

三、方志、档案:

《中国西藏及甘青川滇藏区方志汇编·46、47》,北京:北京文苑出版社,2003 年版。

四、工具书:

1. 彭措才仁:《西藏历史年表》,北京:民族出版社,1987 年版。

2.《藏文典籍目录》,北京:民族出版社,1989,1997 年版。

3.《藏汉佛学词典》,北京:民族出版社,1992 年版。

4. 孙怡荪:《藏汉大辞典》,北京:民族出版社 2010 年版。

五、论文:

1. 马连龙:《二世土观阿旺曲吉嘉措生平述略》,《青海省会科学》,1988 年 3 期。

2. 扎扎:《嘉木样世系与土观世系关系史述略》,《西北民族学院学报》,1996 年 4 期。

附 录

第二世土观阿旺曲吉嘉措文集目录：

ཐུའུ་བཀན་ངག་དབང་ཆོས་ཀྱི་རྒྱ་མཚོ། །

1. བླ་མའི་རྣལ་འབྱོར། །

上师瑜伽

2. མ་ཕྲིད་ན་མདོར་བསྡུས། །

菩提道指引

3. ལམ་རིམ་གྱི་ཟིན་བྲིས། །

菩提道次第之笔记

4. གསོལ་འདེབས་འགའ། །

部分祈文

5. འཇིགས་བྱེད་ལྷ་བཅུ་གསུམ་མའི་ཆོག་ཞིན་བསྡུས། །

十三大怖畏修法略

6. འཇིགས་བྱེད་ལྷ་བཅུ་གསུམ་མའི་དཀྱིལ་འཁོར་སྒྲུབ་མཆོད་བདག་འཇུག་བཅས། །

十三大怖畏坛城以及修供的证法

7. འཇིགས་བྱེད་ཀྱི་དབང་ཆོག

大怖畏灌顶法

8. དཔལ་ཕྱག་ན་རྡོ་རྗེའི་མངོན་རྟོགས། །

持金刚之现证法

9. རྟ་མཆོག་རོལ་བའི་མངོན་རྟོགས། །

骏马之现证法

10. དབྱངས་ཅན་མའི་མངོན་རྟོགས། །

妙音女之现证法

11. བུམ་གཏེར་གྱི་ཆོག

瓶矿之仪轨

12. ཀླུའི་བུམ་གཏེར་གྱི་ཆོག

龙王之瓶矿仪轨

13. ཀུརུཀུལླེའི་སྦྱིན་སྲེག

古鲁古雷之火供

14. དཔལ་མགོན་ཞལ་བཞི་པའི་མཆོད་རྟེན། །

四首护法之塔

15. དམ་ཅན་རྡོ་རྗེ་ལེགས་པ་བསུར་གཏོང་ཚུལ། །

金刚之烟食法

16. གཞི་བདག་རྣམས་ལ་བསངས་མཆོད་འབུལ་ཚུལ། །

众山神煨桑法

17. སེང་མཐོའི་གསོལ་མཆོད། །

桑陶神祈供法

18. མཁར་སྟོན་གཞི་བདག་གི་བསངས་མཆོད། །

青城诸地神煨桑法

19. འཇིག་རྟེན་ཁམས་ཀྱི་རྣམ་བཞག

宇宙形成规律

20. བསྟན་འགྱུར་དཀར་ཆག

丹珠目录

21. དོན་རྒྱན་གྱི་ངོ་བོ་གསལ་བྱེད། །

意境修辞解释

22. དོན་རྒྱན་སོ་ལྔའི་དཔེར་བརྗོད། །

三十五格言意境修辞的举例

23. སྨོན་ལམ་འཕྲིན་བཅོལ་འགའ། །

发愿辞悼辞等

24. དགེ་སྦྱོར་གྱི་མཇུག་ཏུ་འདོན་རྒྱུའི་སྨོན་ལམ། །

善事结尾愿词

25. ཐུའུ་བཀྭན་པ་ངག་དབང་ཆོས་ཀྱི་རྒྱ་མཚོའི་གསུང་འབུམ་རིན་པོ་ཆེའི་དཀར་ཆག

土观阿旺曲吉嘉措文集目录

后　记

本书是在我博士毕业论文的基础上修改完成的，值此出版之际我想感谢所有给予我支持和帮助的人。

首先感谢我的导师才让教授，在求学的三年里，才让教授为我的学业付出了辛勤的劳动，他耐心、细致的给我传道、授业、解惑。在我论文的撰写过程中，从选题到开题再到书写，导师都给予了我准确、具体的指导，论文修改中，导师更是细致地指出文中的失误，再三强调细节的调整。导师的悉心指导每每令我汗颜，自愧己身之愚钝，令老师操心至此。才让教授朴实无华的作风，严谨踏实的学风值得我终身去学习，而这三年中所获导师的指点，也是我一生中最宝贵的财富。

感谢西北民族大学海外文献研究所的嘎藏陀美教授、扎西当知教授、张秀清教授，他们也给我开设了课程，使我能有很多机会向他们求教，从而为我撰写论文奠定了一定的基础。

与我一同学习的董晓蓉师姐、索南师弟、更藏师弟等也给予了我很大的支持和帮助，在此也一并对他们表示感谢。

感谢西北民族大学历史文化学院的领导和老师们。

感谢我的父亲，在我求学期间，他频繁往来于青海互助与兰州之间，放弃退休后悠闲的时光，帮我照顾我的女儿，照顾我的生活，父爱如山，他无怨无悔的支持与鼓励，是我能坚持完成学业的巨大动力。

最后感谢西藏自治区党校的牛治富校长、党校科研处的领导和同事，以及西藏人民出版社的各位同志，都为本书的出版给予了很大支持与帮助！

徐长菊

2014年3月16日

图书在版编目(CIP)数据

《第二世土观阿旺曲吉嘉措传》研究 /徐长菊著
. —拉萨 : 西藏人民出版社,2014.9
ISBN 978-7-223-04453-0

Ⅰ.①第… Ⅱ.①徐… Ⅲ. ①阿旺曲吉嘉措(1680~1736)-传记②《第二世土观阿旺曲吉嘉措传》-研究
Ⅳ. ①B949.92

中国版本图书馆 CIP 数据核字(2014)第 156278 号

《第二世土观阿旺曲吉嘉措传》研究

作　　者	徐长菊
责任编辑	计美旺扎　多杰卓玛
封面设计	李　峰
出版发行	西藏人民出版社(拉萨市林廓北路 20 号)
印　　刷	西藏山水印务技术有限公司
开　　本	787×960　1/16
印　　张	13.25
字　　数	300 千
版　　次	2014 年 12 月第 1 版
印　　次	2014 年 12 月第 1 次印刷
印　　数	01-1,000
书　　号	ISBN 978-7-223-04453-0
定　　价	30.00 元

发行部联系电话(传真):0891-6826115

责任编辑：计美旺扎　多杰卓玛

封面设计：李峰

ISBN 978-7-223-04453-0

9 787223 044530 >

定价：30.00元